중 ★ 국
패권전략

**CHINA
HEGEMONY STRATEGY**

중 ★ 국
패권전략

**미중 전략경쟁의 미래
& 대한민국 생존의 길**

김흥규 지음

더봄

저자의 말

대한민국은 국난의 초입에 다가와 있다. 21세기 초 패권국가였던 미국은 중국을 억제하는 데 실패하였다. 기존 국제 질서는 해체되고 엄청난 혼란과 급격한 변화의 물결이 소용돌이치고 있다. 근대 역사상 세계를 제패했던 스페인, 네덜란드, 영국보다도 더 강력하고 위대한 국가였던 미국이 패권 30년을 유지하지 못하고 이리도 허망하게 좌초될 줄은 그 누구도 예상하지 못했다.

21세기는 여전히 세계 최강인 미국, 미국을 능가하려는 중국, 자신의 영역을 세우려는 러시아, 과거 강대국의 위신을 유지하려는 서유럽, 그리고 새로운 역사의 주인공이 되고 싶은 글로벌 남반구 국가들의 이합집산이 치열하게 전개될 것이다. 그리고 그 모든 소용돌이의 동심원에는 중국이 서 있다.

필자가 중국에 관심을 가지기 시작한 지 어언 40여 년이 넘는 세월이 흘렀다. 그간 중국을 300여 회 이상 방문하였다. 1982년 3월, 최루탄 연기 자욱한 서울대 교정에서 휴강으로 갈 곳 없었던 한 신입생이 두려운 마음으로 도서관에 앉아 우연히 집어 든 책이 에드가 스노우의 《중국의 붉은 별》Red Star over China이었다. 이 우연은 필자의 삶에 결정적인 영향을 미쳤다. 반공 교육을 철저히 받은 세대인 필자에게 에드가 스노우가 쓴 중국 혁명 시기 마오쩌둥의 일대기를 담은 이 책은 천둥과도 같은 충격을 주었다. 그후 중국은 선험적으로 적대시해야 할 관념의 세계가 아니라 연구하고 고민해야 할 대상이 되었다. 필자의 학문적 바탕은 국제정치이지만 중국이 평생의 연구대상으로 자리매김하는 데 결정적인 계기가 되었다.

중국 연구와 관련하여 필자는 스승님 복이 많았다. 당대 대한민국 최고의 중국 연구자인 서울대 정치학과 최명 교수님과 외교학과 정종욱 교수님을 은사님으로 모셨다. 이분들은 초기 중국 연구 분야를 개척하신 분들이다. 그리고 당시 구소련 연구로 존경을 한 몸에 받던 하용출 교수님께 지역연구자로서의 태도를 배운 것은 학자로서 평생의 나침반이 되었다.

미국 유학을 결정하였을 때도 당대 중국 연구로 세계 최고의 명성을 쌓고 있던 미시간대University of Michigan에서 공부하기로 한 것은 결코 우연이 아니었다. 당시 미시간대의 중국정치 전공 교수들은 약 20여 년 동안 대대로 미국 대통령의 중국 담당 자문이었다. 업계에서는 '미시간 마피아'라 부를 정도로 미시간대 출신 중국 연구자들의 영향력이 막강했다. 필자의 은사이신 케네스 리버설Kenneth Lieberthal 교수도 당대 최고의 중국 연구자 중 한 분이셨다. 그리고 클린턴 대통령의 정책자문이 되어 백악관에서 일했다. 나는 그분의 마지막 제자가 되었고, 그분의 영향력은 내 인생을 바꿔놓았다. 당시 미시간대에는 세계적인 명성을 지닌 학자들이 많았다. 그중에서도 데이비드 싱어David Singer, 마이클 옥센버그Michel Oksenberg, A. F. K. 오르겐스키Organski, 폴 후스Paul Huth 등이 필자의 국제정치에 대한 넓은 시야를 키워주었다. 오늘날 중국을 국제정치적 시각으로 바라볼 수 있게 된 주요 원천이 되었다. 중국 군사연구의 아버지라 불렸던 하버드대의 엘리스 조피Ellis Joffe 교수는 미시간대에 연구년으로 올 때마다 나를 조교로 삼아 강의를 맡겼다. 오늘날 나의 중국 군사력에 대한 이해와 중국에 대한 강의 태도는 그분에게 배운 것이다.

국내에 돌아와서는 외교부 산하의 외교안보연구원현 국립외교원 교수로 줄곧 중국의 정치, 외교안보, 정책결정 분야를 연구했다. 이후 성신여대를 거쳐, 아주대의 제안으로 중국정책연구소를 세우고 중국 연구에 매진해왔다. 2012년 필자의 은사인 케네스 리버설 교수와 북경대 왕지쓰 교수 간에 경쟁적 미중美·中 관계전망에 관한 유명한 대담이 있었다.[1] 필자는 추후 미중 관계 변화가 세계는 물론이고 대한민국의 운명에도 결정적인 영향을 미칠 변수임을 직감하였다.

2018년, 아주대 중국정책연구소를 미중정책연구소로 개명하고 연구주제를 확대하였다. 나의 연구년은 모두 미국 워싱턴의 대학과 싱크탱크에서 보냈다. 때문에 미국의 싱크탱크 환경에 누구보다도 익숙하다고 자부한다. 미국과 중국에서의 경험과 지식을 바탕으로 미중 전략경쟁의 격화가 불가피하다는 점을 인식했다. 2019년, 미중 전략경쟁과 대한민국의 미래 대외전략을 연구할 '플라자프로젝트'라는 초당파적 연구모임을 시작했다. '(사)플라자프로젝트'는 2024년 국회 연구단체로 등록되었다.

국제 관계에서 혁명적 변화가 진행 중이다. 미국 자유주의 패권시대는 종언을 고했다. 이는 미국 바이든 행정부 시기 이미 인정한 바다. 2025년 현재 미국과 중국의 관계는 준전시 상황이라 해도 과언이 아니다. 트럼프가 시작

---

1) Wang Jisi and Kenneth G. Lieberthal, March 30, 2012. *Addressing U.S.-China Strategic Distrust*, Brookings Institute: https://www.brookings.edu/articles/addressing-u-s-china-strategic-distrust/

한 관세정책은 사실상 총포를 쏘지 않는 전쟁과 같다. 세계 최고의 강대국인 미국과 이에 도전하는 중국의 갈등이 증폭되는 것은 분단국가, 끼인 국가, 통상국가, 자원빈곤국가라는 조건을 안고 있는 한국에게는 재앙이다. 미국과 중국의 역량과 문화적·역사적 특성들을 고려할 때 미중 양자 간의 경쟁과 갈등은 단기간에 종결되지 않을 것이다. 우리는 이 시기를 '격변과 혼돈의 시기'라고 부른다. 동북아에는 종합국력이 세계에서 가장 강력한 4대국이 모두 대한민국 주변에 포진해 있다. 북한은 핵무장을 강화하고 있고 지역 내 군비경쟁은 어느 지역보다도 뜨겁다. 대한민국으로서는 한 걸음, 한 걸음이 마치 지뢰밭 위를 걸어가는 형상이다. 우리는 당분간 이러한 격변과 혼돈을 새로운 정상상태처럼 인식하고 살아내야 한다.

트럼프가 새로 제시하고 있는 강대국 이익 중심의 국제체계는 주요 국제 사안을 강대국들 간의 거래로 결정하는 것이다. 그리한다면 구한말 한반도의 비극이 재현될 것이다. 트럼프가 그린란드를 병합하겠다고 하는 것처럼 중국, 러시아, 일본 등도 한반도에 대해 그런 의지를 투사할 수 있다. 투키디데스의 '펠로폰네소스 전쟁사'에서 보여준 멜로스 섬의 운명과 절규가 연상된다.

위기 상황에서도 대한민국은 좌우, 극단의 정치세력들로 나뉘어 다투고 있다. 나라의 안위는 뒷전이다. 강대국 세력정치가 증폭된다면 그 여파는 국내 정치에 그대로 투영되게 된다. 강대국들의 이해관계를 반영하는 국내 정치 세력들이 그들의 영향과 조종을 받으면서 권력다툼을 격화시키고, 국내의 분열은 극대화되었다. 결국 내재적인 역량을 모두 소진한 그 국가는 강대국의 희생양으로 전락하고 만다. 그것이 우리가 구한말 경험했던 역사다.

대한민국이 파쇄국가로 전락하지 않기 위해서는 변화하는 국제정세에 대한 이해와 정확한 정세분석이 필수다. 임진왜란 직전처럼 당파적인 관점에서 정세를 해석한다면 참화를 막을 수 없다. 대한민국은 미국과 오랜 동맹이면서도 미국에 대한 이해는 부족하다. 미국에 그 많은 로비자금을 쏟아붓고, 회의를 개최하면서도 정작 안정적인 소통 채널 하나 갖추지 못했다. 트럼프의 재집권은 예측도 못했다. 중국에 대한 이해도 마찬가지다. 한국과 가장 가까이 있는 초강대국임에도 불구하고, 실제 중국에 대한 이해의 수준은 과거 의존적이면서, 비현실적으로 왜곡되어 있다. 미국의 시각을 차용해 '중국위협론'이나 '중국위험론'과 같이 중국에 대한 부정적인 측면만을 강조하거나, 당시 정권의 입맛에 맞게 재단하는 수준에 머무르고 있다.

중국에 대한 무지와 왜곡은 이미 미국에도 널리 퍼진 현상이다. 미국은 전후 승리에 대한 강한 자신감과 우월주의가 넘쳤다. 공산주의권 체제 해석의 전범을 보여준 매튜 에반제리스타 Matthew Evangelista나 야노스 코르나이 Janos Kornai 류의 냉전적 해석은 이러한 현상을 강화시켰다. 필자 역시 미국식 사회과학 분석기법에 익숙한 미국 유학생 출신이지만, 미국 사회과학이 간과하고 있는 영역과 오랜 필드 경험을 통해 부상하는 중국의 내재적 역량을 과소평가하지 말 것을 기회가 있을 때마다 알렸다. 기존 연구방식으로는 중국이 인적 역량을 구축하는 체계, 중국 지도부의 리더십, 발전을 위한 개인들의 희생과 열망을 다 이해할 수 없다. 미국 지인들은 필자의 미시간대와 중국 관련 경험에 입각한 주장에 불편해하면서도 반박은 하지 못했다. 오늘날 미국이 중국과 경쟁하면서 직면한 어려움은 중국에 대한 무지와 오만의 소산이다. 미국식의 중국 이해를 답습한 한국 역시 동일한 어려움에 직면하고 있다. 다만 한국은 미국보다 위기의식은 더 약하다. 게다가 막연한 두려움으로 중국에 대한 혐오와 부정적인 여론은 오히려 더 크다.

현재의 중국은 과거 어느 때보다 자신감에 가득차 있다. 향후 군사적인 공세를 보다 강화할 것으로 보인다. 서해에서 중국의 영향력 행사는 더욱 노골화되고 양보하지 않을 것이다. 트럼프의 금융, 무역, 군사적 대중 압박에 대해 중국은 이제 더 이상 두려워하지 않는다. 러-우 전쟁에서 러시아와 서방의 군사적 한계를 목도했기 때문이다. 인도-파키스탄 전쟁에서 서방 무기를 압도한 중국 무기체계의 우수성에도 자신감이 생겼다. 그러니 군사적 강압에 의한 대만 통일을 보다 적극적으로 고려할 것이다. 중국 정치지도부가 군부를 과연 억제할 수 있을지도 의문이 드는 현실이다. 중국 내부의 안정성 문제도 큰 변수로 등장할 것이다. 시진핑 이후 체제의 여파에 대해서도 고민할 시점이다. 대한민국은 이전에 알던 중국과는 전혀 다른 중국을 상대해야 한다.

대한민국은 베트남과 더불어 중국과 관련해서는 세계사적으로 특별한 경험을 가진 국가다. 장구한 세월 동안 한민족처럼 중국과 수 차례의 대규모 전쟁을 치르면서 존속한 민족도 드물다. 역사적으로 한반도는 천여 차례의 외세침략을 받았다. 그중 거의 절반이 북방에서 왔다고 한다. 북방오늘날의 중국은 그 존재만으로도 생존의 위협이었다. 이처럼 오랜 세월 중국과 투쟁하고, 교섭하고, 타협하면서 생존해 온 노하우는 그 어느 나라에도 존재하지 않는다. 우리의 경험적 자산이다.

세계적으로 가장 강력한 국가로 재부상하고 있는 중국에 대한 이해는 이제 생존의 문제다. 대한민국만큼 중국에 대해 자세히 관찰하고, 분석하며, 해석할 수 있는 최적의 역사적·경험적 공간과 역량을 가진 국가도 드물다. 세계는 이런 중국의 변화를 대단히 우려하면서 심각하게 바라보고 있다.

역사상 유례가 없을 정도로 급부상하고 있는 중국은 대한민국에게 막대한 도전이다. 중국과 같은 거대한 규모의 국가가 이웃으로 존재하는 것 자체가 부담이다. 게다가 중국은 한국전쟁에서 적대 국가였고, 정치 체제와 이데올로기도 다르다. 한국의 국가 정체성은 서구적인 자유·민주주의에 입각해 있다. 역사적으로 강대한 중국이 보여주었던 오만함에 대한 기억도 생생하다.

그리고 한국에 대해 미국이 차지하는 경제·외교·안보적 역할을 현재의 중국이 대신해 줄 수도 없다. 중국식 모델은 타국과 공존할 수 있는 공간이 얼마나 되는지도 불확실하다.

그러나 개혁과 개방 정책을 채택한 중국이 통상국가인 한국의 무역에 가장 중요한 국가가 된 지 이미 오래다. 외교·안보 면에서도 싫든 좋든 가장 강력한 영향력을 미칠 국가로 변모하고 있다. 동아시아에서 중국의 영향력은 계속해서 강화될 것이다. 그럼에도 대한민국은 여전히 중국에 대해 무지하다. 세계적인 중국 전문 연구소 하나 없다. 누구나 중국을 안다고 생각하지만 그 객관적 현실과의 괴리는 상당하다. 심각하고 위험한 상황이다. 두렵고 비호감이라고 무시하고, 무지한 것이 대응책은 아니다. 전 세계가 주목하는 중국을 정확히 분석하는 것은 대한민국이 마땅히 져야 할 책무이기도 하다.

본서는 시진핑 시기 중국이 어떻게 세계를 인식하고, 어떠한 전략과 정책들을 구상하고 실현해 나가는가에 대한 질문을 담고 있다. 현재 중국에 관한 저서와 논문이 전 세계에서 쏟아져 나오고 있다. 하지만 거의 대부분 해설서에 가깝다. 중국의 목표, 전략, 정책을 종합적으로 분석한 저서는 찾아보기 어렵다. 《손자병법》에 나오듯이 적을 알면 적어도 패하지는 않을 수 있다. 중국을 있는 그대로의 날것으로, 그리고 그 변화하는 속도와 더불어 따라가면서 이해하는 노력이 필요하다. 편견과 몰이해만 가지고는 합당한 대중국 전략과 정책을 수립하기 어렵다. 14억이 쏟아내고 있는 그 거대한 에너지, 변화, 속도를 체감하면서 이해하는 것은 이제 지적 유희의 영역이 아니라 국가와 기업, 개인의 생존 문제가 되었다.

최종현학술원은 지난 2025년 2월에 워싱턴에서 개최한 'Trans-Pacific Dialogue'의 보충서로 활용하기 위해 필자에게 중국의 입장을 정리해 달라는 프로젝트를 제안하였다. 당시 세종연구소의 정재흥 박사, 아주대 미중정책연구소의 장기현 연구원이 이 프로젝트에서 필자를 도왔다. 완성한 것은 〈Understanding China's Playbook〉이라는 영문 소책자였다. 이들의 노고에 감사한다. AI는 이 내용들을 정리하는 주요 수단이 되었다. 물론 이를 점검하고 최종 집필하는 것은 필자의 몫이었다.

이 소책자에 대한 국제적인 평가가 높았다. 최종현학술원은 이 책자를 국문판 단행본으로 확대하여 출판하기로 결정하였다. 기회를 주신 김유석 최종현학술원 원장께 특별한 감사를 전한다. 바쁜 와중에도 경제편을 리뷰해준 삼성 글로벌리서치의 권혁재 박사와 용인대 박승찬 교수에게도 감사를 드린다. 그들은 필자의 여정에 기꺼이 함께해주었다. 그리고 연구소의 행정을 담당하면서 필자의 어깨를 최대한 가볍게 해주고 이 글을 정독해 준 아주대 미중정책연구소의 서대옥 실장에게도 특별한 감사의 마음을 전한다. (사)플라자프로젝트의 박상혁 후원회장과 윤재형 프로그램 매니저, 자료를 찾는 데 도움을 준 조창영, 조은준 학생에게도 깊은 감사의 뜻을 표한다. 마지막으로 이 어려운 출판 환경에서 선뜻 출판을 맡아주신 더봄출판 김덕문 사장님께도 존경과 감사의 뜻을 전한다.

오랜 기간 중국 관련 연구를 하면서도, 책을 저술하지 않은 필자의 게으름에 대한 반성으로 이 집필을 맡았다. 사랑하는 아들 태훈, 딸 태경에게 이 책을 헌정한다. 부족하기만 한 아빠로서 주는 선물이다. 내 아이들과 함께 살아갈 동세대의 후인들이 전쟁 없이, 공생하면서 번영하는 동북아에 살기를 희망하는 마음이다. 글의 내용이나 정리에 있어서 미흡함이 있다면 전적으로 필자의 몫이다.

2025년 7월
김흥규

차례

저자의 말 4

약어 일람표 14

| 여는 글 | 복합·혼종 질서 시대의 생존을 위하여 ·················· 15

I 중국의 부상과 미중 전략경쟁 ················ 23
   1. 시진핑 시기 중국의 패권전략과 국제 질서 변화 ················ 24
   2. 트럼프 2기 행정부 출범 이후 미중 갈등과 경쟁 ················ 30
   3. 중국의 패권전략과 국제정치 질서에 미치는 영향 ················ 36
   4. 미중 갈등의 중·장기 전망과 불확실성 ················ 41

II 미중 전략경쟁과 중국의 전략 ················ 49
   1. 인도·태평양 전략 ················ 50
   2. 글로벌 남반구와 국제 질서 ················ 64
   3. 우주·사이버 신흥안보 질서 ················ 78
   4. 홍콩 민주화, 신장·티베트 인권 문제 ················ 89
   5. 대만 문제와 양안 통일 ················ 101

III 중국의 군사안보 전략 ················ 115
   1. 남중국해 영유권 분쟁 ················ 116
   2. 동중국해 분쟁 ················ 128

3. 한반도 핵 문제 ··· 138
   4. 러시아-우크라이나 전쟁 ······························ 152
   5. 이스라엘-하마스, 이란 전쟁과 중동 문제 ············ 165
   6. 중국의 핵전략 변화 ···································· 179

Ⅳ 중국의 경제통상 전략 ·· 199
   1. '중국 제조 2025'의 내용과 글로벌 영향 ············· 200
   2. '중국 표준 2035'와 2050 세계 경제 전망 ··········· 212
   3. 다자 경제협력 ··· 222
   4. 무역 불균형과 관세전쟁 ······························ 233
   5. 공급망 재편 ·· 244
   6. 에너지 안보 ·· 258
   7. 위안화의 국제화 ······································· 271

Ⅴ 중국의 과학기술 전략 ·· 285
   1. 과학기술굴기 ··· 286
   2. 통신 네트워크 ··· 304
   3. 데이터 안보 ·· 316
   4. 반도체 ··· 327
   5. 첨단기술 ·· 338

| 닫는 글 | 미중 전략경쟁과 대한민국 생존전략 ················ 350

약어 일람표

약어	한글 명칭	영문 풀네임
RCEP	역내포괄적경제동반자협정	Regional Comprehensive Economic Partnership
BRI	일대일로 이니셔티브	Belt and Road Initiative
AIIB	아시아인프라투자은행	Asian Infrastructure Investment Bank
WTO	세계무역기구	World Trade Organization
BRICS	브릭스 협의체	Brazil, Russia, India, China, South Africa
CPTPP	포괄적·점진적 환태평양경제동반자협정	Comprehensive and Progressive Agreement for TPP
IPEF	인도-태평양 경제프레임워크	Indo-Pacific Economic Framework
SCO	상하이협력기구	Shanghai Cooperation Organisation
FOIP	자유롭고 개방된 인도-태평양	Free and Open Indo-Pacific
AI	인공지능	Artificial Intelligence
5G	제5세대 이동통신	Fifth-Generation Wireless
6G	제6세대 이동통신	Sixth-Generation Wireless
MD	미사일 방어	Missile Defense
ICBM	대륙간탄도미사일	Intercontinental Ballistic Missile
SLBM	잠수함발사탄도미사일	Submarine-Launched Ballistic Missile
MIRV	다탄두 독립재진입체	Multiple Independently Targetable Reentry Vehicle
NFU	핵무기 불선제사용 원칙	No First Use
ADIZ	방공식별구역	Air Defense Identification Zone
A2/AD	반접근·지역거부	Anti-Access/Area Denial
MOOTW	전쟁 이외 군사작전	Military Operations Other Than War
NPT	핵확산금지조약	Non-Proliferation Treaty
IAEA	국제원자력기구	International Atomic Energy Agency
HEU	고농축우라늄	Highly Enriched Uranium
DF	둥펑 시리즈(미사일)	Dong Feng series
JL	쥐랑 시리즈(잠수함발사미사일)	Ju Lang series
HQ	훙치 시리즈(지대공미사일)	Hong Qi series
Y	윈 시리즈(수송기)	Yun series
GJ	공지 시리즈(공격용 무인기)	Gong Ji series
WZ	우전 시리즈(정찰용 무인기)	Wu Zhen series

| 여는 글 |

복합·혼종 질서 시대의
생존을 위하여

미중 전략경쟁의 특징은 군사·이념 대립 위주였던 국제분쟁의 패러다임이 변모하고 있다는 점이다. 미중 전략경쟁은 패권경쟁의 구조적인 성격을 내포하고 있어서 적어도 21세기 전반은 국제정치경제 질서의 특성으로 남을 것이다. 이제는 경제·기술·금융·인프라·핵심 규범 경합 등으로 폭넓게 확장되고 있다.

미국의 목표는 점차 분명해지고 있다. 트럼프 1기에는 미중 간의 무역역조를 시정하려는 것이 아닌가 하고 생각했다. 바이든 시기에는 미중 간의 전략경쟁에서 미국의 우위를 유지하는 것이 목표가 아닌가 생각했다. 그러나 트럼프 2기에 접어들자 미국의 목표는 보다 근본적이라는 것이 드러났다. 미국의 국익이라는 관점에서 현존 국제 질서의 판 자체를 미국 중심으로 바꾸겠다는 것이다. 트럼프는 그 주요 수단으로 관세를 사용하고 있다.

트럼프 2기에 주로 활용하고 있는 관세전쟁은 전 세계의 경제·무역은 물론, 외교와 안보 관계에도 엄청난 충격을 안겨주고 있다. 트럼프는 관세를 통해 미국에 불리한 무역 불균형을 시정하고, 미국의 소득을 증가시키며, 제조업의 미국 복귀를 촉진하고, 심지어는 국경 안보, 불법 이민, 펜타닐 규제와 관련된 모든 목표를 달성하려 하고 있다. 기존의 미국 자유주의 패권 질서의 축이었던 다자주의, 개방성, 동맹·자유주의적 가치 등은 이미 중요하지 않다. 대신 선제적인 강압, 극단적인 협박·통합적인 압박, 미국 중심의 공급망 재설정 추진 등이 주요 수단으로 부각되고 있다.

이러한 미국발 변화는 세계의 기존 정치·경제·안보 질서에 엄청난 충격을 안겨주고 있다. 미국과 서방이 구축한 UN 중심의 국제 질서는 더 이상 존중받지 못하고 있다. 미국의 국익에 필수적이라 여겨졌던 동맹 체제 역시 미국 국익의 하위 체계로 자리매김하고 있다. 한미 동맹, 북대서양 동맹, 미국-캐나다-멕시코 협력 체제 등이 다 흔들리고 있다. 미국은 더 이상 세계 경찰로서의 역할을 수행하려 하지 않으려 한다. 강대국 간의 협상과 타협으로 자신들의 이해를 지키고 약소국들을 희생시키던 19세기 말의 강대국 국제정치로 회귀하고 있다. 인류가 두 차례의 세계대전을 거치면서, 강대국 국제정치를 지양하고 규범과 규칙에 기반한 국제 질서를 수립하고자 했던 자유주의의 노력이 크게 흔들리고 있다. 이 과정에서 러시아는 우크라이나-러시아 전쟁을 통해 자신의 존재감을 과시했다. 그런데 미국은 중국을 굴복시키기는커녕 중국의 부상을 촉진시키고 있다. 중국은 세계 제4차 산업의 선두주자로 자리매김하고 군사력은 물론 다방면에서 세계적인 영향력을 확대하고 있다. 우리가 알던 과거의 중국은 더 이상 존재하지 않는다. 이제는 강대국 정치-지역경쟁-미·중·러 세계 3분 구도 등이 뒤섞인 혼종질서가 등장했다. 현 세계질서의 특징은 불안정성과 불가측성으로 요약할 수 있다.

중국은 군사패권 대신 복합적인 권력의 원천(경제협력, 디지털 규범, 금융·통화, 회색지대 전술 등)을 동원해 점진적으로 기존의 미국과 서구 중심의 세계 질서에 균열을 내려 한다. 한편 미국은 관세를 중심으로 한 제재를 통해 중국을 최대한 압박하고 억제하려는 흐름을 보인다.

트럼프 2기 시나리오를 바탕으로 예측해 보면, 양측의 갈등은 고착화되고 부분적 타협이 교차하는 상황이 뉴노멀로 자리 잡을 가능성이 높다. 관세전쟁과 기술제재, 핵심 산업 분절이 전반적으로 심화되는 한편, 일부 이슈에서는 제한적 거래형 합의로 갈등이 일시 봉합되기도 하는 불안정한 상황이 이어질 수 있다. 완전한 디커플링보다는 부분적 분절이 확산되는 것이다. 중국은 대안적 협력체와 금융 수단, 기술생태계, 다자기구를 활용해 장기적인 영향력 기반을 구축하고, 미국은 자국 우선주의를 추구하면서 핵심적인 제조업을 발전시키면서 21세기에도 가장 강력한 국가로 남으려 할 것이다.

새로운 국제정치 상황은 단순한 패권 전이가 아닌 복합·혼종 질서로 국면이 전환되는 것이다. 기술, 규범, 가치, 경제안보 등 다차원 영역에서 기존 제도와 새로운 대안 체제가 교차·경쟁하는 시대가 도래하고 있다. 이때, 중견국이나 개도국은 전략적 자율성을 찾기 위한 줄타기를 고심해야 할 것이다. 국제사회는 이런 복합적 상호작용 속에서 점점 더 유동적인 다원 구조를 형성하게 되며, 갈등과 협력이 교차하는 가운데 미래 시나리오가 다면적으로 전개될 것이다.

국제 질서의 수립이라는 차원에서는 미중 간 갈등이 전면화되지 않도록 위기관리를 강화하는 것이 필요하다. 다자주의·지역 협력을 보완하며, 각국의 기술주권·경제안보를 합리적으로 조정해 협력과 경쟁이 공존하는 장기 질서를 구축한다면 세계 대부분 국가들에게 이익이 된다. 미국도 제재만으로 중국의 부상을 억제하기 어렵다는 점을 인식해 대화와 소통을 병행해야 한다. 중국 역시 국제사회의 지재권·표준·인권·자유무역 규범 등에 부합하는 수정된 발전모델을 제시해야 한다.

미래 시나리오가 어떤 방향으로 흘러가든, 본서에서의 분석은 미중 경쟁시대를 준비하는 정부·기업·시민사회 모두에게 유익한 참조가 될 것이다. 중국이 장기적으로 펼치는 복합전략, 미국과 기타 강대국의 대응, 중견국들의 생존전략 등이 복합질서 시대를 결정 지을 핵심 변수다. 이를 종합적으로 조망함으로써 우리는 불확실한 국제환경에서도 안정적인 발전 경로를 모색할 수 있다. 결국 국내적 안정과 국민적 공감대를 강화하고, 국제적으로는 협력과 상생, 그리고 유연한 대응전략이 21세기 복합질서 시대를 헤쳐 나가기 위한 필수 열쇠임을 강조한다.

전략적 유연성과 다자협력 추진

미중 전략경쟁은 당분간 지속될 수밖에 없다. 지도자 개인의 선택이라기보다는 세계적인 규모의 두 초강대국이 패권경쟁과 결부하여 벌이는 구조적인 문제이기 때문이다. 동시에 각국 정치와 경제의 불균형이 누적된 결과다. 미국 트럼프 정부가 추구하고 있는 외교 고립주의, 무역 보호주의, 자국중심주의는 미국이 처한 종합적인 상황을 반영하고 있다. 미중 어느 일방의 압도적인 승리는 불가능하다. 미국이나 중국 어느 국가도 향후 단일 패권질서를 형성할 수는 없다. 세계 대부분의 정부와 기업들은 당분간 미중 전략경쟁의 격화 국면에 대비해야 한다. 공급망의 다변화와 무역·투자 노선의 다극화를 모색해야 할 것이다. 트럼프의 압박이 거세겠지만 각국의 외교정책은 일방 편승적인 대외정책보다는 추이를 지켜보면서 자연스레 헤징 정책을 추진할 것이다. 중국에 대한 불신 못지않게 미국에 대한 신뢰도 부족하기 때문이다.

궁극적으로 미중은 극단적 대립은 피하려 할 것이다. 세계 각국들은 RCEP, CPTPP, 일대일로, 유라시아 경제연합 등 다양한 다자협력 체계를 활용해 공급망의 안정성과 상호의존성을 조율하려 할 것이다. 이들의 핵심정책은 미중 어느 한쪽의 요구에 일방적으로 휘둘리지 않는 전략적 자율성을 확보하려는 노력으로 귀결될 것이다.

기술표준·디지털 거버넌스 대응

미중 간에 기술·표준 경쟁이 격화됨에 따라, 국가와 기업 모두 핵심 특허, 인프라, 기술인력 관리와 데이터 보호, 디지털 협정 체결 등에 대한 중장기 플랜이 절실하다. 중견국들은 디지털 경제 발전을 위해 더욱 적극적으로 다양한 국제협력 채널을 강화하려 노력할 것이다. 세계 제조업 시장은 미국과 중국으로 양분되겠지만, 중국이 가장 큰 시장 규모를 지니고 있다. 앞으로 제4차 산업 경쟁의 본격적인 장이 중국이 될 것은 불가피해 보인다. 이미 전기자동차, 드론, 배터리, 조선, 고속철도 등에서 중국의 기술력과 시장 장악력은 세계 최고다. AI, 항공, 로봇, 바이오, 신소재, 반도체 등에서도 거의 미국의 역량에 근접하고 있다. 중국은 이를 바탕으로 국제적 표준화를 선도하려 할 것이다.

한국은 이에 대응해 면밀한 전략과 방책을 마련할 필요가 시급하다. 과거의 보완적 한중경제 관계는 새로운 경쟁 관계에 직면해야 한다. 경제·기술적 의존성이나 안보의 필요성을 고려할 때, 전략적 산업에서 미국과의 연대와 협력은 불가피해 보인다. 그러나 신흥 산업 영역에서는 한국도 중국을 배제하거나 충돌하기보다는 중국과 함께 공존할 수 있는 방안을 찾아야 한다. 중국 내부의 경쟁에 뛰어들어 중국 기업과 손잡고 중국 기업을 상대하여 승자가 되는 방안을 찾아야 한다. 이를 위해서는 중국의 변화와 수준을 따라잡기 위한 부단한 노력이 필요하다. 국내에 세계적인 수준의 중국연구 싱크탱크 설립이 절실하다.

미국의 공백과 새로운 국제 체제 형성에 대비: 지역적·전략적 안정성 추구

미국과 중국을 포함하여 세계 대부분의 나라들은 군사적으로 문제를 해결하거나 대규모의 전쟁을 바라지 않는다. 세계가 그만큼 정보화와 세계화 과정이 진행되어있고, 개별 국가의 군사적 역량이 과거에 비해 엄청나게 커졌기 때문이다. 강대국들 간의 전쟁은 승패에 관계없이 양국을 또는 세계 전부를 거의 초토화시킬 수 있다. 따라서 고전적 정치 현실주의의 해법이 필요하다. 군사적 균형 상태를 잘 관리하는 것이다.

중국이 핵전력을 현대화하고, 미국이 확장억제·미사일 방어를 고도화하며 동맹을 결속하는 상호작용은 오판의 가능성을 높인다. 더구나 드론이나 무인 체계에 의한 새로운 전쟁 양상은 실제 전쟁 가능성을 높인다. 중국은 대만, 남중국해, 한반도 등 핵심이익 충돌 지대에서 점진적인 침식과 회색지대 전술로 불확실성을 키우고 있다. 미중 사이는 물론이고 중국과 중국 주변국들은 역내 위기관리 시스템핫라인, 신속협의체과 다자군축 논의를 활성화하고, 중국과의 우발적 군사충돌을 방지하도록 노력해야 한다. 군사적 충돌은 현재 유물론적인 중국 지도부조차 바라지 않는다.

한국은 장차 미국의 공백과 새로운 국제 체제 형성에도 대비하여야 한다. 한국의 대외정책은 가치의 추구보다는 생존, 평화, 발전을 위한 실용적인 방안을 강구하는 것이다. 대한민국은 분단국가, 교역통상국가, 중견국가로서 대립과 충돌보다는 소통과 평화를 원하고, 급격한 변동보다는 예측 가능한 점진적인 변화를 선호한다. 대한민국의 외교방침은 강대국들과의 적대관계를 지양하고, 화평정책을 추진하는 것이다. 대한민국의 지정학적 위상이나 국력을 고려할 때 강대국들과 극단적이고 적대적인 관계로 악화되는 것은 배제해야 한다. 이러한 조건들은 향후 대한민국 대외정책의 우선적인 방향이 무엇보다 지역적·전략적 안정성을 확보하는 방향으로 추진되어야 한다는 것을 의미한다.

지역적 안정성이란 특정 국가가 급격한 세력 변동을 시도하거나, 강대국이 약소국을 강압하여 자신만의 힘과 이익을 추구하는 것을 억지하는 역량을 의미한다. 이는 변화를 거부하거나 현상유지만을 고집하는 개념이 아니다. 다만 급격한 변동과 강대국이 과도한 수단을 동원해 타국을 압박하는 것에 대한 거부다.

전략적 안정성이란 강대국이나 핵보유 국가가 무력이나 핵을 사용하여 국가목표를 달성하는 것을 억제할 수 있는 상태를 의미한다. 북한의 핵 위협에 직면하고 있는 대한민국으로서는 반드시 전략적 안정성을 확보해야 한다. 정책수단으로서 핵의 사용을 억제하는 레짐 강화와 국제 관계 형성에 노력을 배가해야 한다. 일방이 독단적으로 전쟁을 시작할 수 없는 환경을 만들어야 하는 것이다.

CHINA

I 중국의 부상과 미중 전략경쟁

HEGEMONY STRATEGY

CHINA HEGEMONY STRATEGY | 중국의 부상과 미중 전략경쟁

1 시진핑 시기 중국의 패권전략과 국제 질서 변화

21세기 들어 국제 정치·경제 질서는 우리가 과거에 익숙하게 받아들여 왔던 미국의 자유주의적 패권이라는 안정적 패러다임에서 벗어나 훨씬 더 복잡하고 예측하기 어려운 형태로 진화하고 있다. 냉전 종식 이후 미국이 주도해 온 자유주의적 정치제도와 시장에 입각한 세계 경제 질서, 동맹 체제, 다자주의 기구 중심의 안전보장 체계는 한때 역사의 종언이나 보편적 모델로 묘사되곤 했다. 그러나 2020년대 현재, 전 지구적 차원에서 권력구조가 재편되고 기존의 세계 질서는 균열되기 시작했다. 미중 간 패권경쟁과 규범경합이 벌어지고, 기술 혁신 속도도 가속화되고 있다.

이 중심에 '미중 전략경쟁US-China Strategic Competition'이라는 거대한 패러다임의 전환이 놓여 있다. 신흥강대국 중국의 급속한 부상으로 촉발되었고, 이제는 기존 패권국 미국에 대한 세력전이power transition 현상과 더불어, 경

제·금융·기술·에너지·안보·규범 등 전 영역에 걸친 복합적이고 다면적인 세계 질서의 재편이 이루어지고 있다.

기존의 패권 질서는 자유무역, 개방경제, 민주주의, 인권 등 서구적 규범에 기초했다. 미국은 군사력, 경제력, 제도적 리더십을 통해 이를 뒷받침했다. 그러나 중국은 산업화와 기술 혁신을 바탕으로 경제 규모, 공급망 장악, 기술표준 경쟁력, 인프라 개발 역량을 급속도로 축적하였다. 또한 개발도상국과 신흥국에 대안적 발전모델과 금융지원을 제안하고 있다. 그 결과 기존의 단극적·서구적 질서의 권위는 크게 흔들리면서 파쇄되고 있다.

중국은 세계적인 의미의 패권을 추구한 적은 없다. 비록 마오쩌둥 시기 미국과 (구)소련에 맞서 중간지대론, 혁명외교, 제3세계론 등을 설파했지만, 이는 기존 패권국가들에 대한 저항의 성격이 강한 생존전략이었다. 중국은 여전히 세계에서 가장 큰 개발도상국이라는 국가 정체성을 지니고 있었다. 중국은 1980년대 개혁개방정책을 채택하면서 이념적 색채를 최소화하면서 경제발전을 최상위 국가목표로 내세웠다. 이를 추진하기 위해 덩샤오핑은 세계 최강인 미국과의 충돌을 억제하고, "자신의 능력을 숨기고 때를 기다리며 실력을 기른다"는 도광양회 韜光養晦 전략을 제시하였다.

시진핑 시기에 이르러서야 중국은 스스로 "새로운 형태의 강대국"으로 국가 정체성을 바꾸었다. 중국은 이제 세계적인 차원에서 자신들의 영향력과 전략 의지를 관철시키려 하고, 핵심 이익은 반드시 수호하겠다는 강한 의지를 드러내고 있다. 이 변화는 덩샤오핑 시기 중국 스스로가 세운 목표시한보다 30년 이상 앞당겨진 것이다. 2008~2009년 미국에서 촉발된 세계적인 금융위기는 중국의 의지와 자신감에 불을 붙이는 계기가 되었다. 이에 더하여 강력한 리더십을 지닌 시진핑의 등장은 중국의 전략변화를 촉발시켰다. 서방의 많은 학자들과 정치인들의 우려에도 불구하고 중국이 세계 패권을 추구한다는 비전이나 공식적인 수사는 아직 존재하지 않는다. 중국이 탈냉전 이후 일관되게 주장해 온 것은 국제 질서의 다극화 추세였다. 중국 역시 다극화의 한 축이 되겠다는 의지를 분명히 내세웠다. 현실적으로나 이념적으로 중국의 세계 패권은 금세기에 달성하기 어렵다. 아마도 지역 강국으로서 세계에서 가장 영향력을 행사할 수 있는 국가 정도로 자리매김할 것이다.

중국은 미국이나 서구와는 다른 문명과 철학을 지니고 있다. 중국의 천하 사상은 세계를 유기적인 일체로 이해한다. 음과 양, 선과 악, 분열과 통일이 다 얽혀 있다. 역사적 낙관론도 존재한다. 그런 의미에서 중국은 다양성에 대한 관용이 존재한다. 다만 천하 질서는 위계적이란 생각이 강하다. 그리고 중국은 그 천하 질서의 중심에 존재한다. 미국의 문명은 서구 기독교 사상에서 유래한다. 선과 악, 우와 적의 이분법적 질서다. 신의 권능 아래 모든 선한 세력은 평등하다. 다만 악은 척결되어야 하고, 선은 반드시 승리해야 한다. 미국은 이 선한 싸움의 지도자다.

그런 연유로 중국과 미국은 국가전략의 운용에 있어서도 큰 차이가 있다. 시진핑의 중국은 유구하고 복잡다단한 역사와 경험을 바탕으로 하면서 근대적인 마르크스·레닌주의를 결합하여 중국 특유의 사회주의를 추구한다. 미국식의 자유민주주의·금융자본주의 체제의 수용은 불허한다. 대신 공산당 일당 권위주의 체제, 시장과 결합한 국가자본주의, 성장과 분배를 결합한 지속 가능한 경제-사회 발전, 생태환경을 고려한 녹색·고품질의 발전 전략을 추구하고 있다. 그리고 대외적으로는 이미 상부구조를 오랜 세월 장악해 온 미국과 서구사회와 직접적으로 충돌하기보다는 하부구조의 강화, 즉 생산력과 생산관계의 영향력 확대를 통해 국제 상부구조의 변환을 추진해 왔다.

일대일로一帶一路, 육상·해상 실크로드 구상이 그 대표적인 전략이다. 현재 세계 150여 개국 이상이 이 일대일로와 연계되고 있다. 우군과 아군을 명확하게 구분하여 직선적으로 적장을 공격하는 서구의 체스게임과는 다르다. 중국의 전략은 다양한 접근방식을 채택하면서, 공수를 겸하고, 우회적이고 장기적인 포석을 중시하는 바둑 전략과 유사하다. 장기전을 상정하고, 전략적인 거점들을 식별하고, 대세를 주도하려는 노력을 꾸준히 기울인다.

미국이 아메리카 대륙의 강자에서 벗어나 세계 패권을 차지하는 데 일조했던 소프트파워는 자유·민주주의 체제와 규칙적이고 개방적인 국제 질서에 기반을 두고 있다. 트럼프 대통령 시기 미국의 소프트파워는 급속도로 약화되고 있다. 미국은 더 이상 규칙적이고 개방적인 국제 질서라는 국제공공재를 제공하는 데 흥미가 없다. 패권의 몰락을 초래할 만큼 비용만 과다 초래하고, 세계는 미국의 이러한 선의를 이용만 했다는 생각이다. 반면에 중국은 '인류운명공동체론'이라는 새로운 슬로건을 제시하면서 세계인들의 공감대를 확보하려 하고 있다. 이 이론은 2013년 처음 언급한 뒤, 2018년 헌법에까지 삽입하였다. 이제는 미국을 대신하여 국제적 공공재를 제공하는 나라가 되겠다고 한다. 중국식 수사에 따르면 "평화롭고, 번영하며, 민주적인 국제 관계"를 구현한다는 것이다. 중국은 이 이론을 구체화하면서 전 지구적 개발 구상, 안보 구상, 문명 구상을 잇달아 내놓았다. 중국의 소프트파워는 미국의 공백을 대신하여 급속도로 커지고 있다. 트럼프가 포기한 개방주의, 규칙기반 질서, 다자주의를 대신 내걸고 있다.

물론 세계 대부분의 국가들은 여전히 중국 자체가 내재하는 위협을 잘 인식하고 있다. 중국의 규모는 일단 주변 국가들에게 위압적이다. 동시에 중국은 전략적 가변성과 정책의 임기응변성을 특징으로 한다. 그렇기 때문에 중국이 현재 다양한 구상을 제시하고 있음에도 불구하고 구체적인 행태에 대해서는 깊은 의구심을 지니고 있다. 중국과 선뜻 동맹을 맺으려는 국가는 여전히 소수에 불과하다. 중국은 국제 관계에서 동맹을 강화하여 세력권을 형성하는 것을 목표로 하지 않는다. 오히려 동맹이 제국주의와 세계 대전과 같은 재앙을 초래했다는 인식을 지니고 있다. 따라서 '동맹'이란 개념 대신 '동반자'라는 개념을 선호한다. 일반의 인식과는 달리 중국은 파키스탄이나 북한과 같이 특수한 관계를 맺고 있는 국가들도 동맹이라 부르지 않는다.[2]

본서는 미중 전략경쟁이라는 상위 구도를 전제하고 중국이 어떻게 국제 질서를 바라보며, 어떠한 다층적 전략 메커니즘을 구사하는지를 분석하고자 한다. 논지의 핵심은 서방의 일부 전문가들이나 보수적인 집단들의 주장과는 달리 중국은 세계 패권을 추구하는 국가적 차원의 전략을 채택하지 않았다고 평가한다. 대신 다극화 세계 속에 주도하는 국가상을 목표로 한다. 그러나 세부 영역에 있어서 중국은 예상보다도 더 정교하고 집요하게 추진목표, 전략, 유연한 정책, 극심한 내부 경쟁을 거치면서 세계 최고로 부상하고 있다. 권위주의의 장점도 최대한 활용하고 있다. 그 결과로 현 중국은 과거의 그 어느 중국 왕조보다도 세계적인 영향력과 패권에 근접한 국가로 변모하는 중이다.

본서는 미중 간의 무역전쟁이나 기술패권 다툼에 대한 중국의 정책이나 대응과 같은 표면적 현상을 설명하는 데 그치지 않을 것이다. 중국은 경제·통화·에너지·기술·안보 등 전 분야에 걸쳐 복합적인 접근법을 채택하고 있다. 전통적인 군사력 과시나 이념적 대립을 최소화하고 안정적으로 관리하려 노력한다. 다른 한편으로는 법률전, 인지전, 선전전, 경제협력, 금융·통화 전략, 다자기구·포럼 활용, 기술표준 제안, 데이터 거버넌스 정책, 인권·민주주의 담론 경합, 지역분쟁 관리 등 다양한 수단을 동원하여 기존의 규범체계를 변용하고, 나아가 새로운 국제 질서 형성을 추진하고 있다.[3]

필자는 이미 언급한 바대로 우리나라의 중국에 대한 이해가 주로 미국이나 서방이 제시하는 해석을 수용하는 수준에 머무르고 있다는 문제의식을 지니고 있다. 중국을 극복하려면 중국에 대한 내재적인 접근과 이해를 필요로 한다. 그들의 호흡을 가까이서 느낄 수 있어야 한다. 한국은 세계 그 어느 나라보다도 이를 추진할 조건이 탁월하다. 중국이 어떠한 국제 인식과 전략을 가지고 있으며, 어떠한 전술과 정책을 채택하고 있는지를 그들의 언어, 사고, 문화, 전략 속에서 이해할 필요가 있다. 이를 다시 우리의 정체성 속에서 분석하면서 걸러내는 작업을 해야 한다.

---

2) 이에 대해서는 김흥규, 2009. "중국 동반자외교 소고," 『한국정치학회보』 제43집 2호.
3) 중국의 전략은 이미 21세기가 도래하기 이전인 1998년 중국군부의 전략가들에 의해 제시되었다. 王湘穗, 乔良, 1999. 『超限战』, 中国社会出版社. 이 책은 이후 그 유명세로 중문과 영문판으로 재차 출판되었다.

| CHINA HEGEMONY STRATEGY | 중국의 부상과 미중 전략경쟁 |

2. 트럼프 2기 행정부 출범 이후 미중 갈등과 경쟁

21세기 국제 정치·경제가 미중 전략경쟁으로 인하여 단일 패권 질서보다는 복합·혼종 질서 Complex & Mixed order 양상으로 변모하고 있다. 과거 미국이 주도했던 단극적 패권 체제는 더 이상 작동하기 어렵다. 중국은 경제·기술·금융·다자협력·인프라 투자·핵심 규범경합 등 다양한 수단을 활용해 대안적 질서를 창출하려 하고 있다.

최근 중국은 지난 40여 년간 연평균 9%에 달하는 초고속 경제성장을 달성하면서, 경제·기술적 역량을 크게 높였다. 반도체와 양자 등 일부 영역을 제외하고는 그 기술 수준은 이미 세계 최고다. 싸지만 품질이 떨어지는 과거의 중국 제품의 이미지는 이제 버려야 한다. 코로나19 이후 성장률 둔화와 대내외적 부담이 존재하지만, 여전히 미국의 2배에 달하는 GDP 증가율을 기록하고 있다. 당분간 이 기조는 유지될 전망이다.

중국은 미국과의 전략적 경쟁을 원치 않는다고 표명하지만, 동시에 회피나 굴복 없이 적극적으로 대응하겠다는 기조를 유지한다. 중국은 실력을 기르는 데 집중하면서 충돌을 회피하는 '도광양회韜光養晦'라는 대외정책 전략기조는 더 이상 추진하지 않는다. 정치제도, 이데올로기, 소수민족, 남중국해, 대만 문제, 경제발전 등 중국의 핵심이익이 위협받거나 중국에 맞서는 역내 세력이 변화를 꾀할 경우 강력히 맞대응한다는 입장을 천명한다.[4]

현 세계가 당면한 복합질서는 국제사회가 단순히 한 국가의 군사력이나 경제총량의 지표만으로 움직이지 않는다는 사실을 보여준다. 각국은 기술표준, 데이터 거버넌스, 금융체계, 글로벌 남반구 연대, 에너지·인프라 교류 같은 다양하고 새로운 영역에서 수직·수평적으로 맞물려 있다. 따라서 미국이든 중국이든 어느 일방이 세계 패권을 갖거나 좌지우지할 수 있는 상황은 아니다.

중국은 군사력이란 수단보다는 비군사적 영향력경제협력 플랫폼, 디지털 규범, 금융·통화 대안체계, 회색지대 전략 등을 총동원하여 국제 질서를 점진적으로 재편하려 시도한다. 물론 이러한 방식을 실천하기 위한 조건으로서 군사력의 강조는 유지할 것이다. 중국이 미국 없는 새로운 국제 질서의 실현을 추진 중인 것은 분명하다. 반면 미국은 '미국 우선주의America First'를 추진하고, 각종 제재·기술봉쇄를 통해 중국을 견제하려 한다. 이 과정에서 미국이 일방주의, 양자 협상주의로 돌아서고, 중국이 자유주의 이론인 개방주의, 다자주의를 지지하게 된 것은 역사적 아이러니다.

---

[4] Council on Foreign Relations(CFR). 2018. *Timeline: Trump's Foreign Policy Moments*; The White House, May 29, 2018. "President Donald J. Trump Is Confronting China's Unfair Trade Policies"; Department of Commerce(BIS), October 11, 2023. "Addition of Entities to the Entity List".

중국은 2013년 시진핑 체제가 등장하면서 두 개의 100년 전략을 제시하였다. 중국 공산당 창당 100주년인 2021년까지 소강사회小康社會 달성, 중화인민공화국 건국 100주년인 2049년까지 1인당 3만 불 국민 소득에 달하는 사회주의 현대화 강국을 건설한다는 것이다. 2017년 시진핑 제2기를 알리는 중국 제19차 공산당대회에서는 '시진핑 사상'과 대담한 중국 특색의 사회주의 발전 전략을 제시하면서 새로운 중국의 30년 시작을 알렸다. 2020~2035년까지는 사회주의의 현대화 실현을, 2035~2050년까지 사회주의의 현대화 강국의 실현과 위대한 중화민족 부흥을 이룬다는 구체적인 목표를 제시하였다. 향후 중국의 정책은 전략적 목표에 따라 지속적으로 추진될 것이다.

중국의 중·장기 전략에 대응하여 트럼프 2기 행정부 출범은 미중 경쟁이 새로운 단계로 전개될 것임을 상징한다. 2024년 11월, 미국 대선을 통해 탄생한 트럼프 2기 행정부는 내부 분열 등 선거 후유증에도 불구하고, 더욱 체계적인 대중 압박을 전개할 것으로 보인다.[5] 다만 트럼프는 가치주의자나 이데올로그는 아니다. 그는 이익이 있는 곳에 눈을 돌리는 실용주의자다. 이 대목에서 미국과 중국이 서로 타협할 공간이 존재한다. 중국은 미국과의 사이에 전략적 소통 채널을 복원할 여지를 남겨두었다. 다만 남중국해 영유권 주장, 대만 문제, 소수민족 문제, 이데올로기 분쟁 등에서 중국은 군사훈련이나 회색지대 전술을 동원해 미국에 중국의 레드선을 넘지 말라는 경고를 지속적으로 보내고 있다.[6]

미중 대립 구도가 전개되면서 바이든 시기에는 이데올로기적 외형을 띠기도 하였으나, 국제사회가 이러한 냉전적 대립을 지지한 것은 아니다. 일본이나 서유럽 등 미국의 전통적인 우방 국가들조차도 극단적인 편 가르기를 자제하고 각자의 이익을 챙기는 소위 헤징hedging이라는 정책을 채택하였다.

기존의 미국 리더십이 크게 약화된 가운데 새로운 각자도생의 약육강식 세계가 드러나고 있는 것이다.

트럼프 2기에 들어서 중국과의 무역, 기술, 통상 등에서의 경쟁, 갈등은 더욱 치열해지고 있다. 미국은 '대중 포위'를 위해 동맹국들에게 협력 참여를 요구하고 있다. 중국은 이에 맞서 러시아, BRICS, 글로벌 남반구 국가, 심지어 유럽 국가들과도 연대해 대안적 질서를 강화하려 한다. 다만 군사적 충돌은 서로 회피하려 한다. 중국 지도부의 유물론적인 사고로는 상부구조의 우위를 확보하지 않은 상황에서 미국과의 군사적 충돌은 모험주의이기 때문이다. 경제성장률 둔화와 국내안정 문제가 존재하는 중국이 미중 전략에 소통 창구를 열어두는 것은 당연하다. 미국 역시 핵으로 무장하고, 세계 최고의 제조업 역량을 갖춘 200만 명 이상의 중국군과 전쟁을 한다는 것은 악몽에 가까운 시나리오일 것이다.

현재 미중 간에 가능한 시나리오는 최근 파이낸셜타임스Finacial Times가 2024년 12월 28일에 제시한 바대로 미중 간의 대타협, 우연한 충돌의 확대로 인한 전쟁 발발, 대혼돈, 미국 없는 세계 질서의 형성, 미국 우선주의의 승리 시나리오 등이 모두 다 가능하다. 이 중에서 거래주의적 관점을 지닌 트럼프의 선택은 극단적인 대결과 충돌보다는 최대한의 압박을 통한 미국의 이익을 관철시킬 가능성이 높다. 시진핑의 중국 역시 미국과의 직접적인

---

5) James Carafano, Michael Pillsbury, Jeff Smith and Andrew Harding, 2023. *Winning the New Cold War: A Plan for Countering China* (Heritage Foundation); Lili Pike, December 4, 2024. "Trump's Threat to Revoke China's Trade Status, Explained," Foreign Policy.

6) Patricia M. Kim, Aslı Aydıntaşbaş, Angela Stent, and Tara Varma, 2024. *The China-Russia Relationship and Threats to Vital U.S. Interests* (Brookings Institution); Ryan C. Berg, Henry Ziemer, and Emiliano Polo Anaya, 2024. *Mineral Demands for Resilient Semiconductor Supply Chains* (CSIS); Keith Crane, Timothy R. Heath, Alexandra Stark, Cindy Zheng, 2024. *The Effectiveness of U.S. Economic Policies Regarding China* (RAND Corporation),

충돌과 혼란은 피하면서도 미국과의 전략경쟁에서 승리하기 위한 노력을 지속할 것이다. 때로는 단기적인 타협도 수용하는 유연성을 발휘할 수도 있다. 이를 감안하면 미중 관계는 미국 우선주의의 승리, 미국 없는 세계 질서의 형성, 미중 대타협 시나리오 사이에서 어느 한 지점에 놓이게 될 것이다.

중국의 최대 약점은 국내 정치구조에 있다. AFK 오르갠스키 교수가 지적했듯이, 권위주의 국가는 동원에 능하고 초기 경제발전은 민주주의 체제보다 더 효율적으로 추진할 수 있다.[7] 다만 이 체제를 지속한다는 것이 쉬운 일이 아니라는 것을 역사는 증명한다. 과도한 권력은 부패를 낳고, 오만에 의한 정책실패를 초래한다. 체제 유지 비용이 과도하게 부상해 결국은 그 체제를 유지하기 어렵게 된다. 현재 시진핑 체제는 대단히 공고해 보인다. 그의 건강만 이상이 없다면 향후 10년간의 집권은 문제없어 보인다. 그러나 후야오방이나 자오쯔양의 실각에서 보듯이 이 권위주의 체제도 최고지도자를 교체할 내부적인 기제를 갖추고 있다. 지도자의 건강이나 정책의 실패는 그 주요 사유가 될 수 있다. 중국의 권위주의 체제는 민주주의 정부와는 달리 공식적인 대중선거에 의해 후계자를 결정하지 않기 때문에 내부적인 권력투쟁으로 귀결된다. 이 과정은 대단히 격렬할 수도 있고, 많은 희생을 낳을 수도 있다. 중국은 문화대혁명의 교훈으로 이를 방지하기 위한 나름의 제도적 노력을 기울여 왔다. 그러나 여전히 내부적인 권력투쟁의 여지가 크고 그 결과는 대단히 불확실하다. 중국의 불확실성은 지역은 물론 세계의 안정성에 큰 부담을 안겨줄 수 있다.

미중 전략경쟁과 그에 의해 초래된 격변과 혼돈의 국제안보 상황은 한국 등 중진·약소국들에게 선택의 딜레마에 직면하게 한다. 미국은 주한 미군의 역

---

7) 필자의 스승으로, 유학 시절 필자와의 대화에서 이를 강조했다.

내 분산·재배치, 방위분담금과 국방비의 대폭 증액, 안보와 경제를 결합한 압박 등의 수단을 통해 한국이, 그리고 한미동맹이 반중 전선에 동참할 것을 적극 요구할 것이다. 중국은 한국의 반중 전선 참여 여부를 예의주시하며 보복과 회유를 동시에 활용할 것이다. '이에는 이, 눈에는 눈'의 정책이 그 기조를 이룰 것이다. 단기적으로 한미동맹 성격의 변화는 아마도 국회의 동의를 획득해야 하기 때문에 쉽지는 않겠지만, 미국이나 중국 모두 대한민국의 내정에 관여하려는 동기는 크게 강화될 것이다.

3 중국의 패권전략과 국제정치 질서에 미치는 영향

중국 외교부 부부장을 역임하고 전국인민대표대회 외사위원회 위원장이었던 푸잉은 중국이 현 국제 관계를 세 가지 질서 차원에서 인식하고 있다고 한다. 세계 질서, 국제 질서, 글로벌 질서가 그것이다.[8]

푸잉에 따르면, 세계 질서는 서구에서 유래되었으며 미국이 주도하는 자유민주주의 패권 질서다. 미국은 동맹과 압도적인 군사력, 국제 금융에 대한 통제력을 바탕으로 국제 관계를 자신의 의지대로 관철시키려 한다. 중국은 더 이상 미국과 서방 주도의 세계 질서를 인정하지 않으려 한다.

국제 질서란 세계 질서의 기제로 설립된 것으로 유엔을 중심으로 한 규범, 제도, 법 질서를 의미한다. 유엔은 현재 미국의 통제력을 벗어났다. 중국은

---

8) 傅瑩, 2018. 『看世界』(中信出版集團), pp.11-25.

이 국제 질서를 중심으로 국제 관계를 다루고자 하며, 동시에 불합리한 국제 질서를 개혁하려 한다.

글로벌 질서란 세계적 범위의 안보 사안들을 규율할 질서를 의미한다. 사이버, AI, 우주, 세계적 차원의 질병, 환경오염, 기후변화 등 아직 정립되지 않고 새로이 규범과 규칙들을 정해나가야 하는 영역이다. 미국과 중국은 물론이고 다른 주요 국가들이 협력하여 새롭게 수립해나가야 할 질서다. 중국은 이 질서 수립에 주도적으로 나서서 규범과 제도를 제정하기를 원한다.

미국의 압박에 대한 중국의 대응 기조는 우선 자국의 경제·기술 발전을 통해 대외적으로 오는 충격을 줄이는 것이다. 동시에 미국 주도의 세계 질서를 대체하기 위한 전방위적 대안체계를 구축하는 데 집중하고 있다. '쌍순환dual circulation' 전략 아래, 내수를 기반으로 한 국내 대순환과 역내·글로벌 남반구 시장을 공략하는 국제 대순환을 병행함으로써 미국 중심의 가치사슬에 대한 의존도를 낮추려 하고 있다.[9] 실제 중국의 GDP 대비 대외무역 의존도는 후진타오 시기 거의 60%에 달하였던 무역국가의 상황에서 벗어나 시진핑 시기에는 20% 초반대까지 낮아졌다. 이는 미국과 유사하거나 오히려 낮은 수준이다.

경제통상전략

BRI, RCEP, 아시아인프라투자은행AIIB 등 각종 제도와 인프라를 적극 활용

---

9) 国家发展和改革委员会, September 1, 2022. "加快构建新发展格局 牢牢把握发展主动权": http://www.qstheory.cn/dukan/qs/2022-09/01/c_1128959942.htm; 求是网, October 31, 2020. "习近平总书记这篇重要讲话首提'新发展格局'": http://www.qstheory.cn/zhuanqu/2020-10/31/c_1126682290.htm

해, 인프라 투자·무역·물류 연결성·디지털 거래 규범 등에서 중국식 프레임을 확장하는 것이다. 이 과정에서 '개발성 금융' 및 '디지털 실크로드' 등을 강조하며, 정부 차원의 인프라 투자[10] 및 다자적 금융협력[11]을 통해 주변국과의 상호의존도를 높이려는 특징이 엿보인다.

기술·표준전략

R&D 투자·인재정책·혁신펀드 등을 강화하여 반도체·AI·양자기술·5G·6G 분야에서 추격자를 넘어 선도자로 올라서겠다는 목표다.[12] 예컨대 '중국 제조 2025'나 '신新세대 인공지능 발전 계획' 같은 국가전략을 통해 사이버·데이터 주권, 통신표준 선점 등을 추진하고, 미국의 기술 디커플링에 맞대응할 수 있도록 하는 것이다. 특히 「국가 자동차 칩 표준체계 구축 지침」 등 산업 표준을 마련하고, AI 혁신 시범구 건설, 6G·양자기술 R&D에 속도를 내면서 핵심기술 자립을 도모한다.[13]

---

10) 上海市人民政府发展研究中心, December 21, 2024. "关于上海打造国内国际双循环战略链接推进情况的报告(一)": http://www.shdrc.org.cn/qypd/cjjjd/view.php?id=30170
11) 推进"一带一路"建设工作领导小组办公室, April 22, 2019. "共建'一带一路'倡议：进展、贡献与展望": https://www.fmprc.gov.cn/web/wjb_673085/zzjg_673183/gjjjs_674249/gjzzyhygk_674253/ydylfh_692140/zywj_692152/202001/t20200117_10410169.shtml; 新华网, August 29, 2022. "政策性开发性金融工具已投放3000亿元 支持基础设施重点工程建设": https://www.news.cn/politics/2022-08/29/c_1128958473.htm
12) 科技部·教育部·工业和信息化部, July 29, 2022. "关于加快场景创新以人工智能高水平应用促进经济高质量发展的指导意见": https://www.gov.cn/zhengce/zhengceku/2022-08/12/content_5705154.htm
13) 工业和信息化部办公厅, December 29, 2023. 《国家汽车芯片标准体系建设指南》: https://www.gov.cn/zhengce/zhengceku/202401/content_6924893.htm

금융·통화전략

위안화의 국제화, 디지털 위안e-CNY, 무역결제 통화 다변화 등을 통해 달러 패권을 피해갈 틈새를 마련하고자 노력하고 있다. 일부 개도국에는 대안적 금융 유동성과 투자 기회를 제공함으로써 영향력 기반을 넓히고 있다. 예컨대 《중국 디지털 위안화의 연구개발 진전 백서》에서는 디지털 위안의 기술적 구상과 안전성·편의성을 강조하며,[14] 교역에서는 위안화 결제 비중을 높여 2023~2024년 "국경 간 위안화 지급 시스템의 수취·지급 총액이 52조 3천억 위안에 달한다"와 같은 수치를 부각함으로써 달러 의존율을 줄이려 한다.[15]

안보·핵전략

회색지대 전술, 해경·민병대, 인공섬 건설 등을 통해 군사적 충돌 없이 남중국해에서의 지배력을 높이려는 전략을 펼친다.[16] 핵전력 현대화도 추진하여 미국 MD 체계를 무력화하려 하고, '자위적·방어적' 기조 아래 핵무기를 최소수준으로 운용한다는 입장을 여러 문건에서 강조하고 있다.[17] 또한 남중

---

[14] 中国人民银行, July 16, 2021. "中国数字人民币的研发进展白皮书": https://www.gov.cn/xinwen/2021-07/16/content_5625569.htm
[15] 中国人民银行, March 9, 2024. "货物贸易人民币结算显著提升 跨境人民币业务服务实体经济能力持续增强": http://www.pbc.gov.cn/redianzhuanti/118742/5256143/5256153/5267376/index.html
[16] 防衛研究所, November 24, 2022. "中国力求掌控认知领域和灰色地带事态": https://www.nids.mod.go.jp/publication/chinareport/pdf/china_report_CN_web_2023_A02.pdf; 国防部新闻局, December 14, 2024. "国防部表态：奉陪到底": https://www.sohu.com/a/836264484_180220
[17] 国务院新闻办公室, July 24, 2019. 《新时代的中国国防》白皮书: https://www.gov.cn/zhengce/2019-07/24/content_5414325.htm; 新浪新闻, January 4, 2022. "外交部：中国没大规模扩核计划, 但会更新核武库": https://news.sina.com.cn/c/2022-01-04/doc-ikyakumx8305091.shtml

국해 문제에서 해경·민병대를 활용해 분쟁 수위를 조절하고, 외교부·국방부를 통해 '영유권 강화와 외부 간섭 반대'를 천명함으로써 기존 서방 주도의 해양 질서에 균열을 내려는 모습을 보인다. 최근에는 러시아-우크라이나 전쟁의 진행 상황을 통해 학습한 무인전쟁 전략을 강화하고 있다. 중국 내부의 내러티브는 양안 통일 전쟁에도 중국 측 인명 손실이 전혀 없는 그러한 전쟁계획을 추진하고 있다고 한다.

종합하면, 중국은 군사적 패권 대신 경제협력 플랫폼, 디지털 거버넌스, 금융·통화, 에너지, 인권가치, 회색지대 전략 등 비군사적 수단을 결합해 기존의 서방주도 세계 질서 체제에 미세한 균열을 내고, 점진적으로 대안적 규범·제도·거버넌스 모델을 장착해나가려는 장기적 전략을 추구한다. 이런 복합전략은 세계 경제·기술·금융·안보의 다층적 지형을 흔들면서, 미중 경쟁을 단순 이념·군사 갈등을 넘어 규범·제도·기술·통화·인프라 등 모든 사안으로 확장시키고 있다.

4. 미중 갈등의 중·장기 전망과 불확실성

미중은 양측 모두 직접적인 군사적 충돌은 피하고자 한다. 군사적 충돌을 각오하기에 이미 미중은 규모나 역량이 너무나 크다. 어느 누구도 최종 결과가 불확실한 상황에서 군사적 옵션을 택할 수 없을 것이다. 특히 미국은 태평양 지역의 해군력이 급속도로 약화되는 어려운 상황에 놓여 있다. 2030년까지는 미중의 서태평양 군사력 균형이 중국 측으로 급속도로 기울 전망이다. 다만 현재로서는 어느 쪽도 상대방에게 굴복할 생각이 없다. 따라서 이미 언급한 다양한 5가지의 시나리오가 결합한 형태의 세 가지 혼합적 시나리오가 가능해 보인다.[18]

---

18) 이 시나리오에 대한 더 자세한 설명은 김흥규 편, 『미중 갈등 시대에 대외 여건의 구조 변화와 대응 방안』 (KDI), 2022

[표1] 미중 경쟁 4가지 시나리오[19]

	안보	
	대립	**협력**

대립
(경제·공공재)
	신냉전의 도래(신냉전파)
	
	• 트럼프 시기 1~2기
	  - 강한 미국 VS 강한 중국-러시아
	  - 체제와 이념의 대립
	  - 전략/신기술 차단과
	    광범위한 탈동조화 추진
	
	• 미 공화당의 대중 압박 강화
	  - 한미동맹 강화, 중러와 위기관리 문제
	    대두, 남북한 평화 체제 추진 난항과
	    남북한 충돌 방지 노력 필요성 강화
	
	⇨ 한국의 자체 안보 역량 강화 압박
	⇨ 한국 핵무장 여론의 증대
		전략적 협력속 경쟁(전략적 협력파)
		
		• 트럼프 이전 시기
		  - 강한 미국/중국의 부상
		  - 세계적인 상호의존의 세계
		
		• 향후 재개 가능성은 거의 없음
		
		• 미중 상호 협력과 헤징 전략
		
		⇨ 한국은 북한과 적극적 소통과
		   경제협력 등 평화 기반 강화 노력

협력	**전략경쟁속 제한된 협력**
	(전략경쟁파)
	
	• 바이든 시기
	  - 약화된 미국/자강 강화하는 중국/
	    중-러의 분리
	  - 전략/신기술 차단과 부분적인
	    탈동조화 추진
	  - 미일동맹을 대중 전선의 축으로
	    한국의 주변부화 우려
	
	⇨ 한미 포괄적 동맹-핵우산 확장과
	   대중 적대 자제
	⇨ 한국은 소극적 한반도평화 지향하면서
	   자체 안보 역량 확보 모색
		미중 경쟁적 공존과 복합 다극화 시기 도래
		혼돈의 시대(현실실용주의파의 득세)
		
		• 트럼프 이후 시기
		  - 대중 압박 정책의 실패 이후,
		    동등한 미중 지위 인정 불가피
		  - 당분간은 혼돈의 시대이나
		    동아시아에서 중국의 영향력 확대
		  - 미중 모두가 국내문제 등으로
		    대외적 개입 어려움
		  - 국가이기주의의 극대화
		
		⇨ 한국 복합위기 직면, 실용외교 요망,
		   핵무장 추진의 압박 고조

---

19) 필자가 각종 세미나 발표용으로 작성

[표1]에서 언급한 '전략적 협력'의 시기는 이제 지나갔다. 1972년 미국 닉슨 대통령의 중국 방문부터 오바마 행정부 시기까지 미중 관계는 전략적 협력의 관계였다. 그러나 이제 중국과 미국은 더 이상 상대방을 전략적 협력의 대상으로 인식하지 않을 것이다. '전략적 경쟁 중 제한된 협력'이라는 시나리오는 바이든 중기 이후 미국이 채택한 전략이다. 트럼프는 이를 전면 부정하고 있지만, 부분적으로는 이 시나리오가 실현되는 것이 불가피해 보인다. 이미 세계화가 깊이 진행되고, 상호의존적인 세계에서 완벽한 탈동조화는 불가능하다. 이는 미국이나 중국 모두 폐해가 극심하고, 지구적인 차원의 안보위기에도 취약하다. 트럼프의 전면적인 대중 압박 전략이 실패한다면 현실주의적인 전략가들에게는 매력적인 시나리오이기도 하다. 이 경우에도 미중을 제외한 세계 모든 나라들은 양측으로부터 선택의 압박에 직면할 것이다. 미중은 직접 충돌할 생각은 없지만 여전히 자신의 우방들을 동원하여 상대방을 압박하고자 할 것이기 때문이다. 이 경우 미국의 입지는 점차 약화될 것으로 보인다. 동맹과 우방의 지지를 획득하고 중국을 견제할 마땅한 수단들이 보이지 않기 때문이다.

갈등 고착 시나리오: 신냉전

트럼프 2기에 부합하는 미중 관계 시나리오다. 미국, 중국, 러시아 모두 강력한 지도자와 국가중심주의가 등장한 상황이다. 체제적인 갈등과 반감도 그 어느 때보다 커졌다. 미국의 강력한 대중 봉쇄정책이 지속되고, 중국도 이에 맞서 보복 관세, 보조금, 희토류 수출 제한 등으로 대응한다면, 미중 양측 모두 접점을 찾지 못한 채 장기 갈등 국면에 접어들 것이다. 그 결과 반도체, 디지털 무역, 금융 등 다양한 분야가 이중 블록화되어 글로벌 공급망이 분절되는 위험이 높아진다. 군사적 측면에서도 대만, 남중국해, 한반도 등에서 저강도 갈등이 이어지고, 상당수 국가들은 미중 가운데 어느 한쪽을 명확히 택하기보다 줄타기를 지속하며 안보이익을 방어하려 할 것이다.[20] 이 시나리오에서 가장 우려되는 상황은 미중 간의 우발적인 군사적 충돌이 확전되는 것이다. 미국과 중국의 대중들은 애국주의와 민족주의 열망에 자국의 정치인들이 굴복하는 상황을 용납하지 않을 것이다. 중국 역시 이데올로기를 대체하는 성과주의와 애국주의가 정권의 정당성을 뒷받침하고 있어서 극단적인 갈등 시에도 양보하기란 쉽지 않다. 또 다른 우려되는 상황은 중국의 오판이다. 트럼프 시기 미국의 개입 가능성이 낮다고 판단한 중국이 드론과 무인 역량을 활용해 양안 무력전쟁을 시도하는 경우다. 그 실현 가능성은 아직은 낮지만 점차 높아지고 있다. 미중 대치 상황이 상당 기간 지속될 경우, 아마도 21세기 전반기는 미중 간의 지속적인 경쟁과 갈등으로 점철될 것이다.

제한적 타협과 혼돈의 시나리오

트럼프 시기 말기나 트럼프 이후 가장 가능성이 큰 시나리오다. 미국이 국내 정치의 분열, 동맹들과의 이해관계 갈등, 국내 로비 등을 고려해 일부 관

---

20) 향후 미중 갈등과 대립이 더욱 격화될 경우 인도-태평양전략과 쿼드 동참, 화웨이(華爲)등 첨단기술 기업 제재, 중거리 미사일(INF)조약 탈퇴와 전략무기배치 가능성, 대만과 남/동중국해 문제 등을 놓고 미중으로부터 양자택일을 강조할 가능성도 전혀 배제할 수 없는 상황이다.

세 완화나 단기 거래형 합의예: 농산물, 에너지 구매 확대 등를 시도하면, 중국도 미국 기업에 제한적 시장 기회를 열어주며 갈등을 잠시 봉합할 수 있다. 그러나 구조적 쟁점대만, 남중국해, 지적재산권, 국유기업 보조금, 인권, 통상이 해소되지 않는 한 일시적 방편에 그칠 가능성이 크다. 특히 트럼프 행정부가 추진하는 최대한의 대중 압박정책이 미국의 내적역량 미비, 중국의 효과적인 방어, 미국 동맹과 우방들의 지지 결여로 실패할 경우 미국은 불가피하게 중국과 타협을 시도하게 된다. 이 경우, 미중은 지정학적으로 각각의 영향권을 확보하려 할 것이므로 북중미와 남미는 미국의 영향권으로, 동아시아와 서태평양은 중국의 영향권으로 재편될 개연성이 크다. 현재 트럼프가 생각하는 국제관계는 미·중·러와 같은 핵심 강대국들이 상호 거래하고 이익을 나누는 19세기의 강대국 국제정치 상황과 유사해 보인다.

불확실성 관리와 지역안정 과제

앞서 언급한 두 시나리오가 혼재된 형태로 전개될 수도 있다. 예컨대 안보 핵심이익대만, 한반도, 동·남중국해 등에서는 일정 부분 타협을 모색하지만, 기술·인권 분야에서는 경쟁이 더 심화되는 등 이원적 갈등이 나타날 수 있다.[21] 불확실성 속에서 군비통제, 위기관리 기제, 다자무역·금융협력 기구의 혁신이 중요해진다. 혹시라도 우발적인 충돌이 발생하면 미중 사이의 대화 채널이 부족해 갈등이 급격히 커질 위험도 존재한다. 미중을 제외한 세계 대부

---

21) American Enterprise Institute(AEI). 2024. *China Decoupling Handbook: Where We Are, What to Do*; TTNews/Bloomberg, "Trump's Trade Pick Pushes 'Strategic Decoupling' from China"

분의 나라들은 양측으로부터 대단히 강력한 선택의 압박과 보복에 직면하게 될 것이다. 그러므로 미중 사이에서 얼마나 완충작용을 할 수 있을지, 그리고 미중을 설득하여 대안적 질서를 창출할 수 있을지의 역량이 아주 중요하다. 그러나 현재로서는 이와 같은 역할을 할 수 있는 국가가 보이지 않는다. 전통적으로 전략적 자율성을 중시하는 프랑스가 시도할 것이지만 어느 측으로부터도 지지를 획득하기가 쉽지 않다.

CHINA

II | 미중 전략경쟁과 중국의 전략

HEGEMONY STRATEGY

CHINA HEGEMONY STRATEGY | 미중 전략경쟁과 중국의 전략

1 인도·태평양 전략

| 배경 | 복합질서의 부상과 인도·태평양 개념 대두

21세기 들어 국제정치의 지정학적, 경제적 중심축이 아시아로 이동하면서 아시아·태평양 지역은 미국, 중국, 일본, 인도, 아세안 등이 서로 교차하는 갈등과 경쟁, 복합적 상호의존의 장으로 변모하고 있다. 이 지역은 양극 체제가 아닌 다원적 권력이 분포하면서, 역내 통상·금융·기술의 협력 강화와 해양 안전 및 안보 위협이 커지고, 가치·규범의 경쟁이 심화되고 있다. '인도·태평양Indo-Pacific'이란 개념은 2016년 일본 아베 총리가 전략 개념으로 공식화하였고, 2017년 미국 트럼프 대통령의 일본 방문시 '자유롭고 개방된 인도·태평양FOIP'을 추진할 것을 합의하였다.[22] 현재는 국제적으로 기존의 '아시아·태평양' 구도를 넘어, 인도양과 태평양을 하나의 전략 공간으로 포

괄하는 새로운 지역 프레임이 되었다.

인도·태평양 전략 개념의 핵심은 역내 해양 질서, 무역로의 안정성, 규범을 기반으로 한 개방적 경제 환경을 유지하려는 목표를 강조하는 동시에, 중국의 부상을 견제하고자 하는 안보의 목적도 있다. 이 비전은 트럼프 시기 미국의 국가안보전략 지침에서 '자유롭고 개방된 인도·태평양Free and Open Indo-Pacific, FOIP'이라는 슬로건으로 구체화되었다. 역내 동맹들과 파트너국과의 협력을 통해 규칙에 기반을 둔 질서를 강화하고 중국이 주도권을 확보하려는 시도를 제어하고자 한다.

반면 중국은 인도·태평양이라는 새로운 지리·정치적 프레임을 미국이 주도하는 전략경쟁의 산물로 간주한다.[23] 중국은 기존의 '아시아·태평양' 개념을 유지·강조하면서 지역 협력과 평화발전을 강조하는 대안적 서사를 통해 인도·태평양 개념의 일방적 확산을 저지하고 변화시키려 한다.[24] 이를 통해 중국은 경제협력, 다자기구 활동, 해양 거버넌스 규범화 등을 동원하여 역내 국가들이 미국의 안보 축 강화에 매몰되지 않고, 미중 사이에서 중국 주도의 협력 네트워크에 동참하도록 유도한다.

미중 담론경쟁은 향후 더욱 강화될 전망이다. 지역 구도의 변화에 그치지 않고, 국제 질서 전반을 재편하려 할 것이다. 미국은 인도·태평양 전략으로 기존의 가치와 규범을 앞세워 동맹 네트워크를 재활성화하고, 중국의 해양

---

22) Wikipedia, "Free and Open Indo-Pacific": https://en.wikipedia.org/wiki/Free_and_Open_Indo-Pacific
23) 中华人民共和国外交部, 2023.2.20. "US Hegemony and Its Perils": https://www.mfa.gov.cn/web/ziliao_674904/zt_674979/dnzt_674981/qtzt/mgmzqk/yw/202302/t20230220_11027664.shtml. 외교부 대변인 정례 브리핑 등에서 미국이 주도하는 인도·태평양 전략을 중국을 견제하기 위한 틀로 규정한 공식 발언 참조.
24) 국무원 신문판공실, 2017.1.11. 《中国的亚太安全合作政策》 백서: http://english.www.gov.cn/archive/white_paper/2017/01/11/content_281475539078636.htm. 중국은 "아·태(亚太)" 개념을 강조하며 포용적 지역 협력과 평화발전을 중시하는 담론을 유지하고 있음을 명시.

[그림1] 수에즈 운하-인도양 항로와 북극해 항로 비교

팽창과 기술 굴기를 제어하려 할 것이다. 반면 중국은 이에 대응해 지역 경제통합예: RCEP, 해상 실크로드를 통한 인프라 개발, 아세안 중심 다자주의 강화, 남중국해 행동준칙COC 협상 등을 통해 역내 의제설정에 적극 개입하고 있다.[25] 그리고 일단 유사시 중국의 에너지 생명줄인 인도·태평양의 주요 항로가 차단되는 상황을 전제로 대륙의 철도연결과 북극해 항로 개척에 적극적으로 나서고 있다. [그림1]에서 보듯이 북극해 항로는 기존 수에즈-

인도양 항로에 비해 30% 이상 길이가 단축된다. 중국은 2018년 최초로 북극해 주변 국가 near-Arctic state·근북극국가로서 북극해 전략을 공개했다.[26] 이제 중국은 러시아와 협력하여 '북극 실크로드'를 구축하려고 시도하고 있다.[27] 법, 환경, 기술의 제약 등 많은 어려움이 존재하지만 중국의 북극해 이용량은 매년 대폭 증가하고 있다.

미국이 주도하는 인도·태평양 전략 논쟁은 미중 전략경쟁이 심화되는 가운데, 역내 국가들의 입장에서는 다양한 레짐과 규범의 틀 속에서 전략적 유연성을 확보하려는 노력과 맞물린다. 인도·태평양 전략이 어떻게 제도화되고 경쟁하는지, 특히 중국이 어떤 전략 메커니즘을 통해 이 구도를 재해석하고 역내 판을 재조정하려 하는지 체계적으로 분석할 필요가 있다. 이를 통해 우리는 단순한 힘의 균형 이상으로 확장된 다층적 전략경쟁의 한 단면을 파악할 수 있을 것이다.

| 현황 | 다자구조 재편과 역내 행위자들의 선택

인도·태평양 개념은 과거 아시아·태평양이라는 지리·정치적 인식의 틀을 넘어 인도양과 태평양을 연결한 광대한 해양 공간을 단일 전략 무대로 묶는

---

25) Ministry of Foreign Affairs of the People's Republic of China, 2021.11.22. 「중국-아세안 대화관계 30주년 기념 정상회의 공동성명」, https://www.mfa.gov.cn/eng/gjhdq_665435/2675_665437/2787_663568/2789_663572/202111/t20211122_10451478.html. 이 문건은 중국이 아세안 중심 다자주의, RCEP 발효, BRI 인프라 개발, COC 협상을 통해 역내 현안에 적극 참여하고 있음을 확인.
26) Ngila, Faustine, April 20, 2023. "China is cementing its position as an Arctic superpower through Russia". *Quartz*.
27) Wikipedia, "Arctic Policy of China": https://en.wikipedia.org/wiki/Arctic_policy_of_China

다. 일본은 2006년부터 이 개념을 국제무대에서 띄우기 시작했는데, 아베 수상이 2016년 이 개념을 전략개념으로 추진하였고 트럼프 정부가 공식 수용하였다. 2018년에는 인도의 모디 총리 역시 이 개념을 수용하였다. 미국은 이미 2017년 국가안보전략 보고서에서 이 개념을 언급하였고, 2019년에 각기 국무부와 국방부에서 FOIP 구상을 공식화하였다.[28] 트럼프는 미국 우선주의를 표방하며 독단적 행태를 보이지만, 바이든 시기 미국은 동맹 강화와 파트너십 확장을 통해 역내 질서를 재정비하고자 하였다. 핵심은 미-일 동맹 업그레이드, 미-호주 협력 강화, 미국-인도 전략적 파트너십 진척, 쿼드 QUAD라는 소다자 협력을 통한 가치동맹 네트워크 형성이었다. 미국은 또한 영국, 호주와 AUKUS 안보 파트너십을 구성하여 역내 군사기술 협력을 공고히 하고, 이를 통해 중국에 대한 견제력을 강화하려 하였다.

일본은 전통적 해양 강국이자 미국의 가장 긴밀한 동맹국 중 하나로서, 인도·태평양 프레임 확산에 적극 동참하였다. 일본은 해상교통로 안전 확보, 자유무역 체제 수호, 규범 기반의 질서 유지를 명분으로 내세우며 FOIP 개념을 옹호한다. 다만 일본의 대외정책은 경제면에서는 실리를 포기하지 않고 중국, 러시아와 일정한 협력관계를 유지하였다. 비록 2024년 한국에 2위 자리를 빼앗기기는 했지만 2023년에는 중국의 2대 교역국이었다. 또한 러-우 전쟁에도 불구하고 러시아와의 사할린 및 북극해 가스관 프로젝트를 포기하지 않았다. 호주 역시 미중 경쟁이 치열해지는 분위기 속에서 가치동맹

---

28) The White House, December 2017. *National Security Strategy*: https://trumpwhitehouse.archives.gov/wp-content/uploads/2017/12/NSS-Final-12-18-2017-0905.pdf; The Department of Defence, June1, 2019. *Indo-Pacific Strategy Report*: https://apps.dtic.mil/sti/pdfs/AD1082324.pdf; The Department of State, November 4, 2019. *A FREE AND OPEN INDO-PACIFIC*: https://www.state.gov/wp-content/uploads/2019/11/Free-and-Open-Indo-Pacific-4Nov2019.pdf

과 경제 상호의존 사이에 딜레마를 겪으며 헤징정책을 추진하고 있으나, 안보 면에서는 인도·태평양 구상을 지지하고 있다. 호주 역시 중국과의 교역을 포기할 의사는 없어보인다.

인도는 인도양을 무대로 하는 지역 강대국으로서, 중국이 부상함에 따른 전략적 압박 때문에 미국, 일본, 호주와의 협력을 강화하였다. 인도는 중국과의 국경문제, 해양안보에 대한 우려, 경제적 협력 딜레마를 동시에 안고 있어, FOIP 질서 편입을 자율성 확보 수단으로 활용한다. 하지만 인도는 전통적으로 한쪽 진영으로의 편승보다는 경제적 이익과 전략적 독립성을 최대화하려는 현실주의적 접근을 택한다. 인도는 지역 강대국으로서의 국가 정체성과 전략적 자율성을 유지하고자 한다.

아세안은 미국과 중국 사이에서 전략적 중립을 유지하며 아세안 중심주의를 강조한다. 아세안은 인도·태평양 구상이 지역 질서를 이념적 블록화로 몰고 갈 것을 우려하며, '아세안 인도-태평양 전망AOIP'을 통해 포용과 다자주의적 프레임을 제안한다. 역내 소국들이 한쪽 진영에 예속되지 않고, 다자 협력을 통해 안정과 번영을 유지하려는 노력이다.

중국은 인도·태평양 지역에서 미국이 주도하는 전략적 압박 구도로 고착화되는 것을 방지하고자 한다. 중국은 아세안 중심의 다자주의를 강화하고, RCEP 발효로 인한 경제 연결망을 심화하며, BRI를 통한 인프라의 개발, 그리고 남중국해 COC를 통한 해양규범 형성에 이르기까지 다차원 전략을 병행한다. 이를 통해 미국이 설정한 FOIP 구도를 일방적으로 수용하지 않고, 인도·태평양 개념을 재해석하며 아·태 지역의 역내 국가들이 중국과의 협력을 통해 얻을 수 있는 실질적 이익을 높이고 있다. 특히 2025년 4월에는 수 년만에 주변국 외교 좌담회를 개최하여 "주변 지역은 개발과 번영을 이루기 위한 중요한 기반이며, 국가안보를 유지하기 위한 우선순위, 전반적인 외교 상황을 관리하기 위한 우선순위이며, 인류 운명공동체 건설을 촉진하기 위한 열쇠"라고 크게 강조하였다.[29]

이처럼 인도·태평양 전략은 단순히 미국과 중국만의 대립 구도가 아니라 역내 다수 행위자들의 복잡한 이해관계가 얽혀 있는 장이다. 각 국가들은 안보, 경제, 기술, 해양 질서, 규범 등 다양한 이슈를 종합적으로 고려해 전략적 입장을 정립한다. 이런 복합적 상호작용 속에서 인도·태평양 개념은 고정된 구조가 아니라 여전히 협상의 대상이며 변화하는 중이다. 현재 트럼프 대통령은 다자주의를 선호하지 않아 인도·태평양 전략의 동력은 크게 저하되고 있다.

| 중국의 전략 | 다차원적 대응과 대안적 프레임 제시

인도·태평양 전략에 대해 중국은 단순한 반발이나 방어에 그치지 않고, 주도적·적극적으로 대응하고 있다. 담론경쟁, 제도 활용, 경제통합, 해양 거버넌스 규범화, 지역 협력 플랫폼 주도 등 다차원적 접근을 특징으로 한다.

우선 담론경쟁 측면에서 중국은 인도·태평양 용어를 직설적으로 비판하기보다는, 아시아·태평양이라는 기존의 담론을 계승하고 강화한다. 이를 통해 미국이 주도하는 FOIP 담론이 역내 국가들에게 진영 선택을 강요하는 수단으로 인식되도록 만든다. 그리고 중국이 제안하는 '아·태 협력'은 다양성과 포용성을 강조하는 것으로 부각시킨다. 이때 중국은 경제개발, 인프라 구축, 비전통안보 협력, 기후 대응 등 공동의 이익을 강조함으로써, 미중 경쟁을 제로섬 게임이 아닌 상호 이익 추구의 공간으로 구성한다.

다음으로 중국은 아세안 중심 다자주의 메커니즘을 활용한다. 아세안은 역사적으로 강대국들의 경쟁 속에서도 고유의 중심성과 독자성을 유지하려 노력했는데, 중국은 이를 존중하고 아세안 주도 다자포럼ARF, EAS, ADMM-Plus 등에서 협력 의제를 적극 제안한다.30) 이 방식은 미국 주도의 안보동맹 확대 노력을 상쇄하고, 경제·개발 협력을 통해 지역국들이 인도·태평양 전략을 중국의 관점에서 선택할 수 있도록 정책공간을 확보한다.

경제적 측면에서 중국은 RCEP 등 역내 자유무역협정 참여를 통해 제도적 경제통합을 강화하고, BRI 해상 실크로드 프로젝트를 통해 인프라 개발을 촉진한다.31) 이를 통해 역내 국가들은 FOIP가 강조하는 안보 연대 외에도 경제적 상호의존을 통해 번영을 실현하는 경로가 존재함을 실감한다. 결과적으로 미국이 제안하는 군사·안보 위주의 인도·태평양 전략이 역내의 경제적 현실과 상충될 수 있음을 보여주고, 중국과의 경제협력을 쉽게 포기하지 못하도록 한다.

해양 거버넌스 규범화 측면에서도 중국은 남중국해 행동준칙COC 협상을 지속적으로 추진한다.32) 남중국해는 인도·태평양 전략에서 핵심적 관심사 중

---

29) 习近平, 2025.4.9. 中央周边工作会议在北京举行习近平发表重要讲话. https://www.mfa.gov.cn/zyxw/202504/t20250409_11590690.shtml
30) Ministry of Foreign Affairs of the People's Republic of China, 2024.7.27. "Wang Yi Attends the 31st ASEAN Regional Forum Foreign Ministers' Meeting". https://www.mfa.gov.cn/eng/wjbzhd/202407/t20240729_11462529.html. 중국은 ARF 등 아세안 주도 다자주의 플랫폼에서 안전협력, 신뢰 구축 관련 의제를 제안하며 적극적 역할을 강조.
31) 중국 상무부 홈페이지 RCEP 전용란 http://fta.mofcom.gov.cn/rcep/. 또한,《共建"一带一路": 构建人类命运共同体的重大实践》백서(2023년 10월 10일 발표, 중국 국무원 신문판공실) https://www.gov.cn/zhengce/202310/content_6907994.htm. RCEP 참여를 통한 제도적 경제통합, BRI 해상 실크로드 인프라 개발 추진을 공식 문건에서 확인할 수 있음.
32) Ministry of Foreign Affairs of the People's Republic of China, 2016.7.25. "中国和东盟国家外交部长关于全面有效落实《南海各方行为宣言》的联合声明". https://www.mfa.gov.cn/web/gjhdq_676201/gjhdqzz_681964/lhg_682518/zywj_682530/201607/t20160725_9386078.shtml. 또한 외교부 정례브리핑에서 COC 협상 진행 상황에 관한 언급(2024년 1월 12일) 참조: https://www.huaxia.com/c/2024/01/12/1869110.shtml

하나이며 미국과 동맹국들은 해양자유, 항행의 자유를 강조한다. 중국은 이 지역에서 역내 분쟁 당사국들과 협상을 통한 행동준칙 제정을 도모함으로써 해양 질서를 무력 충돌이 아닌 제도적·규범적 방식으로 관리하려 한다. 미국 주도의 인도·태평양 안보담론보다, 역내 해양문제 해결에 있어서는 중국이 책임 있고 제도 친화적인 행위자임을 부각시킨다.

정리하자면 중국의 전략 메커니즘은 한 축으로는 경제·개발 협력과 다자주의를 활용하여 FOIP 프레임의 안보적 경도를 완화하고, 다른 한 축으로는 해양규범 형성과 담론전략을 통해 인도·태평양 질서에 대한 자국의 해석을 담으려 한다. 이런 복합적 접근은 인도·태평양 전략이 단순히 미국식 가치동맹으로 기울지 않고, 다양한 이해관계를 반영하는 다원적 구조로 발전할 수 있도록 한다.

| 대표 사례 | 실천적 대응과 제도적 확보

중국의 전략은 다양한 실무적·구체적 사례에서 확인할 수 있다. 대표적 사례로, 중국 외교당국은 공식 문서나 정상회담 발언에서 '인도·태평양'이라는 용어를 거의 사용하지 않고, '아시아·태평양'이라는 전통적 개념을 고수한다.[33] 이를 통해 FOIP 프레임을 역내 국가들과 연결할 때, 미국이 제안하

---

33) 중국 정부는 "인도·태평양" 대신 "亚太(아시아·태평양)" 개념 사용. 예: Ministry of Foreign Affairs of the People's Republic of China,, 2023. 《中国的亚太安全合作政策》백서 APEC 관련 정상 언급 등 참조. 시진핑 주석 APEC CEO Summit 연설(2023년 11월 17일), https://www.fmprc.gov.cn/eng/xw/zyxw/202405/t20240530_11332495.html. 여기서도 "인도·태평양" 용어 없이 "아시아·태평양"을 중심으로 지역 전략을 전개.

는 지리적, 정치적 개념의 정당성을 약화시키고, 오히려 아·태 지역 협력이 오랫동안 유지해 온 개방적이고 포용적인 개념임을 강조한다.

또 다른 사례는 남중국해 행동준칙COC 협상이다. 이 과정에서 중국은 아세안 국가들과 충분한 대화를 통해 분쟁관리 규범을 형성하고자 노력한다. 해양 분쟁을 무력이나 일방적 제재로 다루지 않고, 제도화된 틀에서 다루려는 시도로서, 미국 주도의 '항행의 자유 작전'이 초래하는 긴장감과 대조되는 접근이다. 이를 통해 중국은 해양 질서 문제에서 자신이 수정주의 세력이 아니라 대화와 제도 형성에 참여하는 행위자라는 메시지를 표방한다.

RCEP 발효 이후 중국은 역내 경제 체제 형성에 주도적으로 참여하면서 FOIP 프레임이 강조하는 안보동맹 패러다임과 대조되는 경제적 상호의존 구도를 부각시킨다. 아세안 국가, 한국, 일본, 호주, 뉴질랜드와 함께 형성된 RCEP 구조에서 중국은 역내 경제통합을 강화함으로써 인도·태평양 개념이 혹여 안보블록으로 굳어지더라도 다른 국가들이 경제적 실익을 위해 지나친 안보 편승을 하지 않도록 균형추를 제공한다.

BRI 해상 실크로드 프로젝트 역시 대표적 사례다. 중국은 인도양 연안국, 동남아 국가들과 항만·철도·물류망 연결을 지속적으로 추진하면서 지역경제 네트워크 강화에 기여한다. 이로써 '인도·태평양'이 미국이 주창하는 해양안보 프레임에 갇히지 않고, 경제 발전과 인프라 건설이라는 상호 이익 의제로 확장될 여지를 만든다. FOIP의 가치와 상충하기보다 역내 국가들에게 대안이나 보완된 선택지를 제공함으로써, 미국이 주도하려는 일방적 질서 형성을 어렵게 만든다.

아세안 관련 다자회의ARF, EAS 등에서 중국은 해양환경보호, 재난구호, 보건안보, 문화교류 같은 비정치적, 비군사적 의제를 적극 제안하여, 인도·태평양 개념이 강대국 갈등이 아닌 실용적 협력의 장으로 거듭나도록 유도한다.

중국은 결국 능동적으로 의제를 제안하고 제도를 형성하는 역할을 추구하는 것이다.

| 정책 담론 및 국제적 함의 | 지역 질서 재편의 복합적 의미

인도·태평양을 둘러싼 미중 경쟁과 중국의 대응전략은 국제정치에서 지역 질서 재편이 단순한 군사력 균형을 넘어 규범·제도·경제·담론의 차원까지 확장되는 복합적 현상임을 시사한다. 전통적 패권전에서 포착하기 어려운 새로운 양상이다. 국가 간의 세력전이 이상의 다층적 변화를 이해하려면, 지역국들의 전략적 자율성, 다자주의 레짐, 경제 통합 체계, 해양 거버넌스 제도화, 가치와 규범 형성을 모두 고려해야 한다.

미국이 주도하는 인도·태평양 전략을 중국이 무조건 거부하지 않고, 대안적 프레임을 제시하면서 역내 협력 의제를 확장하면 아세안 등 중견국들은 반드시 양자선택을 해야 한다는 압박을 덜고, 다양한 레버리지를 확보하는 기회를 얻는다. 그럼으로써 국제 질서가 양극화로 치닫기보다, 지역 차원에서 다원적 협력구조를 형성할 가능성을 열어둔다.

가치 경쟁 측면에서 바이든의 미국은 민주주의, 인권, 법치 등 보편적 가치를 인도·태평양 전략의 핵심으로 내세우지만 중국은 경제발전, 상호이익, 지역주의, 문화다양성, 주권존중 등을 앞세워 대안적 규범을 강조한다. 이로써 지역 국가들은 단순히 민주주의나 권위주의라는 이념의 대립만이 아닌, 개발·번영 모델, 제도화, 경제 정책 등 복합적 잣대를 동원해 자신의 선택을 정당화할 수 있다. 미국 우선주의를 내세우는 트럼프의 대외정책은 기존 인도·태평양에서 미국의 입지를 점차 약화시킬 개연성이 크다.

해양 질서의 측면에서 인도·태평양 개념은 해양안보가 중요하다는 것을 강조하지만, 중국은 해양 거버넌스 규범화, 남중국해 분쟁의 제도적 관리 등을 통해 '무력충돌 없는 해양협력' 모델을 제시한다. 항행의 자유, 공해상 자원 관리, 환경보전 등 포괄적 해양 의제에서 규범 경쟁으로 이어지며 궁극적으로는 국제해양법 적용 해석과 지역적 관행 형성에도 영향을 미친다. 그러나 해양 해석을 놓고 미중은 서로 다른 입장을 내놓고 있다.

경제적으로 볼 때, 인도·태평양 전략이 안보에 치중한다면 역내 국가들이 경제 발전 동력을 잃을 수 있다는 우려가 제기된다. 반면 중국이 적극 주도하는 다자 FTA나 인프라 협력, 기술협력 등은 역내 경제 번영에 기여해 FOIP가 군사동맹 중심으로 굳어지는 것을 막는다. 이로써 이 지역의 국가들은 경제와 안보가 불가분으로 얽힌 '경제안보 시대'에서, 한쪽의 진영에 편승한다기보다는 경제적 실익을 바탕으로 한 유연한 외교전략 수립 가능성을 모색한다.

중견국들, 예컨대 한국 같은 국가들에게 중국의 유연한 태도와 트럼프의 등장은 전략 환경의 변화를 시사한다. 한국의 윤석열 정부는 미중 경쟁 속에서 인도·태평양 개념을 적극 수용하면서 미국과의 공조를 강조했다. 그러나 새로운 정부는 아마도 중국과의 경제협력, 일본과의 전략적 연대, 아세안과의 다자협력을 통해 안보와 경제사이의 미묘한 균형을 도모할 것으로 보인다. 이 과정에서 중국이 제공하는 대안적 협력 모델은 한국을 비롯한 중견국들에게 자율적인 여지를 제공하는 측면이 있다.

요약하면 인도·태평양 전략을 둘러싼 미중 경쟁은 지역 질서를 둘러싼 다자적, 다차원적 재편이 진행 중임을 보여주며, 중국의 대응전략은 이 흐름을 더욱 복잡하고 역동적인 방향으로 이끈다. 미국-중국 양강 대립 이상의 다자, 다원적 질서가 형성되고 있어, 국제정치 이론과 정책 설계 측면에서 역내 국가들에게 새로운 도전과 기회를 제공한다.

| 결론 | 장기적 시나리오와 전략적 의미

인도·태평양 전략이 정착되고 미중 간 담론·제도·경제·규범 경쟁이 심화하는 상황에서, 중국의 대응전략은 역내 질서가 단일 헤게모니나 명확한 양극대립 구도에 안주하지 않는 것이다. 또한 미중 관계가 다양하고 복합적인 상호작용 속에서 재편될 수 있음을 보여준다. 역내 국가들에게는 불확실성의 증대인 동시에 기회의 창출이기도 하다.

장기적으로, 인도·태평양 개념이 역내 국가들의 정책결정 패러다임을 변화시키는 것은 불가피해 보인다. 그러나 이 개념이 미국이 주도하는 가치동맹 네트워크로 완전히 굳어질지, 아니면 중국의 경제·제도·규범적 개입을 통해 다원적 협력 플랫폼이 될지는 아직 예측하기 어렵다. 아세안, 인도, 한국, 호주, 일본 등 역내 주요 행위자들은 자국의 이익과 미래의 비전을 반영해 새로운 질서를 모색할 것이며, 이 과정에서 어느 한쪽의 강대국이 제시한 표준화된 질서 대신 다중 질서를 형성할 가능성이 높다.

미중 전략경쟁이 지속되고 기술경쟁, 경제 디커플링, 가치 갈등이 심화될 경우 인도·태평양 프레임은 더욱 큰 중요성을 띨 것이다. 이때 중국의 전략 메커니즘은 인도·태평양의 틀보다는 아시아·태평양의 개념을 띨 것이므로 역내 국가들은 중국이 제공하는 대안적 경제협력, 인프라 개발, 규범 형성 과정에 참여할 여지가 많다. 반면 미중 관계가 일정 수준의 안정을 찾으면 인도·태평양 구도는 강대국의 협상을 통한 부분적 협력과 경쟁이 교차하는 복합 레짐 구조로 발전할 수 있다.

어떤 시나리오든 간에 인도·태평양 전략은 앞으로도 역내 국제정치의 핵심 의제 중 하나로 남을 것이다. 중국은 이를 기정사실로 받아들이되 유리한 방향으로 수정·보완하는 전략을 마련할 것이다. 역내 국가들은 안보, 경제, 규범을 종합적으로 고려하는 다차원 전략을 구사하며 강대국 대립의 수동적 객체가 아닌 능동적 전략행위자로 자리매김하려 할 것이다.

최종적으로, 인도·태평양 전략이 초래하는 미중 담론경쟁과 중국의 대응전략은 동아시아·인도양 지역을 포함한 광범위한 해양권역에서 새로운 국제질서의 형성을 촉진시킨다. 문제는 트럼프 행정부 시기는 미국 없는 인도·태평양 시대에 직면할 수 있다는 점이다. 이것은 국제 정치이론, 정책실행, 외교전략 수립 측면에서 모두 중대한 의미를 갖는다. 인도·태평양이라는 프레임 아래 전개되는 이 복합적 경쟁과 협력은 향후 수십 년간 아시아를 넘어 세계 질서를 재구성하는 주요 변수로 작용할 것이기 때문이다. 미국의 인도-태평양 전략은 이제 이 공간이 미중 전략경쟁의 승패에 상징적인 공간이 되었음을 보여준다.

2　글로벌 남반구와 국제 질서

| 배경 | **글로벌 남반구의 재부상과 국제 질서 전환**

21세기 들어 국제 정치·경제 환경은 복잡한 구조적 변화를 거듭하고 있다. 선진국 중심의 전통적 국제 질서가 무너지고 다양한 지역과 행위자가 목소리를 높이는 가운데, 이른바 '글로벌 남반구'가 국제무대에서 주목받고 있다.

글로벌 남반구는 UNCTAD의 정의에 따르면 아프리카, 중동, 라틴아메리카, 아시아(이스라엘, 일본, 한국 제외), 오세아니아(호주, 뉴질랜드 제외)를 담는 발전도상국과 신흥국을 포괄하는 개념이다.[34] 이들은 식민주의 유산, 불균등 발전, 선진국이 주도하는 구조에 대한 불만을 공유해왔다. 냉전 종식 이후 다자무대에서 이들 국가는 적극적이고 능동적인 행위자가 되었으며 기술혁신, 기후변화, 보건위기, 빈곤·불평등, 디지털 격차 등의 글로벌 의제에 대한 참여

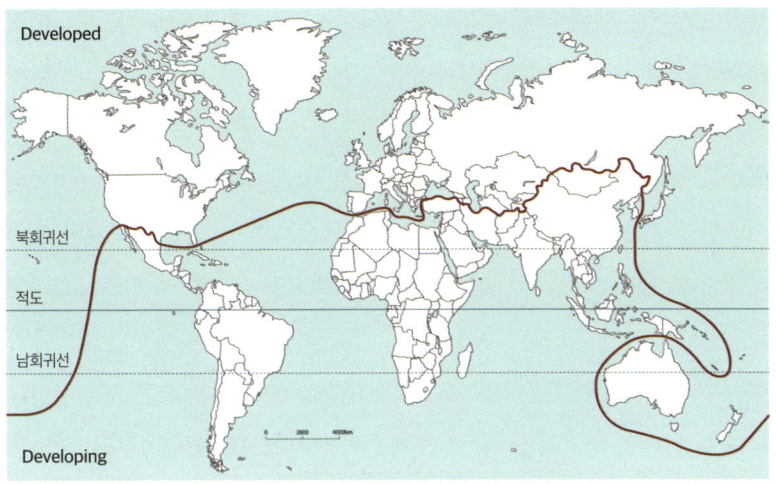

[그림2] 브란트 라인(The Brandt Line)

출처: https://en.wikipedia.org/wiki/Global_North_and_Global_South#:~:text=per%20the%20UNCTAD.-,The%20Global%20South%20broadly%20comprises%20Africa%2C%20Latin%20America%20and%20the,also%20according%20to%20the%20UNCTAD.

와 협상력이 증대되고 있다.

위의 [그림2]는 UN에 제출한 독일 전 수상 브란트의 "North-South: A Programme for Survival"이라는 보고서에 나온 북반구와 남반구의 구분선이다. 브란트 라인은 1980년대의 제안으로, 세계를 발전된 북쪽과 발전하는 남쪽으로 나누었다. 지금은 상황이 변했지만 글로벌 남반구의 공간에 대한 영감을 주는 그림이다.

---

34) 이에 대해서는 UNCTAD, 2022. HANDBOOK OF STATISTICS 2022: https://unctad.org/system/files/official-document/tdstat47_en.pdf; Andrea Wolvers, Oliver Tappe, Tijo Salverda, Tobias Schwarz (GSSC), January 2015. Concepts of the Global South (Global South Studies Center, University of Cologne, Germany): https://kups.ub.uni-koeln.de/6399/1/voices012015_concepts_of_the_global_south.pdf

중국은 자국에 대해 '새로운 형태의 강대국'이라는 국가 정체성을 주장하면서도 여전히 가장 큰 발전도상국이라는 2중 정체성을 보여준다. 그런 점에서 글로벌 남반구와의 전략적 연대를 국제 질서 재편 과정의 핵심축으로 활용하고 있다.[35] 중국이 글로벌 남반구의 일원임을 강조하게 된 것은 비교적 최근인 2023년이다. 기존의 중국은 이 개념을 서방이 중국을 억제하기 위한 도구로 활용한다고 비판했다. 서방과 대결적인 자세를 취하거나, 이데올로기적이고 이분법적인 수사를 꺼리던 중국의 입장에서는 글로벌 남반구과 북반구의 구분법은 수용하기 어려웠다. 그러나 2022년 개최된 중국 공산당 제20차 당대회 보고서는 "중국은 개발도상국의 지위를 견지하고, 수많은 남방의 국가들과 굳건히 협력하여……" 라고 표명하면서 중국이 스스로 개발도상국이라는 정체성을 확고히 하고 남방국가와 협력하려는 노력을 보여주었다.

중국이 글로벌 남반구 개념을 수용하게 된 전환점은 2023년 7월 10일 개최한 BRICS 예비회의에서였다. 중국 외사 담당 정치국원이었던 왕이는 이 회의에서 중국은 개발도상국과 신흥시장 국가들을 의미하는 글로벌 남반구의 자연적 구성원이라고 했다. 왕이는 이 회의에서 독립과 자강을 추구하는 것은 글로벌 남반구의 정치적 배경이며, 발전과 부흥은 역사적 사명이며, 공평과 정의가 공통의 명제라고 강조했다. 중국은 글로벌 남반구과 협력하여 세계의 평화와 공동 발전을 책임지겠다고 주장했다. 중국이 추진하는 글로벌 발전 구상, 글로벌 안보 구상, 글로벌 문명 구상을 통해 인류운명공동체를

---

35) Ministry of Foreign Affairs of the People's Republic of China, 2024.6.14. Remarks by H.E. Wang Yi At the BRICS Dialogue with Developing Countries: https://www.mfa.gov.cn/eng/xw/zyjh/202406/t20240614_11436418.html

공동으로 추진하자고도 역설하였다. 왕이는 덧붙여 글로벌 남반구 협력을 강화하기 위한 다음과 같은 4가지 제안을 하였다.

① 충돌을 끝내고 평화를 재건설하자.
② 역사적 사명을 재생revitalization시키고 발전을 도모하자.
③ 개방성과 포용성을 통해 전진하자.
④ 유대를 확고히 하면서 협력을 도모하자.

중국은 글로벌 남반구에 대한 입장 변화를 통해 중국이 글로벌 북반구와는 본질적으로 다른 세계관을 지녔다는 점을 분명히 하였다. 중국은 경제적 고도성장과 글로벌 영향력 확장을 바탕으로 기존의 서방이 주도하는 질서에 대한 대안적인 거버넌스 구상을 제시하고 있다. 이를 구현하는 과정에서 남남협력South-South Cooperation을 중요한 수단으로 삼는다.[36] 특히 인프라·금융·기술·교육·보건 협력 등 실질적 지원을 통해 개도국들의 발전 요구에 부응하면서, 도덕적 정당성과 정치적 지지 기반을 확보하려는 전략을 구사한다.

여기서는 글로벌 남반구가 어떻게 국제 질서 전환 과정에서 재부상하게 되었는지, 그리고 중국이 이들과의 협력 네트워크를 통해 어떤 전략을 펼치고 있는지 분석할 것이다. 이를 위해 글로벌 남반구와 중국의 결합이 어떤 형태로 나타나는지, 다자 플랫폼과 개발협력, 담론적 가치의 정당성 확보, 지역별 사례를 살펴본다. 그리고 이를 구현하는 양상을 체계적으로 살펴보고 그것을 바탕으로 국제정치적 의미와 전망을 제시하고자 한다.

---

36) 国务院新闻办公室, 2021.1.10. 《新时代的中国国际发展合作》白皮书, 『中国政府网』: https://www.gov.cn/zhengce/2021-01/10/content_5578617.htm

| 현황 | 다차원적 연계와 성장하는 개도국 네트워크

글로벌 남반구의 위상 강화는 단순히 경제적 부상이나 인구의 증가에 국한되지 않는다. 이들 국가군은 국제무대에서 정치·외교·경제·사회·환경 등의 이슈에 영향력을 확대하고 있으며, 더 이상 단순한 수혜자가 아닌 글로벌 규범 형성에 기여하고자 한다. 과거 냉전 시기 비동맹운동이나 개도국 연대가 선진국 중심 질서에 대한 방어적 성격을 띠었다면 오늘날 글로벌 남반구는 세계화 속에서 새로운 의제설정 능력과 제도 개편을 요구하는 적극적 집단으로 자리매김하고 있다.

특히 기후변화, 지속가능 발전목표SDGs, 디지털 격차, 감염병 대응, 식량안보 등 글로벌 공공재 관련 이슈에서 개도국들은 선진국 편향의 구조를 개선하려는 목소리를 내고 있다. 선진국이 주도한 무역·금융 질서가 공정한 발전 기회를 충분히 제공하지 않는다는 불만과 선진기술 및 의약품의 접근성에 대한 문제, 그리고 부채 부담 및 원자재 시장 변동성 등은 개도국들을 연대하게 만드는 촉매제로 작용한다. 공통의 문제의식은 개도국들에게 국제기구 개혁, WTO 규범 수정, 기후재원 확대, 기술이전 촉진 등을 요구하게 만들었다.

중국이 어떤 부분에서 글로벌 남반구에 속하는지 여부는 국제적인 논쟁대상이다. 서구 학자들이나 인도 등은 중국이 글로벌 남반구에 속한다는 주장에 부정적이다. 오히려 중국은 전 사회주의 연대인 글로벌 동방으로 분류하는 것이 더 맞다고 한다. 중국은 이와 같은 주장들이 중국을 배제하기 위한 음모라 주장한다. 중국은 글로벌 남반구의 일원이자 '개도국의 파트너'라 주장하면서 전통적인 북-남 구도를 재해석한다. 중국은 인류운명공동체라는 담론을 통해 공평하고 포용적인 국제 질서를 강조하고, 이를 실현하기 위해 남남협력 플랫폼, 지역별 협력포럼, 금융·개발기구 신설 등에 참여한다.[37] 이로써 글로벌 남반구 국가들은 기존의 서방주도 질서에서 벗어나 중국이 제안하는 대안적 협력 모델과 연결하여 자신의 발전 전략을 구현하려고 한다.

요컨대 현 시점에서 글로벌 남반구는 단순 주변부가 아니라 국제 규범 재편과 제도 변화를 이끌 잠재력을 갖춘 세계적인 네트워크다. 중국은 이 네트워크를 적극 활용하여 새로운 국제 질서 아키텍처를 형성하려는 구상을 진행 중이며, 이 과정에서 개도국의 성장 욕구와 불만을 전략적으로 수용하여 영향력을 확대하고 있다.

| 중국의 전략 | 개발협력·담론·다자주의적 파트너십

중국이 자국을 글로벌 남반구의 일원임을 강조하면서 전개하는 전략 메커니즘은 크게 네 가지로 요약할 수 있다.

(1) 개발협력의 제도화
(2) 담론 구축 및 가치 정당성 확보
(3) 다자무대에서의 아젠다 설정
(4) 남남협력 기반 네트워크 형성과 제도적 장치 확충

---

37) 国务院新闻办公室, 2023.9.26.《携手构建人类命运共同体：中国的倡议与行动》白皮书,『中国政府网』https://www.gov.cn/zhengce/202309/content_6906335.htm.

첫째, 개발협력의 제도화란 무엇인가. 중국은 대외원조 원칙과 방향을 명시하고 아시아인프라투자은행AIIB, 신개발은행NDB, 남남협력기금 등을 통해 개도국에 장기적 융자·기술 지원·교육 훈련을 제공한다.[38] 이를 통해 일회성 지원이 아닌 구조적 파트너십을 구축하고, 개도국이 인프라·교육·보건·농업 분야에서 역량을 강화하도록 돕는다. 중국이 발전 경험을 공유하고 상대국이 서방 모델에 대한 대안을 탐색하는 데 기여함으로써 상호의존적 관계를 공고히 하는 전략적 자산이 된다.

둘째, 새로운 담론 구축과 가치 정당성의 확보를 알아보자. 중국은 '인류운명공동체', '공동 발전', '호혜적 협력' 등의 개념을 내세우며 기존 개발모델의 편향성과 불평등을 비판하고 개도국의 자율성과 발전권을 강조한다. 기존의 서방이 주도하던 담론인권, 민주주의, 시장개방 등을 절대적 보편으로 간주하는 시각에 도전하고, 대안이 되는 규범을 제안하는 담론 전환 전략이다. 개도국은 이 담론을 통해 국제정치에서 자신의 발전모델을 정당화하고 선진국 개입에 대한 저항논리를 강화할 수 있다.

셋째, 다자무대에서의 아젠다 설정은 어떤 것인가. 중국은 UN, G77, BRICS, G20, UNCTAD, WTO 등 다자기구를 적극 활용해 개도국의 공동이익을 부상시켜 공평한 시장 접근, 기술 이전, 부채 완화, 기후재정 확대 등을 의제로 올린다.[39] 개도국들이 단일 목소리를 낼 수 있는 플랫폼을 마련하고, 이를 통해 선진국과의 협상력 격차를 줄이며, 국제 규범 형성 과정에서 새로운

---

[38] 国务院新闻办公室, 2011.4.21.《中国的对外援助》白皮书, 中国政府网: https://www.gov.cn/wszb/zhibo448/content_1851979.htm; AIIB官方网站: https://www.aiib.org/; 新开发银行(NDB)官方网站: https://www.ndb.int/; 南南合作援助基金: http://en.cidca.gov.cn/southsouthcooperationfund.html
[39] Ministry of Foreign Affairs of the People's Republic of China, September 16, 2023, "Remarks by Li Xi at the Summit of the Group of 77 and China": https://www.mfa.gov.cn/mfa_eng/xw/zyjh/202405/t20240530_11341765.html

균형점을 찾으려는 시도다.

넷째, 남남협력 기반 네트워크와 제도 장치의 확충은 어떻게 하고 있는가. 중국은 중국-아프리카 협력포럼FOCAC, 중국-아랍 국가협력포럼, 중국-중남미 포럼 등 지역별 협력체를 통해 맞춤형 개발협력 패키지를 제안한다. 이 과정에서 지역별 특수성을 고려한 프로그램을 시행해 개도국들의 필요에 부응하고, 이를 계기로 지역의 다자협력 생태계를 형성한다. 이것은 개도국 집단을 국제협상 무대에서 하나의 영향력 있는 연합체로 발전시키는 밑거름이 된다. 종합적으로 이 네 가지 전략 메커니즘은 경제와 제도, 담론의 차원을 결합하여 개도국을 지원함으로써 국제 규범을 변용하고, 다자협력 네트워크를 강화하려는 것이다. 중국은 이를 통해 글로벌 남반구를 기반으로 한 새로운 국제 질서를 구상한다. 즉 다극적 거버넌스와 지역별 협력 체제로 대안적 프레임을 공고히 하려는 의도를 갖고 있다.[40]

| 대표 사례 | 지역별 협력 플랫폼과 실행 전략

중국의 글로벌 남반부 전략은 구체적 사례를 통해 확인할 수 있다. 아프리카와의 협력 플랫폼인 FOCAC은 중국이 국제개발협력을 제도화한 대표적 모델이다. 정기적인 정상회의와 장관급회의, 이를 통해 도출된 액션 플랜을 바탕으로 중국은 아프리카에 대규모 인프라 투자, 교육·보건·농업 분야에

---

[40] 国务院新闻办公室, 2019.9.27.《新时代的中国与世界》白皮书,『中国政府网』: https://www.gov.cn/zhengce/2019-09/27/content_5433889.htm; 国务院新闻办公室, 2023.10.10.《共建"一带一路": 构建人类命运共同体的重大实践》白皮书『中国政府网』: https://www.gov.cn/zhengce/202310/content_6907994.htm

대한 협력과 기술훈련 프로그램을 추진한다. 아프리카 각국은 이 과정에서 도로·항만·전력망 등 경제 기반을 강화하고, 중국의 기술과 자본을 활용해 산업화를 추진한다. 단순한 원조나 차관 공여를 넘어, 아프리카 국가들이 자주적 발전을 모색하는 과정에서 중국을 전략적 파트너로 인식하도록 한다.

중동 지역 협력 플랫폼인 중국-아랍 국가협력포럼 역시 주목할 만하다. 중국은 중동 국가들과 에너지 협력에 이어 신재생에너지, 디지털 경제, 사회 인프라, 보건 협력에 이르기까지 영역을 확대한다. 이로써 예전에 서방의 영향력이 컸던 중동 무대에 중국이 개발협력과 남남협력을 앞세워 대안을 제시하고, 지역 국가들이 다변적 외교 전략을 구사할 수 있는 여건을 조성한다.

라틴아메리카·카리브 지역과의 중국-중남미 포럼은 또 다른 사례다. 이 지역은 원자재 공급원이라는 전통적 역할에서 벗어나 산업다각화, 지속가능 발전을 추구하고 있으며 중국은 이를 지원하는 금융협력, 농업기술협력, 디지털 전환을 지원한다. 이를 통해 중국은 라틴아메리카 국가들이 단순히 대서양 양안(미국-유럽)에 의존하지 않고, 아·태 권역으로 외교·경제 지평을 확장하도록 돕는다.

이 밖에도 코로나19 팬데믹 시기에 의료장비와 백신의 지원, 개발도상국을 대상으로 한 기후대응기금 출연, ICT 기반 서비스의 제공 등 다양한 분야에서 중국은 신속히 대응하는 모습을 보였다. 이를 통해 신뢰를 구축하고, 향후 다자협상에서도 개도국이 중국을 우호적으로 느끼도록 유도했다.

결국 지역별 협력 플랫폼과 실행 전략은 중국이 개도국에 '서방 모델과 다른 협력 경로'를 제시함으로써, 글로벌 남반구를 하나의 영향력 있는 정치·외교 네트워크로 발전시키는 데 기여했다. 이 사례들은 중국이 실천적 대안을 제시하고, 이를 통해 개도국이 국제 질서 변혁 과정에서 능동적인 역할을 할 수 있도록 뒷받침해준 것들이다.

| 정책 담론 및 국제적 함의 | 가치·규범 경쟁과 국제제도 개편

중국의 글로벌 남반구 전략은 국제정치적 차원에서 가치·규범 경쟁을 가속화한다. 기존 질서에서 서방 국가들은 자유민주주의, 인권, 시장경제, 법치 등을 핵심 규범으로 제시해왔다. 그러나 글로벌 남반구 협력 네트워크는 보편주의 주장을 뒤로 하고 발전권·경제주권·문화적 다양성 등을 규범화하려는 시도를 강화한다. 국제 인권담론, 환경규범, 노동표준 등 다양한 분야에서 개도국의 관점을 반영한 새로운 합의를 도출할 수 있다.

국제제도 개편 차원에서도 그 의미가 크다. 중국이 개도국과 연대하여 WTO 개혁, IMF 지분 재조정, UN 개혁, 디지털 거버넌스 규범 제정을 주장한다면 기존의 선진국이 주도하던 메커니즘은 점진적이지만 확실한 변화를 맞게 될 것이다.[41] 개도국의 입장에서는 자신들의 경제적 이익과 정치적 위상을 제도적으로 보장받을 기회이며, 중국은 이를 매개로 영향력 확대와 국제적 정당성 강화를 동시에 추구한다.

나아가 이 과정은 미중 전략경쟁 구도에도 영향을 미친다. 미국을 중심으로 한 서방 진영은 글로벌 남반구에 대한 재접근을 모색하며 기존의 원조 정책이나 조건부 지원방식을 재검토할 수밖에 없게 된다. 경쟁 구도로 인해 글로벌 남반구 국가들은 양 진영 사이에서 협상력을 높이고, 다양한 형태의 '전략적 줄타기'를 통해 더 유리한 조건을 끌어낼 수 있다. 국제 체제가 양극

---

41) 商务部, 2018.11.23.《中国关于世贸组织改革的立场文件》,「中央人民广播电台报道」: https://china.cnr.cn/yaowen/20181124/t20181124_524424875.shtml; 《中国关于联合国改革问题的立场文件》(2005년 6월 7일), 中华人民共和国外交部, https://www.mfa.gov.cn/web/gjhdq_676201/gjhdqzz_681964/lhg_681966/zywj_681978/200506/t20050607_9381660.shtml;《全球数字治理白皮书》(2023년 12월), 中国信息通信研究院, http://www.caict.ac.cn/kxyj/qwfb/bps/202401/P020240326610278819760.pdf

구도가 아니라 다차원적·유동적 역동성을 갖춘 복합 구조로 변모하는 모습이다.

정책 담론 측면에서 글로벌 남반구 네트워크는 기존의 발전 프레임조건부 원조, 구조조정 프로그램, 서구식 거버넌스의 모범답안에 대한 대안을 제기하며 개도국이 스스로 발전경로를 정하도록 한다. 중국은 이를 통해 인류운명공동체, 호혜적 협력, 남남연대 등 상징적 개념을 국제 규범을 정하는 논쟁의 장에 내세워 서방 중심의 서사를 깨뜨리고 다원적 미래상을 제안한다.

결과적으로 정책 담론과 국제적 함의는 가치·규범 경쟁을 둘러싼 국제 질서 재편, 제도 개혁, 다극화로 나아갈 가능성이 크다. 지엽적이고 단기적인 현상이 아닌 국제 정치·경제 아키텍처를 재구성하는 거대한 흐름의 일환이며, 중국과 글로벌 남반구가 함께 진화co-evolution하는 전략적 국면이라 할 수 있다.

지난해 20차 당 대회 이후 새롭게 출범한 시진핑 3기 지도부 출범의 가장 중요한 대외정책 변화는 미국과 서방이 주도하는 자유주의 국제 질서를 수용하지 않는다는 것이었다. 오히려 러시아를 포함한 글로벌 남반구 국가들과 긴밀히 연대하여 새로운 다극화된 국제 질서를 구축하기로 공식화하였다. 특히 2023년 3월 양회兩會에 맞춰 시진핑 3기 지도부 출범과 함께 중러 전략적 경제-안보협력 본격화를 시작으로 중국과 중앙아시아 5개국 정상회의, 제3차 일대일로一帶一路 국제협력 정상회의를 연이어 개최하며 다극화된 국제 질서의 추진이라는 중장기 목표 의지를 분명히 보여주었다.

시진핑 주석은 양회兩會를 통한 3연임을 확정한 이후 2023년 3월 20일, 첫 해외 순방국으로 러시아를 공식 방문하여 푸틴 대통령과 국제 질서 다극화와 민주화 실현을 위해 21세기 중러 전략적 안보-경제협력 관계를 대내외에 보여주었다. 그리고 중앙아시아, 이란, 북한, 아프리카, 남미 등 새롭게 다극화된 국제 질서 구축을 희망하는 글로벌 남반구 국가들과의 정치·경제·안보 면에서 협력과 연대를 펼쳐 나가기 시작했다.

시진핑 지도부는 미중 전략경쟁에 대응하고 전 세계의 국제 질서 변화 차원에서 미국 중심의 단극 체제를 상징하는 달러가 일부 반미·반서방 국가들의 강력한 제재와 압박을 위한 무기로 사용된다고 비판한다. 중국은 달러 헤게모니를 약화시키는 차원에서 중·러 간 교역뿐만 아니라 BRICS, SCO, 글로벌 남반구 국가들과 연대하고 협력함으로써 새로운 BRICS 화폐를 구축하고 탈 달러화 추진과 상품 교역 결제를 확대해 나간다는 중장기 전략 구상을 밝혔다. 특히 시진핑 3기 지도부는 지난 수백 년 동안 미국-영국 앵글로색슨 중심의 서방국가들이 주도하여 단극 질서를 유지하였으나 우크라이나 사태와 이스라엘-하마스 무력충돌 발생으로 인해 2차 세계대전 이후 형성된 미국 주도의 단극 국제 질서가 무너졌다고 본다. 따라서 중국과 러시아를 포함한 SCO, BRICS, 글로벌 남반구 국가들과 새롭게 형성한 국제 질서로 미중 전략경쟁에 적극 대응해 나가겠다는 구상이다.

또한 시진핑 3기 지도부는 미국과 서방 중심의 자유주의 국제 질서를 상징하는 달러가 일부 반미 혹은 반서방 국가들에 대한 경제 제재 무기로 사용된다고 강력히 비판하며 탈 달러화를 강조하고 있다. 그에 따라 새로운 국제 정치·경제 질서 변화를 위해 중·러 간 교역뿐만 아니라 BRICS, SCO, 글로벌 남반구 국가들과의 각종 교역에서 달러가 아닌 위안화, 루블화 결제 등을 점차 확대시켜 나가고 있다. 또한 신개발은행NDB:New Development Bank이 주도하는 BRICS 화폐를 추동한다는 입장을 밝히고 있다.

이미 BRICS 국가들은 2015년 IMF국제통화기금 및 World Bank세계은행 같은 미국 주도의 금융제도에 대한 대안으로 신개발은행NDB를 설립했다. 중국의 신개발은행NDB은 BRICS, 개발도상국들의 인프라 및 지속가능한 개발 프로젝트에 약 330억 달러의 대출을 실행하였으며 BRICS의 회원국이 아닌 이집트, 방글라데시, 아랍에미리트 등도 추가 회원국으로 받아들였다. 사실상 미중 전략경쟁이 격화될수록 중국 주도의 BRICS는 탈달러화 차원에서 새로운 결제 화폐의 조속한 구축을 위해 회원국 확대를 도모할 것이다. 그것은 미국 중심의 달러 질서에서 벗어나 다극화된 국제 질서를 더 빨리 추진하기 위함이다. 결국 시진핑 지도부는 미중 패권경쟁에서 우위를 확보하기 위해 미국 중심의 단극 체제에서 벗어나 다극화된 국제 질서 구축을 위해 중국이 직접 주도하여 만든 글로벌 발전 구상GDI, 글로벌 안보 구상GSI, 글로벌 문명 구상GCI을 새롭게 제시한다. 이로써 공세적이고 적극적으로 중국이 주도하는 새로운 다극화된 국제 질서의 출현은 불가피할 것으로 보인다.

| 결론 | 다극화 시대 장기적 역동성과 미래 시나리오

글로벌 남반구와 중국의 협력은 단순히 경제협력이나 개발원조의 차원을 넘어, 국제 질서의 기본 토대를 재구성하는 장기적 역동성을 드러낸다. 미중 전략경쟁 시대에 중국은 글로벌 남반구 네트워크를 활용해 서방 중심으로 이루어진 질서에 대한 대안적 거버넌스 구상을 단계적으로 실천하며, 개도국의 이익과 목소리를 국제 체제 개혁 과정에 반영하려 한다.

장기적으로 이 역동성은 다음 세 가지 시나리오를 제기할 수 있다.

첫째, 다극화가 심화된다는 시나리오다. 글로벌 남반구가 중국 지원을 토대로 국제제도 개편을 촉진한다면 서방과 비서방, 선진국과 개도국 간 기존 권력관계가 완화되고 다극적 권력 배분이 제도화될 가능성이 있다.

둘째, 혼합적 양상이 전개되는 시나리오다. 일부 개도국은 서방, 일부는 중국 주도의 틀에 결합하며 여러 규범·가치 세트가 공존하는 다원적 질서가 형성될 수 있다.

셋째, 갈등이 전개되는 시나리오다. 미국을 비롯한 서방 진영이 중국의 남남 협력 전략에 적극 대응해 개도국 대상 지원 경쟁을 가속화하고, 이로 인해 국제협력이 경쟁적이고 불안정해지는 것이다.

어떤 시나리오가 현실화되든 새로운 국제 질서 출현에 따른 글로벌 남반구의 역할 증대와 중국의 전략적 관리로 국제정치는 더 이상 선진국이 일방적으로 규칙을 정하는 시대로 돌아가기 어렵다. 개도국이 대안적 발전모델, 규범, 제도적 장치를 갖추며 국제무대에 올라서고 중국은 이를 지렛대로 활용해 포용적이면서 자국의 이익에도 부합하는 질서를 모색한다. 이는 궁극적으로 국제 체제가 전환기를 맞고 있다는 증거다. 향후 수십 년간 세계 정치·경제의 방향성에 깊은 영향을 미칠 전망이다.

마지막으로, 변화는 특정 국가나 진영에 국한되지 않고 전 세계를 아우르는 구조적 변동임을 인식할 필요가 있다. 글로벌 남반구가 주도적으로 협력 플랫폼을 확대하고 중국이 이를 지원하는 상호작용이 존재한다. 국제사회는 기존의 패러다임을 재검토하고 새로운 합의를 창출하는 장기적 학습 과정에 돌입하고 있다. 불확실성과 기회가 교차하는 전환기이며, 개도국과 신흥국이 더 이상 수동적인 객체에 머무르지 않고 국제 질서 변혁의 능동적 주체로 성장하는 모습을 드러내는 것을 의미한다.

CHINA HEGEMONY STRATEGY | 미중 전략경쟁과 중국의 전략

3 우주·사이버 신흥안보 질서

| 배경 | 미중 전략경쟁 속 새로운 전장으로 떠오른 우주·사이버 영역

21세기 국제정치는 기존의 군사력, 경제력 중심의 권력 재편을 넘어 전혀 다른 차원의 경쟁무대가 펼쳐지고 있다. 우주와 사이버 공간은 '신흥안보 영역'으로 부상했다. 이 두 영역은 이제 미래기술 개발이나 첨단 산업 육성에 국한되지 않고 국제 질서 재편과 전략경쟁의 핵심 전장이 되고 있다. 특히 미국과 중국을 양대 축으로 하는 전략경쟁이 심화되는 가운데 우주와 사이버 영역에서 어떤 규범과 제도가 형성되고 누가 주도권을 쥐게 될 것인지가 미래 질서의 중요한 변수로 떠올랐다. [그림3]에서 보듯이 2024년 현재 미국은 우주로 쏘아올린 개체 수에서 압도적으로 1위를 차지하고 있다. 중국은 현재 세계 2위다.

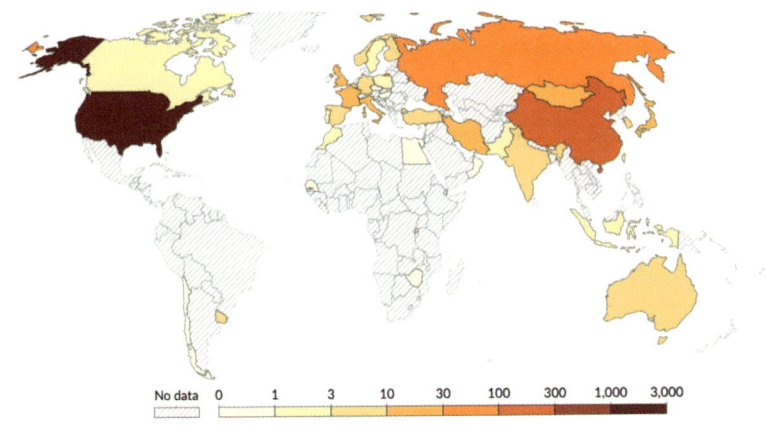

[그림3] 우주로 쏘아올린 물체의 연간 개수

출처: https://ourworldindata.org/grapher/yearly-number-of-objects-launched-into-outer-space?tab=map

우주와 사이버 공간은 아직 명확하고 공고한 국제 규범이나 제도가 정착되지 않은 상황이다. 기존의 전통안보 영역에 비해 상대적으로 규범공백 normative vacuum이 존재하는 이 무대는 새로운 참여자들에게 기회와 도전을 동시에 제공한다. 전통적인 강대국뿐만 아니라 신흥국, 개발도상국, 심지어 국가가 아닌 행위자까지도 이 분야에 뛰어들어 글로벌 규범 형성 과정에 적극적으로 관여한다. 열린 구조 속에서 기술력, 자본력, 외교력, 규범 발안 능력을 갖춘 국가들은 신규 규범 설정과 표준경쟁을 통해 지위 향상을 도모할 수 있다.

그중에서도 중국은 우주와 사이버 영역 모두에서 눈에 띄는 성과와 전략적 야심을 드러내고 있다. 중국은 우주개발을 통해 자체 우주정거장, 항법위성 시스템, 달·화성 탐사 등으로 우주강국의 반열에 오르며 우주자원의 이용과 우주쓰레기 관리, 교통관리, 평화적 우주활동 규범 논의에 적극 관여하기 시작했다.[42] 사이버 영역에서도 중국은 '사이버 주권'을 강조하며, 데이터 관리, 인터넷 거버넌스, 기술표준 설정 과정에 뛰어들어 기존의 서구 주도 모델에 대한 대안을 제시하려 한다.[43] 국가안보 차원을 넘어, 세계 디지털 경제와 정보의 흐름, 기술표준, 나아가 가치체계 전반을 재정립하는 과정에서 주도권을 확보하려는 전략적 노력의 일환이다.

우주·사이버 신흥안보 질서는 전통적 국경을 넘어 무한 경쟁 공간을 형성하며, 여기서 기술·규범·정치·경제가 융합된 복합 안보 패러다임이 작동한다. 거대한 변혁 속에서 중국이 어떤 목표를 가지고 어떤 메커니즘을 통해 우주·사이버 규범 형성에 참여하는지, 정책적 함의와 국제 질서 변화의 전망이 어떤지 체계적으로 분석하고자 한다.

| **현황** | **우주·사이버 경쟁 심화와 규범 형성의 공백**

우주와 사이버 영역은 이미 군사·경제·기술 분야에서 핵심 경쟁 분야로 자리 잡았다. 먼저 우주 분야는 미국과 러시아가 우주개발 패권을 주도해왔지만 새로운 참가자들의 부상으로 더 이상 안정적인 구도가 아니다. 중국, 인도, 유럽, 일본 등이 우주개발 역량을 축적하면서 달 자원 이용, 소행성 채광,

---

42) The State Council Information Office, 2022.1.28. 『中国的航天』(2021) 백서: http://english.scio.gov.cn/whitepapers/2022-01/28/content_78016877_7.htm; 또한 UN COPUOS에서 중국 대표단 발언(2018년 2월 14일): http://vienna.china-mission.gov.cn/eng/hyyfy/201802/t20180214_8848287.htm
43) 国家互联网信息办公室(CAC), 2020.6.12. 『网络主权：理论与实践』: https://www.cac.gov.cn/2020-06/12/c_1593513278637704.htm; Ministry of Foreign Affairs, March 1, 2017. 国际合作网络空间国际战略(참고): https://www.mfa.gov.cn/eng/wjb/zzjg_663340/jks_665232/kjlc_665236/qtwt_665250/202406/t20240606_11405181.html

우주정거장 운영, 위성항법 시스템 제공 등에서 경쟁이 벌어지고 있다. 여기서 우주 활동의 장기적인 지속성, 우주쓰레기 관리, 궤도 충돌 방지, 우주자원의 상업적 이용 규범 등 아직 정교하게 합의되지 않은 수많은 이슈들이 발생하고 있다. 국가들은 국제기구 회의나 다자협의체를 통해 원칙을 제안하고 제도를 설계하려 하지만, 각국의 이해관계 차이로 합의는 쉽지 않다.

사이버 분야에서도 인터넷 거버넌스, 데이터 안보, 사이버 공격 금지 규범, 인공지능 윤리기준 등 다면적 현안이 불거졌다. 전통적으로 서구는 개방성, 자유, 다중 이해관계자의 참여를 강조해왔다. 그러나 중국을 비롯한 일부 국가는 '사이버 주권'을 강조하며 각국이 자국의 데이터와 인프라를 통제하는 것이 정당하다고 주장한다. 인터넷 아키텍처나 사이버 규범 형성에서 정부들의 협력을 강화하고 국가 단위의 규제를 허용하는 방향으로 질서 재편을 유도하는 움직임을 보여준다.

여기에 더해 우주와 사이버 분야는 기후변화, 전염병 대응, 식량안보, 에너지 전환 등 비전통적 안보 의제와도 밀접히 연동된다. 예를 들어 위성 원격감지를 통한 기후 관측, 사이버 기반의 원격 의료나 교육, 디지털 경제 기반의 식량 공급망 관리 등이 가능해지면서 우주·사이버가 안보 개념을 확장하는 동력이 되고 있다. 이에 따라 어느 국가나 그룹이 우주·사이버 규범을 선점하느냐에 따라 미래의 국제 질서 구조가 달라질 수 있다.

중국은 최근 수십 년간 우주·사이버 역량을 극적으로 강화해 왔으며 미중 전략경쟁의 중요한 축으로 활용하고 있다. 미국은 기존 규범과 자유주의적 표준을 유지·강화하려는 입장이며, 유럽·일본·인도 등 다른 행위자들은 복합적 고려 속에서 전략적 선택을 모색한다. 개도국들은 우주·사이버 능력 확보가 쉽지 않지만 중국이 제공하는 기술 지원과 경제협력을 통해 선택지를 넓힐 수 있다. 이렇듯 우주·사이버 분야는 규범 형성이 미완성 상태이며,

경쟁 참여자가 다원화되고, 이해관계가 복잡해지며, 규범 공백도 심화되었다. 이 가운데 중국은 자신이 선호하는 원칙주권 존중, 개발도상국 참여, 다자주의적 협력을 제도화하는 전략에 박차를 가하고 있다.[44]

| 중국의 전략 | 주권·개발·포용적 거버넌스 강조

중국이 우주·사이버 신흥안보 질서 형성에서 활용하는 전략 메커니즘은 크게 네 가지로 요약할 수 있다.

첫째, 우주를 평화적으로 이용하는 것과 개발도상국의 참여 확대를 강조하는 규범 담론을 강화한다. 중국은 자국의 우주정거장과 달·화성 탐사를 선전하며 우주자원이 특정 선진국만의 전유물이 아니며 모든 인류가 공유해야 할 공공재라고 주장한다. 이를 통해 일방적 패권보다 협력하는 질서가 필요함을 환기하고, 개도국에게 우주기술에 대한 접근 기회를 넓혀주어야 한다는 명분 아래 중국이 주도하는 협력 플랫폼을 구축한다.

둘째, 사이버 영역에서는 '사이버 주권'을 핵심 개념으로 내세운다. 각국이 자국의 인터넷 인프라, 데이터 흐름, 디지털 경제 표준을 통제할 정당한 권리가 있음을 의미한다. 이 원칙은 기존의 자유주의적 인터넷 거버넌스 패러다임멀티스테이크홀더 모델과 대조되며 국가안보와 발전권을 앞세워 국제기구에서 중국이 주도하는 규범 설정을 시도한다.

---

44) Ministry of Foreign Affairs, 2023.9.13. "Proposal of the People's Republic of China on the Reform and Development of Global Governance": https://www.mfa.gov.cn/eng/zy/gb/202405/t20240531_11367498.html

셋째, 개발도상국의 역량 강화와 표준 경쟁을 통해 영향력을 확대한다. 중국은 디지털 실크로드와 같은 이니셔티브를 통해 광범위한 인프라 지원을 제공하고, 이를 기반으로 사이버·우주 기술의 표준을 보급하려 한다.[45] 이 과정에서 개도국은 중국 솔루션을 채택함으로써 서방 기술에 대한 의존도를 낮출 수 있고 중국은 시장 확장과 규범 우위를 확보할 수 있다.

넷째, 기술·데이터·자원 관리와 관련한 국제협력안을 주도적으로 제안한다. 중국은 국가 단위의 데이터 관리 권리, 인공지능에 대한 윤리기준, 우주 자원을 이용할 때의 가이드라인, 사이버 공격 금지 협약 등을 제안했다. 이로써 국제사회의 주목을 끌며, 기존 서방 중심 규범체계에 대안을 제시했다.[46] 메커니즘을 통해 중국은 기존 질서에 적응하는 수동적 행위자가 아니라 새로운 규범을 발안하고 제도화하는 '규범 기업가'로 나선다. 이는 미중 경쟁이 앞으로 우주와 사이버, 디지털 표준 전쟁으로 확장된다는 점을 의미한다.

| 대표 사례 | BDS, 디지털 실크로드, 국제포럼 통한 영향력 행사

중국의 구체적 전략 추진 사례들은 우주·사이버 영역에서의 글로벌 영향력

---

45) 中国政府网, 2021.12.12. 『"十四五"数字经济发展规划』: https://www.gov.cn/zhengce/content/2022-01/12/content_5667817.htm; 또한 中国社会科学院工业经济研究所, 2024.1.29. 『数字丝绸之路建设十年成就与未来展望』: http://gjs.cssn.cn/kydt/kydt_kycg/202401/t20240129_5731105.shtml
46) Ministry of Foreign Affairs, July 2027. Shanghai Declaration on Global AI Governance: https://www.mfa.gov.cn/eng/xw/zyxw/202407/t20240704_11448351.html; UN COPUOS Working Group on Space Resources, 중국 대표단 관련 문서(발행일자 미기재), https://www.unoosa.org/documents/pdf/copuos/lsc/space-resources/LSC2024/English_Chinas_submission_to_the_working_group_on_space_resources.pdf

을 확대하려는 의도를 명확히 보여주는 것들이다.

먼저 우주 분야에서 중국이 개발한 베이더우위성항법시스템BDS・北斗卫星导航系统이 대표적 사례다. 과거에는 미국 GPS에 대한 의존도가 높았지만 중국은 BDS를 구축해 위치항법서비스를 제공할 수 있는 능력을 확보했다. 나아가 이 시스템을 유라시아, 아프리카, 중남미 등 다양한 지역 국가들과 공유함으로써 개발도상국들이 미국, 유럽에 대한 의존도를 낮출 수 있도록 돕는다. 이를 통해 중국은 우주기술 생태계에서 지배력을 확대하고 BDS 표준을 글로벌 수준으로 끌어올린다.

사이버 영역에서는 '디지털 실크로드Digital Silk Road'가 주목할 만하다. 광섬유 케이블, 5G 인프라, 클라우드 데이터센터, 스마트시티 솔루션 등 첨단 ICT 인프라를 개도국에 지원하는 프로그램이다. 이 과정에서 중국은 자신들이 정한 보안 규범, 데이터 관리 원칙, AI 윤리 기준을 전파하고 해당 국가들에게 서방과는 다른 디지털 생태계를 경험해보도록 유도한다. 이를 통해 세계 인터넷 거버넌스 구조에서 중국의 목소리를 강화할 수 있다.

국제기구나 다자협의체, 세계인터넷대회와 같은 포럼 참여도 중요한 사례다. 중국은 각종 국제회의에서 사이버 주권 개념을 제시하고, 데이터 안보나 디지털 인프라 개발 협력안을 제안한다.[47] 이를 통해 개도국 및 중견국의 지지를 끌어내고 다자주의적 틀 속에서 서방이 주도하는 규범에 대응하는 대안을 형성하려 한다.

우주 영역에서의 국제협력 프로그램, 예컨대 개발도상국의 젊은 인력에게 우주기술 교육을 제공하는 이니셔티브나 원격 감시용 위성데이터 공유 프

---

47) Ministry of Foreign Affairs, October 22, 2021. "Position Paper on China's Cooperation with the United Nations": https://www.fmprc.gov.cn/eng/zy/wjzc/202405/t20240531_11367522.html

로그램 등을 통해 개도국이 우주분야에 대한 역량을 강화할 수 있도록 돕는다. 향후 우주 규범 형성에서 개도국의 입장을 대변하고 중국이 주도하는 협력 체제로 결속을 강화하려는 전략이다.[48]

이와 같은 대표 사례를 통해 중국이 기술을 개발함으로써 새로운 질서 형성에 적극 개입하고자 한다는 사실을 알 수 있다. 중국은 단순히 대안적 기술 공급자가 아니라 규범을 세팅하는 과정에서 핵심 행위자로 부상하고 있다.

| **정책 담론 및 국제적 함의** | **규범경쟁, 다자주의, 중견국 선택 확대**

중국의 우주·사이버 전략은 미중 대립을 넘어 다자적·다층적 성격을 갖춘 규범경쟁 구도를 확립한다. 국제정치의 판도는 과거의 전통적인 군사·경제력 중심에서 기술·규범력 중심으로 재편될 것이다.

이것은 중견국과 개도국들에게 새로운 선택지와 협상의 여지를 부여한다. 그동안 서방이 주도하는 규범에 수동적 수용자 역할에 머물러 있던 국가들이 중국의 제안으로 자신들의 발전단계와 이해관계에 부합하는 규범을 지지하거나 혼합하는 전략을 모색할 것이다. 예컨대 우주기술 역량 확충을 위해 중국의 지원은 받았지만 사이버 관리 규범에서는 중립적 입장을 취할 수도 있다. 또는 디지털 경제 표준에서 중국과 협력하지만 인권이나 표현의 자유와 같은 이슈에서는 서방의 가치를 더 선호할 수도 있다.

---

48) State Council Information Office, 2022.1.28. 『中国的航天(2021)』 백서: http://english.scio.gov.cn/m/whitepapers/2022-01/28/content_78017062.htm; 国家航天局(CNSA), 2022.1.29. *China Space Activities*: https://www.cnsa.gov.cn/english/n6465684/n6760328/n6760333/c6813192/content.html

이렇게 규범과 표준의 경쟁이 복잡해지면 기존의 단극적 가치 질서 유지는 어려워질 것이다. 미중 간 대등한 규범 경쟁 속에서 국제 질서는 다극적 구조를 형성하며 특정 영역별로 다른 국가연합과 제도적 해법이 등장할 수 있다. 장기적으로 국제기구의 운영방식, 협정 체결 양상, 지역 안보협력 체제에도 변화를 일으킬 것이다. 우주군비통제, 사이버 군비통제, 디지털 무기금지 협약 등 다양한 새로운 형태의 다자합의 논의가 필요할 수도 있다.

가치 경쟁 측면에서도 우주·사이버 영역은 국가들의 가치 담론을 구체적 기술과 표준의 문제와 결합시킨다. 서방이 자유·개방·인권·민간 주도의 혁신을 강조한다면, 중국은 주권 존중·개발권·정부 역할 확대·집단안보를 내세운다. 이런 가치의 충돌은 단순한 이념 논쟁이 아니라 실제로 데이터 관리 방식, 인공지능 알고리즘 거버넌스, 우주자원의 상업화 규칙 등 구체적 사안에 녹아든다. 결과적으로 국제사회는 상이한 모델들이 병존하는 불확실한 과도기적 질서를 경험할 것이며, 각 국가는 자신의 발전전략과 안보이해에 따라 두 축 중 어느 쪽을 더 지지할지 아니면 중립을 택할지 고민해야 한다. 결국 분명한 것은 우주·사이버 신흥안보 질서 형성 경쟁이 미중 전략 경쟁의 새로운 전장이 되는 가치·규범·표준을 둘러싼 복합적 경쟁이라는 점이다. 이 과정에서 개별 국가는 자유주의적 규범과 주권주의적 규범, 개방적 인터넷과 국가 통제형 인터넷, 상업적 우주개발과 공공재적 우주개발 원칙 사이에서 줄타기를 하듯 복잡한 선택과정을 거치게 될 것이다.

| 결론 | 장기적 재편과 불확실성 속의 시나리오

장기적으로 우주·사이버 신흥안보 질서는 고정불변한 패러다임으로 굳어

지지 않고 계속 진화할 것으로 보인다. 기술 발전 속도가 빠르고 신규 행위자가 계속해서 등장하며 국제정치 자체가 다변화하고 있기 때문이다. 중국은 부단히 대안적 규범 발안과 다자협력을 통해 자신의 구상을 제도화하려 할 것이다.

다만 이 과정이 순탄하게 진행될 것이라는 보장은 없다. 미국과 서방은 중국 모델에 대한 견제와 비판을 지속할 것이다. 개도국들도 일방적으로 중국을 지지하기보다는 자신들에게 최적인 해법을 찾을 것이다. 따라서 우주·사이버 규범경쟁은 수년, 수십 년에 걸친 장기전이 될 것이다. 불확실성은 당연하다. 향후 10~20년 후 우주 활동이 상업화되고, 소행성의 자원 채굴이 현실화되며, 사이버 공간에서 양자통신이 보편화되고, AI 기술이 사회·안보 구조를 뒤바꿀 경우, 현재 논의되는 규범과 제도는 또 다른 변형을 요구할 것이다. 중국은 이 변화에 맞춰 자국이 주도하는 방식을 더욱 정교하게 다듬거나 새로운 연대를 형성할 수 있다.

중국은 차세대 첨단기술 분야에서 가장 중요한 분야로 일컬어지는 인공지능AI와 우주 항공 기술, 5G-6G 통신 네트워크 분야에서 기술을 선도하고 있다. 중국은 인공지능AI연구 분야에서 주요 선도국으로 부상하고 있으며 2023년 AI 논문 및 특허 분야에서 미국을 제치고 세계 1위를 기록할 정도이다. 이미 중국은 국가적 차원에서 천궁天宮:하늘 궁전 우주 정거장 개발 및 달 탐사 프로젝트도 성공적으로 수행하여 우주 기술 분야에서도 미국 다음 수준의 첨단기술 능력을 갖추었다. 아울러 중국은 5G-6G 통신 네크워크 분야에서도 세계 최고 수준의 기술을 보유하고 있으며 전 세계 인구 중 약 7억 명 이상이 중국이 구축한 첨단통신 네트워크를 사용하고 있다. 이에 더 나아가 중국은 산업 자동화, 자율주행 자동차, 스마트시티, 인공지능AI, 양자 컴퓨터, 우주 통신 등과 같은 분야를 상호 연계하여 중국 주도의 새로운 글로벌 첨단통신 네트워크를 구축하려는 구상을 하고 있다. 중국은 세계 최대 규모의 5G-6G 통신 네트워크를 구축하며 디지털 경제 전환을 가속화하고 있다. 각종 5G-6G 첨단통신 네트워크 보안과 데이터 처리, 양자 컴퓨터와 인공위성 기술 연계 등을 통해 중국이 주도하는 일대일로 첨단 디지털 네트워크를 추진하기 시작했다. 중국은 차기 10년 동안 인공지능AI, 우주항공기술, 5G-6G 통신 네트워크 분야에서는 미국과 본격적인 경쟁을 하게 될 것이다.

우주·사이버 신흥안보 질서에서 중국의 전략적 의미는 단순히 경제적 이득을 취하는 데에 있지 않다. 미래의 글로벌 질서 변혁기에 방향타를 쥐려는 장기적인 포석이다. 미중 전략경쟁 구도가 장기화되는 가운데 우주와 사이버는 전혀 다른 차원의 게임 룰을 정립하는 영역이 된다. 중국은 이 영역에서 주도권을 확보함으로써 안보·경제·기술·가치 경쟁에서 유리한 고지를 점하고자 하며, 향후 국제정치의 질서를 근본적으로 재편할 잠재력으로 삼는다. 이 과정에서 다른 국가들은 기존의 질서와 새로운 질서 사이에서 어떤 전략적 선택을 해야 할지 고민해야 하고 국제사회는 다극화하고 복잡한 규범경쟁 시대에 어떻게 협력을 이끌어낼 것인지 숙고해야 한다. 우주·사이버 신흥안보 질서의 형성은 지금 진행 중인, 그리고 앞으로도 오래 지속될 전 지구적 전략변환의 한 축이라 할 수 있다. 결론적으로 중국의 우주·사이버 규범 형성의 전략은 신흥기술 정책에만 그치는 것이 아니라 향후 수십 년간 국제 질서의 방향성을 가를 가늠쇠다.

CHINA HEGEMONY STRATEGY | 미중 전략경쟁과 중국의 전략

4 홍콩 민주화, 신장·티베트 인권 문제

| 배경 | **미중 전략경쟁 시대의 가치·인권 전선 형성**

바이든 시기 미중 전략경쟁이 전 세계의 안보, 경제, 기술 분야로 확산되는 가운데 인권과 가치문제가 국제 질서를 재편하는 중요한 전선으로 떠올랐다. 바이든 초기의 미국은 세계를 민주주의 대 권위주의의 대결로 규정하고 중국을 압박했다.

냉전 종식 이후 보편적 인권규범은 미국과 유럽을 비롯한 서구 선진국들에 의해 국제사회의 주요한 기준점이 되었었다. 민주주의, 법치, 자유권, 소수자 보호 등 시민의 정치적 권리에 대한 강조는 다양한 국제기구와 다자협의체를 통해 제도화되었고 인권침해에 대한 공개적 비판과 제재는 정당한 국제적 관행이 되었다.

그러나 21세기에 접어들어 중국이 강대국으로 부상하면서 기존 인권규범에 대한 도전이 대두되었다. 중국은 발전권, 경제·사회·문화적 권리, 문화 다양성, 문명 다원주의, 인류 운명공동체라는 개념을 내세워 서구 중심의 인권 프레임을 반박했다.[49] 이 과정은 홍콩, 신장, 티베트 지역에서의 인권 이슈를 둘러싼 갈등 속에서 뚜렷이 드러났다. 서방 국가들은 중국의 국가보안법 제정과 홍콩 민주화 운동에 대한 탄압, 신장 소수민족에 대한 인권침해, 티베트의 종교·문화적 자유 제한 등을 강하게 비판했다. 반면 중국은 이를 '내정 문제'이자 '안정과 발전을 위한 불가피한 조치'로 규정하며 서구식 인권 기준에 반발했다.

인권 문제가 점차 국제정치의 핵심 의제로 부각되었다. 인권은 더 이상 일방적 규범 수용의 대상이 아니라 전략적 경쟁을 통한 국제 규범을 재편하는 문제로 변모했다. 미중 전략경쟁은 무역, 군사, 기술경쟁을 넘어 가치와 인권 분야에서도 규범경쟁을 촉발시켰다. 본 장에서는 미중 경쟁시대 인권과 가치문제의 국제정치적 의미를 분석하고 특히 홍콩·신장·티베트 사례를 중심으로 중국이 어떤 전략과 메커니즘을 통해 기존의 인권 질서에 도전하는지 살펴볼 것이다. 이를 통해 발전권, 문화상대주의, 문명다원주의를 앞세운 중국의 인권담론이 국제 질서 재편 과정에서 어떤 의미를 갖는지 조망하고자 한다.

| 현황 | 홍콩·신장·티베트를 둘러싼 국제 인권 갈등

냉전 이후 보편적 인권규범은 자유민주주의와 시장경제를 토대로 한 서구 모델이 국제사회의 주류를 형성하는 데 중요한 역할을 했다. 미국, 유럽 국가들은 민주주의, 인권, 자유권을 국제적 기준으로 강조하고 특정 국가에서 인권침해가 일어날 때 외교적 압력을 행사해왔다. 인권 이슈는 무역, 외교, 안보 의제와 결합하며 국가 간의 협상력에 영향을 미치고 국제정치에서 강대국의 정당성 확보나 제재 근거로 활용되는 양상을 보였다.

21세기 들어 중국은 경제력, 기술력, 외교적 영향력 확대를 바탕으로 서구 중심의 인권 질서에 도전하고 있다. 특히 홍콩·신장·티베트 문제는 중국과 서구의 가치 충돌을 상징적으로 드러낸다. 서방측은 홍콩에서 일어난 정치적 자유와 자치권 약화를 우려하고 신장 지역의 위구르족 등 소수민족에 대한 강제구금, 노동착취, 종교·문화적 탄압을 지적했다. 티베트의 경우에는 종교적 자유 침해와 문화 말살의 가능성을 지적했다. 이들 사안에 대해 미국과 유럽 국가들은 다자성명, 국제회의, 의회보고서, 인권단체 활동 등을 통해 중국을 압박했다.

반면 중국은 이들 지역 정책에 대해서는 '내정 문제'로 선을 긋고 서구의 비판을 정치적 간섭이라고 반박했다.[50] 홍콩의 경우, 중국은 2020년 홍콩국가보안법 제정과 선거제도 개편을 통해 반정부 시위와 정치적 불안정을 무력으로 진압한 뒤 '안정 회복'과 '경제 발전'을 강조했다.[51] 신장에서는 소위 '직업기술교육센터'를 통해 극단주의 사상 제거, 빈곤 감소를 통한 인권 개

---

49) 2016.12. 「发展权：中国的理念、实践与贡献」 http://www.xinhuanet.com/politics/2016-12/01/c_1120029207.htm. 해당 백서에서 발전권 및 문화 다양성, 인류운명공동체 등 중국이 제안한国务院新闻办公室,는 대안적 인권담론을 공식적으로 천명하고 있음.
50) 중국 외교부 정례 기자회견 예: 2024년 9월 13일 마오닝(毛宁) 대변인 발언. 중국 외교부 영문 웹사이트 https://www.mfa.gov.cn/eng/xw/fyrbt/에서 해당 날짜 브리핑 확인 가능. 여기서 홍콩, 신장, 티베트 문제를 내정으로 간주하고 서구 비판을 이중기준이라 주장한 공식 입장 확인.
51) 国务院新闻办公室, 2021.12. 「香港的民主发展」 http://english.scio.gov.cn/whitepapers/2021-12/20/content_77941455_4.htm. 이 백서에서 홍콩 국가보안법 및 선거제도 개편으로 '안정'과 '발전'을 확보했다는 중국 정부의 공식 논리가 제시됨.

선을 주장한다.[52] 티베트에서도 생활수준 향상, 인프라 구축, 교육·의료 확대 등을 통해 실질적 인권 진전을 이뤘다고 강조한다.

이와 같은 상반된 해석 속에서 국제사회는 인권의 보편성과 상대성, 국가주권과 내정불간섭 원칙, 발전권과 시민적 자유권의 긴장에 주목하고 있다. 서구는 홍콩·신장·티베트 사안을 통해 중국의 통치모델이 권위주의적이며 자유민주적 원칙을 훼손한다고 주장한다. 중국은 이에 맞서 인권이란 특정 문화권의 고유한 발전단계와 역사적 맥락 속에서 해석해야 하며, 발전과 안정이야말로 인권 실현의 필수 조건이라 반박했다. 이 상황은 다음과 같이 정리할 수 있다.

첫째, 홍콩·신장·티베트 이슈는 단순한 지역 인권 문제가 아니라 글로벌 규범경쟁의 장으로 부상했다.

둘째, 서구는 이들 지역의 인권침해를 국제화함으로써 중국을 압박하는 반면 중국은 주권, 발전권, 문화다양성을 전면에 내세워 서구식 인권담론은 상대적 개념이라고 주장한다.

셋째, 이 과정에서 인권 문제는 국제정치적 도구로써 가치 경쟁과 규범재편을 촉진하고 있다.

| **중국의 전략** | 대안적 인권 프레임과 규범 경쟁

중국은 인권 문제에서 수동적 방어를 넘어 적극적으로 대안이 될 국제 규범

---

[52] 国务院新闻办公室, 2019.8.16.『新疆的职业技能教育培训工作』, http://english.scio.gov.cn/2019-08/16/content_75106484.htm. 여기서 직업기술교육센터를 통한 극단주의 제거, 빈곤 감소, 인권 개선 주장 명시.

을 고안하고 확산시킨다. 국내법·제도적 통제, 국제기구 활용, 글로벌 남반구와 남남협력 강화, 문화·문명 담론 전개, 발전권 강조, 인류운명공동체 개념 도입 등 여러 방안을 제시하였다.

첫째, 중국은 국내 법제와 행정 수단을 활용해 문제가 되는 지역을 안정화하고, 이를 인권 개선 논리로 연결한다. 홍콩 보안법 시행, 신장 소수민족 재교육센터 운영, 티베트 지역 문화 정책 등을 통해 정치적 통제력을 강화하는 동시에 이를 '안정된 환경에서 경제·사회 발전을 촉진하는 과정'으로 주장한다. 시민적·정치적 자유권보다는 발전, 안전, 사회적 권리가 우선한다는 인권론을 내세운다.

둘째, 국제기구와 다자주의적 무대를 적극 활용한다. 유엔 인권 관련 기구나 정례검토 절차에서 중국은 개도국과 연대해 발전권을 강조하는 결의안을 추진하고, 서구의 인권비판을 '정치적 간섭'으로 규정하는 성명에 지지국들을 동원하였다.[53] 이를 통해 국제 인권 체제 내에 서구와 다른 대안적 관점을 제도적으로 정착시키고자 한다.

셋째, 주권 및 내정불간섭 원칙을 내세워 인권 문제의 국제화에 제동을 건다. 중국은 홍콩·신장·티베트를 자국의 주권 영역으로 간주하며, 외부의 비판을 '내정개입'으로 규정한다. 국제법상 주권평등 원칙에 호소함으로써 서구가 인권을 빌미로 다른 국가에 개입하는 행위를 부당한 것으로 만든다.

넷째, 발전권 중심의 인권담론을 구축한다. 중국은 인권을 빈곤퇴치, 교육·의료 개선, 기술교육 기회 확대 등 실질적인 삶의 질을 향상시키는 것으로

---

[53] 유엔 인권이사회에서 중국이 주도한 발전권 관련 결의 예: 新华社. 2017.6.22. 『发展对享有所有人权的贡献』. https://www.gov.cn/xinwen/2017-06/23/content_5204684.htm. 이 결의를 통해 중국은 발전권 강조와 서구 비판을 국제무대에서 관철.

정의하려 한다. 이 논리에 따르면 정치적 자유나 표현의 자유보다 생존과 발전이 인권 실현의 초석이며, 시간이 흐르면서 점진적 개선이 가능하다는 주장이다.

다섯째, 문명다원주의와 인류운명공동체 개념을 활용한다. 단일한 서구식 인권기준 대신 각 문명권과 국가별 역사·문화적 맥락에 맞는 인권 해석이 필요하다는 주장이다. 인류운명공동체 개념은 상호 존중과 상호 학습을 강조하며, 국제 인권 질서가 단일 모델이 아닌 다원적 모델을 수용해야 함을 시사한다.[54]

여섯째, 남남협력을 통한 가치연대를 강화한다. 개도국과 협력하여 발전을 우선으로 하는 인권관을 지지하는 블록을 형성하고, 이것을 국제회의나 결의안 채택 시 중국의 입장을 지지하는 세력 기반으로 삼는다.[55] 이를 통해 서구 인권정책에 대한 대항 축을 마련하고, 인권 거버넌스의 다극화를 촉진한다.

마지막으로, 미디어·홍보전을 통해 국제여론을 형성한다. 중국은 관영매체, 백서 발간, 외신기자 초청, 문화교류 행사 등을 통해 자국의 인권정책을 정당화하고, 서구 언론의 비판을 편향으로 몰아간다. 이를 통해 국제사회에 '발전을 통한 인권개선'을 전파하고 서구의 비판을 희석시키려 한다. 국제여론과의 결합은 중국이 인권 이슈를 역이용해 인권담론의 구도를 재편하는 도구로 작동한다. 즉 인권 문제를 서구 가치체계에서 벗어나 문화상대주의·다원적·발전 우선으로 재해석하려는 전략이다.

---

[54] 国务院新闻办公室, 2023.9 『携手构建人类命运共同体：中国的倡议与行动』 http://www.china.org.cn/chinese/node_7245066.htm. 이 백서에서 인류운명공동체 개념을 통해 상호존중, 다원적 인권 해석 강조.
[55] 中国人权研究会和新华社国家高端智库, 2023.9.19. 『为了全人类共同的价值和尊严——中国参与全球人权治理的实践与贡献』智库报告』 https://www.news.cn/2023-09/19/c_1129871245.htm. 중국은 140개국과 함께 인류운명공동체 및 발전권 강조성명을 등 개도국과 협력해 지지블록을 형성하는 사례 언급.

| 대표 사례 | 홍콩·신장·티베트 지역 정책과 국제 반응

구체적 사례들을 통해 중국 전략의 작동 방식을 확인할 수 있다. 홍콩·신장·티베트는 중국의 통치모델과 국제적 규범경쟁이 부딪히는 상징적 무대다.

홍콩에서는 2020년 국가보안법 제정과 선거제도 개편을 통해 반정부 시위를 진압하고 친중 진영이 주도하는 정치 체제를 확립했다. 서구는 이를 민주주의의 후퇴로 규정하고 중국의 대응을 제재하고 비판하는 성명을 발표했다. 그러나 중국은 오히려 장기적으로 볼 때 이 조치가 홍콩의 안정을 보장하고, 경제발전의 기반을 마련하며, 궁극적으로는 더 넓은 의미의 인권사회 안전, 발전의 기회를 확보하는 길이라고 주장했다. 이 사례는 주권, 안보, 발전 논리를 결합해 시민의 자유권 침해를 정당화하는 방식의 전형이다.

신장 지역에서 중국은 2017년부터 위구르족 등 소수민족을 대상으로 한 '직업기술교육센터' 운영을 통해 극단주의 사상을 제거하고 고용능력을 강화함으로써 빈곤을 줄였다고 주장한다. 서구 국가들은 이를 집단구금, 강제노동, 문화와 종교의 탄압으로 간주하고 '인권 침해' 논리를 펼쳤다. 하지만 중국은 이를 '반테러, 반극단주의 조치'이자 경제·사회 발전을 통한 장기적인 인권개선 전략이라고 반박했다. 발전권 논리를 앞세워 정치적 탄압이라는 의견을 누르고, 문화상대주의를 내세워 서구식 인권 기준의 편협성을 지적했다.

티베트 지역에서 중국은 교육·의료·인프라 개선으로 티베트 민족의 삶의 질을 획기적으로 개선했다고 강조한다. 외부에서는 티베트어 사용 제한, 종교의 자유 축소, 전통문화 말살 가능성을 문제 삼고 비판하지만, 중국은 티베트 해방 이후 경제발전과 생활수준 향상이야말로 '실질적 인권 확보'라고 주장한다. 문화다원주의 개념을 활용해 티베트 인권 문제를 단순히 종교·문화의 자유를 침해하는 것으로 보지 않고 발전단계에 따라 해석해야 할 영역으로 치환시켰다.

이들 사례는 모두 중국이 제도적 통제, 발전권 강조, 문화상대주의, 국제여론전, 남남협력 등을 종합적으로 활용해 서구의 인권비판을 무력화시키거나 최소한 상대적인 개념으로 보게 하려는 전략이다. 이를 통해 중국은 내부 통치 정당성을 유지할 뿐 아니라 국제사회에서 인권개념의 경계를 재설정하는 장기적 게임에 돌입하고 있다.

| 정책 담론 및 국제적 함의 | 규범경쟁과 다극적 인권 질서의 부상

인권 문제는 구소련 체제의 붕괴과정, 바이든 행정부의 가치외교에서 국가 간 협상의 핵심 변수가 되었다. 미중 전략경쟁 속에도 가치·규범 차원의 대립은 내재되어 있다. 향후 국제 인권 질서는 서구 보편주의를 전파하는 구조에서 벗어나, 다양한 행위자와 가치관이 충돌·조정하는 다극적 질서로 변모할 가능성이 있다.

먼저 중국이 발전권, 문화상대주의, 문명다원주의, 인류운명공동체를 통해 제안하는 대안적 인권프레임은 개도국들에게는 매력적인 요인이다. 서구 모델이 시민적 자유권을 강조하지만 빈곤, 불평등, 사회 불안정을 충분히 해소하지 못한다면, 개도국은 '발전을 통한 인권개선'이라는 중국의 논리로 기울어지게 된다. 그렇게 해서 국제 인권 거버넌스가 서구식 패러다임에 대한 대안을 모색하는 경로를 열어준다.

국제기구나 다자협의체에서 중국과 개도국 간의 연대는 인권담론의 다원화를 촉진시킨다. 서구 국가들이 홍콩·신장·티베트 문제를 제기할 때, 중국은 주권 보호, 내정불간섭, 문화적 맥락 고려를 내세워 서구의 비판을 반박한다. 국제기구에서 다자적 합의 형성을 복잡하게 만들고, 인권 문제를 주요 강대국들의 세력균형 요소로 변질시킬 위험을 내포한다. 특히 미중 경쟁이 가열될수록 인권은 국제정치의 협상카드로 활용될 가능성이 높다. 서구는 글로벌 공급망, 기술협력, 무역협정 논의에서 인권 조건을 내세워 중국을 압박할 수 있다. 중국은 반대로 개도국에 대한 개발협력을 통해 발전권을 기반으로 한 인권관을 확산시키며 서구의 영향력을 약화시키려 한다.

장기적으로 이 대립은 국제 인권 체제가 단일한 보편성에서 벗어나 복수의 규범 틀, 인권을 대하는 우선순위의 차이, 지역적·문화적 해석이 병존하는 혼종적 질서로 이어질 수 있다. 인권이 더 이상 서구만의 독점적 잣대가 아니라 다양한 가치집합체들의 경쟁과 타협의 결과물로 굳어질 가능성을 시사한다. 이러한 변화는 국제정치 전반에 영향을 미친다. 안보, 통상, 기술표준 경쟁은 가치 대립을 동반하며 인권 문제는 이를 더욱 복합적으로 만든다. 예를 들어, 바이든 시대처럼 대중 제재나 기업 공급망 재조정에도 인권 침해 논거가 동원되거나, 국제회의에서 인권 관련 결의안 표결이 강대국들의 외교전으로 비화될 수 있다. 이러한 현상은 미래 세계 질서가 단순 패권 경쟁을 넘어 규범, 가치, 인식 틀을 둘러싼 다차원 경쟁으로 귀결될 수 있다는 점을 예시한다.

| 결론 | 다극적 가치 경쟁 시대의 인권 질서 재편 가능성

미중 전략경쟁 시대에 바이든 행정부의 인권 문제는 군사·경제·기술 경쟁과 동등한 전략적 의미를 띠었다. 냉전 시기 동서간의 대결을 완화하기 위해 체결된 1975년 헬싱키 협약이 인권 문제를 포함함으로써 차후 구소련 체제의 붕괴에 중요한 역할을 했던 전례가 있다.[56] 중국은 홍콩·신장·티베트 문제에 대해 발전권을 우선으로 내세운 인권관, 문명다원주의, 인류운명공동체 개념을 적극 활용하면서 서구 중심의 인권 질서에 도전했다. 이에 맞서 서구는 민주주의, 자유, 법치 등 기존의 인권규범을 고수하며 중국에 대한 압박을 강화했다.

미중 간의 대립은 인권 문제를 국제정치의 권력투쟁 도구로 전락시킬 위험도 있지만 동시에 인권개념의 확장과 재해석의 기회도 제공한다. 개도국은 발전, 안정, 문화적 특수성을 존중받는 패러다임에 관심을 가질 수 있으며, 인권을 둘러싼 합의 구조를 다극적으로 재편한다. 만약 중국의 인류운명공동체 담론이 국제사회에서 점진적으로 수용된다면 향후 인권 거버넌스는 단일한 보편성 대신 다양성을 포괄하는 유연한 틀로 변모할 여지가 있다.

이런 전망을 낙관할 수만은 없다. 발전과 안정의 논리 뒤에 숨은 권위주의적 통치, 종교·문화의 자유를 억압하는 문제는 여전히 국제적 비판 대상이다. 중국식 모델이 개도국의 입장에서 매력적일 수는 있으나, 그 과정에서 정치적 표현의 자유나 제도적 투명성을 무시한다면 국제사회는 또 다른 형태의 인권 논란에 직면할 것이다. 즉 다원화된 규범 체제가 모두에게 이익을 보장하지는 않는다.

시진핑 주석은 새로운 국제 질서 담론의 제안자 역할을 하고 있다. 국제사회에서 주도국으로 역할을 하면서 새로운 국제 질서의 규범과 가치를 제시하고 있다. 특히 중국이 제시하는 다극화 국제 질서 담론의 역할이 글로벌

---

56) Wikipedia, "Declaration of Helsinki": https://en.wikipedia.org/wiki/Declaration_of_Helsinki

차원에서 제시되고 있는 것도 주목할 만한 변화다. 왕이 외교부장은 "인류가 직면한 문제 해결을 위해 중국의 방안solution을 제시하며 새로운 제도를 탐색하는 데 중국의 지혜wisdom로 기여"할 것이라 주장했다.[57]

중국은 지난 코로나19 기간에 맞춰 2021년 9월 유엔UN총회 화상 연설에서 글로벌 발전GDI을, 2022년 4월 보아오포럼 기조연설에서 글로벌 안보 구상GSI를 제안하였다. 이어 2023년 3월 전 세계 문명의 다양성을 존중하고 상호 공존을 제시한 글로벌 문명 구상GCI을 내놓았다. 발전→안보→문명으로 확장되는 중국 주도의 3대 글로벌 이니셔티브가 완성된 것이다. 결국 미국과 서방 주도의 보편성에 대한 대응 수준을 넘어서 국제사회를 향해 중국식 방안과 지혜를 대안적 담론으로 제시하고 있다. 기본적으로 중국은 다극화된 국제 질서가 급격히 이행되고 있으며 우크라이나와 중동 전쟁 이후 미국이나 서구가 아닌 글로벌 남반구의 중심이 되어 기존의 단극 질서가 아닌 다극화된 국제 질서 구축을 내세움으로써 중국의 대외정책 변화를 보여주고 있다.

중국 정부는 2023년도 중국 특색의 대국 외교를 전면적으로 추진하며 글로벌 협력 파트너십을 크게 확대시켰다. 보다 평등하고 질서 있는平等有序 다극화 국제 질서 구축을 위해 러시아뿐만 아니라 글로벌 남반구 국가들과 함께 미국과 서구 중심의 기존 국제 질서를 변화시킬 것이라 밝혔다. 바로 다극화된 국제 질서 구도 아래 글로벌 남반구의 다수 국가들과 긴밀히 연계하여 미국과 서방이 주도해온 글로벌 거버넌스를 개혁하겠다는 구상이다.

향후에도 인권 문제는 서구와 중국 사이에서 균형점을 찾기 어려울 것이다.

---

57) 王毅, 2017.10.19. "王毅談新時代中國外交的新貢獻、新作爲": https://www.fmprc.gov.cn/web/wjbz_673089/zyhd_673091/201710/t20171019_7577917.shtml

트럼프 행정부는 가치보다는 미국의 실질적인 이익을 중시한다. 따라서 가치를 통해 중국을 압박할 개연성은 적어 보인다. 서구 유럽 국가들 역시 미중 전략경쟁의 격화와 다가오는 경제위기 의식으로 인해 가치동맹을 통해 중국을 압박할 여유는 없어 보인다. 서구식 자유주의 중심의 질서가 흔들리며 복수 모델이 경쟁하고, 다른 한편으로는 각국이 자국의 이익에 따라 어느 인권프레임에 동조할지를 결정하는 유동적 상황이 전개될 것이다. 국제 인권 문제는 고정된 틀에 놓이지 않고, 역동적으로 합의와 갈등이 반복되고 있다. 이런 불확실성 속에서 국가와 비국가 행위자들은 인권 문제에 대해 새로운 전략적 계산을 수행할 것이다. 서구는 중국 모델에 대한 정보공개와 감시를 강화할 것이며, 중국은 인류운명공동체의 구상과 남남협력을 통해 대안적 규범 기반을 확립하려 할 것이다. 또한 개도국들은 양측을 저울질하며 자국의 발전과 안정에 유리한 선택을 모색할 것이다.

결론적으로 홍콩·신장·티베트를 둘러싼 인권 갈등은 미중 전략경쟁에서 가치와 규범 영역이 어떻게 재편되는지를 보여주는 시험대다. 이 이슈는 국제정치에서 인권이 단순한 도덕적 당위나 법적 기준을 넘어 전략적 자원으로 활용되는 현상을 상징한다. 앞으로 국제 인권 문제는 다극적, 혼종적, 유동적 성격이 강해질 것이며 이 과정에서 인류는 인권개념 자체의 진화와 변화를 목도하게 될 것이다. 중국 지도부는 새로운 담론과 소수민족 접근 방식 등을 통해 서구와는 분명히 차별화된 방식으로 중국 내부 문제의 차원에서 소수민족 문제에 대응할 것이다.

CHINA HEGEMONY STRATEGY | 미중 전략경쟁과 중국의 전략

5 대만 문제와 양안 통일

| 배경 | 복합적 가치 경쟁과 전략적 교차점

미중 전략경쟁이 심화되는 오늘날, 대만 문제는 아시아·태평양 지역의 질서를 재편하는 핵심적 지표로 떠올랐다. 중국은 하나의 중국이라는 원칙을 주장하는 데 반해, 대만은 독립된 민주 체제를 운영하며 국제사회에서 나름의 존재감을 과시하므로 둘 사이의 긴장은 불가피하다. 이것은 단순한 영토문제를 넘어 권력재편, 가치 경쟁, 제도·규범 논쟁이 뒤얽힌 복합적 갈등으로 심화되었다. 특히 미국과 중국이 세계 패권구도를 재형성하는 과정에서 대만은 지정학적·지경학적 요충지이자 가치 지향을 둘러싼 담론투쟁의 중심에 놓이게 되었다. 다만 동맹이나 가치, 지정학보다는 실리적인 이해를 중시하는 트럼프 행정부에서 대만의 지정학적 가치가 상대적으로 하락했다. 이

로 인해 대만과 주변국들은 현상변경 가능성에 대해 우려하고 동아시아 불안정성은 더욱 커졌다.

대만 문제를 둘러싼 경쟁은 지역 안보구조와 국제거버넌스 모델에 대한 상반된 비전이 충돌하게 만들었다. 중국은 역사적 정당성을 앞세워 통일을 '민족적 사명'이자 국가 완성의 필수 단계로 인식하고 있다. 이를 통해 내·외적으로 상승하는 국가정체성과 정통성을 공고화하려 한다.[58] 반면 대만은 자유민주주의, 인권, 자치 체제를 유지하려는 의지가 강건하다. 최근 조사에 의하면 2008년 이후 기존의 중국인이자 대만인이라는 2중적 정체성이 주류이던 여론에서 벗어나 2024년에는 대만인이 63.4%에 이를 정도로 대만인으로서의 정체성이 크게 강화되고 있다.[59] 바이든 시기 미국과 역내 파트너들은 중국의 통합 시도가 단순한 통일 문제가 아니라 민주주의와 권위주의 사이의 가치 경쟁이라고 인식했다. 대만 문제는 동아시아의 질서 안정과 인도·태평양 전략 아키텍처 형성과 직결된 난제다. 양안 관계가 한쪽으로 기울 경우 역내 협력구조, 공급망 재편, 안보담론 형성, 규범경쟁 등 광범위한 영역에 파급효과를 미칠 것이다. 그러므로 중국이 어떤 방식으로 대만을 통합하려 하는지, 어떤 메커니즘과 전략적 자원을 활용하는지 면밀하게 살펴볼 필요가 있다. 최근 들어 국제전의 양상과 중국내부의 정세변화는 양안간의 안정과 평화에 부정적인 방향으로 흘러가고 있다. 중국은 무력에

---

58) 중국 정부는 '대만 문제' 해결을 '역사적 사명'으로 규정하고 국가 완성의 필수 단계로서 정당성을 강조한 바 있음. 예: The Taiwan Affairs Office of the State Council and the State Council Information Office, 2022.8.10. "The Taiwan Question and China's Reunification in the New Era": http://english.scio.gov.cn/whitepapers/2022-08/10/content_78365819_4.htm. 또한 제20차 당대회 보고서에서도 조국통일을 민족적 과업으로 강조함.
59) Election Study Center, NCCU, 2025.1.13. *Taiwanese / Chinese Identity(1992/06~2024/12)*: https://esc.nccu.edu.tw/upload/44/doc/6961/People202412.png

의한 양안통일의 유혹을 더 강하게 느낄 것이다. 대만 문제를 둘러싼 복합적 가치 경쟁과 전략적 교차점은 미중 경쟁시대를 정의하는 상징적 사안이자, 미래 국제 질서의 향방을 가늠할 중요한 시험무대다.

| 현황 | 다차원적 긴장 구조와 불안정한 현상유지

대만 문제의 현황을 이해하려면 양안 관계, 미중 관계, 대만 내부정치, 국제사회의 대응이라는 네 가지 축을 복합적으로 살펴봐야 한다. 우선 중국은 '하나의 중국' 원칙을 절대적 기준으로 제시하며 대만을 불가분의 영토로 규정한다.[60] 대만의 자치 체제를 국제적으로 승인받지 못하도록 막고 평화통일을 향한 명분을 축적하는 기초 논리로 활용한다. 중국은 대만과 역사·문화·민족적 동질성을 강조하면서도 통일에 저항하는 행위를 내정간섭으로 규정한다. 2005년에 제정된 반국가분열법은 필요하다면 무력사용을 배제하지 않겠다는 강경한 입장을 명문화하고 있다.[61]

대만은 실질적으로 민주 체제를 구축하고 대외관계에서 자율적 행위자로서 움직이고 있다. 2024년 조사에 따르면 약 60%의 대만인들이 현상유지를 선호한다고 나왔다. 22.5%만이 독립을 선호할 뿐 대부분은 공식적인 독립 선언에 따른 위험을 피하려 한다.[62] 대만은 세대교체를 통해 대만의 정체

---

60) '하나의 중국' 원칙 및 대만을 중국 영토의 불가분한 일부로 규정한 공식 문건: 国务院台湾事务办公室、国务院新闻办公室, 2022.8.10. 『台湾问题与新时代中国统一事业』: https://www.gov.cn/zhengce/2022-08/10/content_5704839.htm 또한 『一个中国的原则与台湾问题』(2000년 2월) 백서 등 참고.
61) Wikipedia, "Anti-Secession Law": https://en.wikipedia.org/wiki/Anti-Secession_Law
62) Election Study Center, NCCU, 2025.1.13. Taiwan Independence vs. Unification with the Mainland(1994/12~2024/12): https://esc.nccu.edu.tw/PageDoc/Detail?fid=7801&id=6963

성이 강화된 경향이 있고, 홍콩 사태 이후 '일국양제'에 대한 불신은 심화되었다. 대만 내부의 독립 지향적 움직임이나 반중 정서도 커지고 있다. 중국의 평화통일 담론은 대만 사회에서 쉽게 받아들이기 어렵게 되었다.

미국은 전통적으로 '하나의 중국'이라는 정책의 틀은 지키지만 1982년 제정된 대만관계법을 통해 안보·경제적 지원을 유지하고 있다. 바이든 행정부 시기에는 미중 경쟁 고조와 함께 대만을 인도·태평양 전략에서 중요한 파트너로 부상시켰다. 대만의 세계 최대 반도체 회사 TSMC는 미국의 반도체 공급망에 있어서 사활을 걸 만큼 중요하다. 미국은 무기판매, 고위급 교류, 국제기구 참여 지원 등 다양한 방식으로 대만에 전략적 공간을 제공하며 중국의 군사적 행동을 억제하려 한다. 바이든 시기 미국의 정책은 대만을 양안 문제에서 미중 전략경쟁의 전장으로 확장시키는 결과를 낳았다.

국제사회의 다른 행위자들은 대체로 하나의 중국이라는 원칙을 존중하면서도 대만해협의 안정과 항행의 자유를 원하며 역내 무력충돌은 회피한다. 일본, 호주, 유럽 국가들은 대만 해협의 안정성을 강조하지만 적극적으로 대만 독립을 지지하지는 않는다. 대만 문제가 국제법적 지위의 불분명성과 글로벌 공급망 안정, 역내 평화 유지라는 실용적 이해관계가 얽힌 복잡한 지형이기 때문이다. 현재 가장 두드러진 특징은 불안정한 현상유지다. 중국은 평화통일을 강조하지만 군사적 압박을 동반하고, 대만은 독립선언을 자제하면서도 민주적 체제를 굳건히 지키며 정체성을 강화한다. 미국은 대만을 완전히 지원하지는 않으면서도 안보우산을 제공해 전략적 모호성을 유지한다. 이로 인해 현상유지가 이어지고는 있지만 언제든지 촉발될 수 있는 긴장 요인이 내재하는 불안정한 균형일 뿐이다.

| **중국의 전략** | 다면적 수단과 장기적 통합 프로세스

중국은 대만 문제의 해결을 위해 군사적 강압이나 외교적 차단에 그치지 않고, 경제·문화·사회·외교·군사·가치담론 등의 다면적 전략 메커니즘을 활용한다.[63] 장기적으로 볼 때 대만 내부의 태도를 변화시키고, 대만을 국제무대에서 고립시키며, 궁극적으로는 자발적이거나 저항 불가능한 형태로 만들어 통일을 이끌기 위한 종합공정이다.

우선 경제적 메커니즘을 통해 대만 사회에 친대륙 성향을 확산시킨다. 양안경제협력기본협정ECFA 같은 제도적 틀을 활용해 대만의 기업과 농민, 서비스업체들이 대륙 시장에 진출함으로써 경제적 이익을 얻도록 유인한다.[64] 이 과정에서 대만 경제는 대륙에 점진적으로 의존하게 되고, 대만 내부에서는 "대륙과 협력하는 것은 번영과 기회를 의미한다"는 인식이 생긴다. 대만은 제조업의 70%가 수출에 관여할 정도로 무역국가인데, 이 가운데 2020년에는 중국에 대한 수출이 43.9%를 넘었다.[65] 비록 2024년에는 수출 의존도가 31.7%로 급격히 감소했지만 여전히 중국의 양안 경제통합 전략은 통일의 경제적 정당성을 확립하는 토대가 된다.[66]

문화·역사·민족적 담론을 동원하는 전략도 또 다른 중요한 축이다. 중국은

---

63) 중국의 대만 문제 해결을 위한 다면적 접근전략 언급: 「台湾问题与新时代中国统一事业」(2022)에서 경제, 문화, 사회, 외교, 군사, 가치담론을 통한 종합적 접근 강조. http://english.scio.gov.cn/whitepapers/2022-08/10/content_78365819_4.htm
64) 양안경제협력기본협정(ECFA) 전문: 중국 상무부 웹사이트 海峡两岸经济合作框架协议（ECFA）: http://tga.mofcom.gov.cn/hxlajjhzkjxyECFA/xywbfjfb/index.html, ECFA는 대만 기업에게 대륙시장 접근성 제고를 통한 경제적 유인을 제공하는 제도적 장치로 언급됨.
65) Thomas Kohlmann, 2022. "How much does Taiwan depend on China?": https://www.dw.com/en/how-much-does-taiwan-depend-on-china/a-62725691
66) Chang Ai and Frances Huang, 2025. "China's share of Taiwan's exports drops over 12 percentage points from peak'" *Focus Taiwan*: https://focustaiwan.tw/business/202501180010

양안이 하나의 중화문명권에 속하며 대만인이 중화민족임을 지속적으로 주장한다. 문화교류, 전통 문화 행사, 역사 교육, 예술·스포츠 교류 등을 통해 대만 사회에 중화문화의 정체성을 강조하고, 통일이 문화적으로도 자연스러운 것임을 부각시킨다. 대만의 정체성을 약화시키거나 변하게 함으로써 장기적으로 통일을 '역사적 귀결'로 인식하게 하도록 한다.

인적교류, 특히 청년층을 타깃으로 한 정책도 중국의 정교한 메커니즘 중 하나다. 중국은 대만 청년들에게 장학금, 취업 기회, 창업 지원, 학술 교류 프로그램 등을 제공하여 대륙에서의 경험을 쌓게 함으로써 대륙 체제에 대한 거부감을 완화시킨다. 사회적 네트워크 형성을 통해 대만 내부에 대륙 친화적 분위기를 조성하고 통일에 대한 심리적 장벽을 낮추려는 의도다.

국제무대에서는 대만을 고립화시키는 작업이 외교적 메커니즘의 핵심이다. 중국은 다양한 국제기구와 다자포럼에 대만이 정식으로 참여하지 못하도록 막는다. 또한 대만과 외교관계를 수립하려는 국가들에게 압력을 가해 하나의 중국이라는 원칙을 관철시킨다.[67] 이로써 대만은 사실상 국제사회에서 독립된 국가라는 지위를 인정받기 어렵게 되었고 대륙과의 통일 외에는 대안이 없게 된다. 남남협력, 개도국 외교를 강화하는 일련의 활동을 통해 중국은 대만 문제를 국제법적·외교적 담론에서 자국의 입장이 정통하다는 인식을 확고히 한다.

군사적 억제책 역시 빠질 수 없다. 중국은 대만해협 주변에서 정기적인 군사훈련, 전투기·군함의 출격, 미사일 시험 발사 등을 통해 무력을 과시한다. 대만의 독립의지를 약화시키고, 미국 및 역외세력의 군사개입을 주저하게

---

67) 外交部, 2022.8.2. 「中华人民共和国外交部声明」, https://www.gov.cn/xinwen/2022-08/02/content_5704034.htm. 해당 성명은 "하나의 중국" 원칙과 국제기구 참여에 대한 중국 입장 명확히 표명.

만든다. 중국은 양안전쟁이 일어날 경우의 시나리오로 드론과 같은 무인전투 역량에 의거한 전쟁을 준비하고 있다. 현재의 시점에서 판단할 때, 중국의 군사적 압박은 2027년 전쟁설과 같이 무력통일을 지금 당장 강행하겠다는 의미라기보다는 대만과 외부 간섭자 모두에게 '금지선레드라인'을 인식시키고, 장기적 전략게임에서 중국이 결코 물러서지 않을 것임을 보여주기 위함이다.

가치와 담론 차원에서 중국은 인류운명공동체, 문화다원주의, 발전권 등의 개념을 강조한다.[68] 이를 통해 대만 문제를 세계사적 맥락에서 정당화하며, 서구 중심의 인권·민주라는 가치가 아닌 다른 차원의 규범 질서도 가능하다는 메시지를 낸다. 대만을 중국의 민족문제 해결이라는 개념을 넘어 아시아의 안정, 인류의 공동번영에 기여할 조치로 포장하는 담론 전략은 국제사회 여론전에서도 의미있게 작용한다.

| 대표 사례 | 구체적 정책 실행과 다면적 접근의 현장

중국의 전략 메커니즘은 다양한 사례를 통해 구체화된다.

먼저 경제적 측면이 있다. ECFA 체결 이후 대만산 농수산물, 공산품, 서비스 분야가 대륙시장에 진출하는 빈도가 늘어 대만 기업들은 대륙 내 공장 설립과 투자 확대를 통해 경제적 이익을 누렸다. 이를 통해 대만 일부 업계와 지

---

68) 『发展权：中国的理念、实践与贡献』 백서(2016년 12월 1일): http://english.www.gov.cn/archive/white_paper/2016/12/01/content_281475505407672.htm; 『携手构建人类命运共同体：中国的倡议与行动』 백서(2023년 9월 26일): https://www.gov.cn/zhengce/202309/content_6906335.htm

역사회는 대륙과의 협력으로 의한 실질적 이익에 만족스럽게 생각한다.

국제기구 참여 문제도 있다. 예를 들어, 대만이 국제보건 이슈에 대해 목소리를 내고자 할 때 중국은 일관되게 하나의 중국 원칙을 강조하며 대만의 독자적 참여를 차단했다. 대만이 국제적 활동 범위를 넓히려 할 때마다 '국제공간 축소'라는 벽에 부딪히도록 함으로써 결국 대륙과의 관계 정상화 없이는 국제무대에 나설 수 없도록 만들었다.

미국 고위급 인사의 대만 방문이나 무기판매가 있을 때마다 중국은 대만 주변 해역에서 대규모 군사훈련을 실시하거나 실사격 훈련을 통해 강력한 불만을 표시한다. 이로 인해 대만은 외교적 스포트라이트를 받는 순간에도 군사적 긴장 고조로 인한 불안정성을 감수해야 하고, 미국 역시 대만 문제 개입이 쉽지 않음을 깨닫게 된다.

문화·사회적 측면의 전략도 있다. 대륙 유학 프로그램, 문화축제, 역사포럼, 전통예술 교류회 등을 통해 대만의 젊은 세대나 지식인 집단, 문화예술계 인사들이 대륙의 다양한 면모를 경험하도록 한다. 대만 사회 내부에 대륙에 대한 흑백논리가 아닌 다층적 인식이 형성되도록 하며, 중장기적으로 정서적으로 가까워지게 만든다.

일국양제 모델을 적극적으로 내세우는 공공연한 담론전도 전개한다. 중국은 공문서나 정부 발표에서 대만에 홍콩보다 폭넓은 자치를 허용할 수 있다고 암시하는데, 그 예로써 통일 이후 대만 주민들의 생활 방식, 경제 체제, 종교·문화적 자율성을 상당 부분 인정하겠다고 한다. 이러한 중국의 제안은 대만 내 불만을 설득하기 위한 유화적 신호이지만 홍콩 사례로 인해 신뢰는 떨어졌다. 그럼에도 불구하고 중국은 일국양제 모델에 대한 담론을 포기하지 않고 통일 후의 미래비전을 끊임없이 제안한다.

중국은 경제·외교·군사·문화·가치전략을 유기적으로 결합해 대만 문제를 다루고 있다. 각 사례는 단발적인 이벤트로 끝나는 것이 아니라 오랜 시간을 두고 대만 내부와 외부 환경 모두를 통일 친화적 방향으로 이끌기 위한 전략적 기획이다.

| 정책 담론 및 국제적 함의 | 규범 다극화와 미래 가치 질서

최근 우크라이나와 중동 사태로 촉발된 국제 질서의 변화 속에서 대만과의 통일문제는 중국에게 절대 포기할 수도, 양보할 수도 없는 매우 중요한 국가 핵심이익核心利益 문제가 되었다. 시진핑 지도부는 우크라이나와 중동 사태 이후 새로운 국제 질서 도래가 불가피하고, 대만해협과 같은 핵심이익을 놓고 미국과 양보할 수 없는 군사적 대결과 외교적 경쟁을 펼치겠다는 입장이다. 이미 시진핑 지도부는 "중국은 굳건한 결의와 강한 의지로 대만 독립 세력들과 싸워나갈 것이며 하나의 중국 원칙一個中國原則을 무시하고 대만 문제에 개입하는 외부 세력들에게 단호한 대응과 조치를 취할 것"이라 강조했다. 특히 중국 내정內政인 대만 문제에 개입하려는 외부세력은 중국 인민들의 강한 반대에 직면할 것이며 대만과의 통일을 반대하는 외부 세력들은 역사의 수레바퀴에 깔려 뭉개질 것이라 경고하기까지 했다. 중국은 과거부터 지금까지 대만은 중국의 영토였고 대만은 하나의 중국에 속한다고 강한 통일 의지를 보여주고 있다.[69]

한편 중국은 하나의 중국이라는 원칙에 의거하여 세 가지 기조를 제시하였다.

---

69) 중국의 대만정책을 잘 정리한 것은 习近平, 2019-01-02.「习近平：在《告台湾同胞书》发表40周年纪念会上的讲话」. http://cpc.people.com.cn/n1/2019/0102/c64094-30499664.html

첫째, 대만의 지위 확정중국에 귀속, 분리 불가과 대만 독립국가 지위地位 불인정.
둘째, 중국의 핵심이익이자 주권과 영토 문제에 대한 어떠한 양보도 불가함.
셋째, 과거 중국 주도의 통일방안인 덩샤오핑의 일국양제一國兩制방안에서 시진핑 신시대 통일방안인 홍콩식 일국양제愛人治港: 애인치항/중화민족 부흥을 위한 애국자가 통치하는 방식.

2024년 1월의 대만 총통 선거를 앞두고 시진핑 주석은 새해 신년사를 통해 "중국과 대만의 통일은 역사적 필연으로 양안兩岸 동포는 공동 목적의식을 갖고 중화민족 부흥의 영광을 함께할 것"을 주장하며 대만과의 통일 의지를 다시 한 번 강조하였다.[70]

대만 문제는 국제정치 무대에서 단순한 영역분쟁을 넘어 규범과 가치 경쟁의 장으로 재해석되고 있다. 서구가 주도하는 국제 질서가 민주주의, 인권, 자유라는 보편가치를 강조한다면 중국은 주권, 발전권, 문화 다양성, 민족통합이라는 대안적 가치 프레임을 내세우며 대만 문제 처리 방식을 통해 이를 입증하려 한다.

여기서 대만 문제가 갖는 정책 담론의 의미는 복합적이다. 우선 미국과 서구 진영은 대만을 민주주의와 자결권 실현의 모범사례로 인식한다. 그리고 중국의 통일 압박은 권위주의적 확장시도로 해석한다. 바이든 시기 미국이 대만 문제를 인도·태평양 전략 구상의 일부로 편입시킨 배경이다. 당시 미국은 대만에 대한 안보 지원, 고위급 인사들의 교류, 국제기구 참여 옹호 등을 통해 중국과 가치 경쟁을 벌였으며 역내 국가들에게 민주주의 진영과 협

---

[70] 习近平, 2023-12-31. 國家主席習近平發表二〇二四年新年賀詞,「新華網」. https://www.gov.cn/yaowen/liebiao/202312/content_6923673.htm

력하는 것이 더 안전하고 번영을 위한 선택임을 강조했다. 그러나 트럼프의 미국 중심주의는 실리에 입각한 미국 이익 우선정책을 선호하므로 대만의 미래는 불분명해졌다.

중국은 대만 문제가 내정이며 정당한 국가 완성과정이라고 주장한다. 이를 통해 "대만은 독립 국가가 아니며, 내부 문제를 외세가 간섭할 수 없다"는 원칙을 국제사회에 각인시킨다. 그리고 글로벌 남반구 국가들에게 서구 중심의 질서 대신 중국을 중심으로 하는 대안 질서의 가능성을 제시한다. 대만 문제가 무력충돌 없이 중국 뜻대로 귀결된다면 중국식 질서 모델이 일정한 작동력을 가졌음을 보여주는 상징적 사건이 될 것이다.

국제 규범의 측면에서 대만 문제는 주권과 자치, 인권과 문화적 다양성, 발전권과 안보딜레마 등 다면적 가치가 충돌하는 사례다. 만약 대만 문제가 평화적 합의로 해결된다면, 규범 다극화 시대에 다양한 협상수단과 가치절충 모형을 보여줄 것이다. 반대로 무력충돌로 비화하거나 강제적 통합 시도가 일어난다면, 중국 대안모델의 정당성이 심각한 시험대에 오를 수 있으며 역내 긴장이 전 세계로 전이될 위험도 존재한다.

양안관계는 역내 국가들에게 복잡한 전략적 계산을 요구한다. 일본, 호주, 아세안 국가들로서는 대만해협의 안정이 자신들의 해상교통로 안전, 공급망 안정, 지역 안보 유지와 직결되므로 대만 문제에 촉각을 곤두세운다. 유럽 국가들도 글로벌 공급망과 기술표준 형성 측면에서 대만 문제를 주시하며, 미중 양측이 펼치는 경쟁 속에서 어느 정도의 자율을 확보할지 고민한다. 결국 대만 문제는 미중 경쟁시대 국제 질서의 변화를 결정짓는 중요한 조각 중 하나다. 여기서 형성되는 정책 담론과 의미는 다양한 국가들이 향후의 질서 구축 과정에서 어떤 원칙과 제도를 선호할지에 영향을 미칠 것이며 장기적 가치 질서 형성에도 큰 영향을 끼칠 것이다.

| 결론 | 장기전략, 불확실성, 그리고 역내 질서 변동

대만의 미래가 어디로 향할지 단정 짓기는 어렵다. 중국의 전략은 장기전을 전제로 하며, 경제·문화·외교·군사·가치담론을 종합적으로 활용하는 다면적 접근을 바탕으로 한다. 이 과정에서 대만 내부의 정치 동향, 미국의 정책 변화, 역내 국가들의 균형외교, 국제 경제 질서 재편 등 수많은 변수가 작용할 것이다.

장기적으로 대만 문제는 미국이 주도했던 국제 규범과 질서에 대한 '대안모델 실험장'이 될 가능성이 있다. 만약 중국이 무력사용 없이 대만을 통합하는 데 성공한다면, 국제사회가 서구 중심의 보편적 가치를 절대적 기준으로 삼지 않고 다원적 가치와 문화적 상대성도 수용하는 흐름이 강해질 것이다. 반대로 대만 문제가 무력충돌로 비화하거나 강제적 방식으로 해결되어 국제적 비판에 직면한다면 중국식 대안 질서의 모델은 신뢰도에 손상을 입을 것이다.

미중 전략경쟁의 구도 속에서 대만은 개방적 가치 체제와 권위주의적 발전 모델이 교차하는 상징적 지점이 되었다. 대만해협에서의 긴장 조절, 상호 불신 완화, 실질 대화 통로 구축은 단기적 과제이며 중장기적으로는 통일·독립·현상유지 중 어느 시나리오가 실현되든 국제 질서 차원에서 그 의미가 크다. 결국 대만 문제는 불확실성 속 장기적 전략이 펼쳐지는 무대이며 미중 경쟁시대를 이해하는 데 필수적인 요소다. 경제통합, 문화교류, 가치경쟁, 군사억제, 외교적 차단 등 중국이 활용하는 전략 메커니즘은 대만 내부와 국제사회를 장기적으로 재구조화하는 프로젝트라고 할 수 있다. 향후 수년 혹은 수십 년에 걸친 점진적 변화 속에서 대만 문제의 귀결은 역내 질서의 방향타가 될 것이며 이 과정에서 국제정치의 가치·규범·제도의 지형도 변할 것이다. 이로써 대만 문제를 둘러싼 복합적, 다면적, 장기적 전략게임은 국제 질서 변동기에 나타난 대표적 사례로 자리매김하며 미중 경쟁의 본질과 동아시아의 미래를 전망하는 데 있어 중요한 거울로 남을 것이다.

CHINA

III   중국의 군사안보 전략

HEGEMONY STRATEGY

CHINA HEGEMONY STRATEGY 중국의 군사안보 전략

1 남중국해 영유권 분쟁

| 배경 | 미중 전략경쟁 시대 동아시아 해양 질서 시험대

21세기 들어 동아시아 국제정치는 미중 전략경쟁의 심화로 인한 구조적 변동을 겪고 있다. 이 과정에서 남중국해 영유권 분쟁은 역내 해양 질서 재편과 이해관계 갈등을 집약적으로 보여주는 핵심 무대로 부상했다. 남중국해는 풍부한 해양자원, 중요한 해상교통로, 전략적 군사거점의 가능성을 동시에 담고 있어 관련국 모두에게 사활을 걸 만한 이해관계가 있는 곳이다. 중국은 스스로의 국가 정체성을 발전도상국에서 강대국으로 전환하면서, 자국의 핵심이익을 반드시 수호한다는 원칙을 공식화하였다. 2011년 공개된 중국의 평화발전 보고서에서는 중국 핵심이익 6개 항목을 규정하였다.[71] 당시까지만 해도 남중국해가 중국의 핵심이익에 속하는지는 중국에서조차 논

[그림4] 중국의 남중국해 구단선

출처: Asia Maritime Transparency Initiative (n.d.): https://amti.csis.org/maritime-claims-map/

란이 분분하였다.

그 이후 중국의 해양 전략은 남중국해에 구단선九段線:중국이 주장하는 남중국해 해상 경계선. 1947년에 설정되었으며 남중국해의 대부분을 중국의 수역으로 설정하고 있다을 제시하면서 '핵심이익' 지역으로 규정하고 자국의 권익을 최대화하려는 방향으로 수십 년간 진화해 왔다.[72]

남중국해는 중국, 베트남, 필리핀, 말레이시아, 브루나이, 대만 등이 이 수역에 대해 역사적 권원, 지리적 인접성, 국제법 해석을 통해 자국의 권리를 주장하고 있으므로 해양 주권 설정을 둘러싼 긴장이 오래도록 이어지고 있다.

---

71) Wikipedia, 2025. *China's core interests*: https://en.wikipedia.org/wiki/China%27s_core_interests
72) Michael D. Swaine, 2010. "China's Assertive Behavior—Part One: On 'Core Interests'," Hoover Institution: https://www.hoover.org/sites/default/files/uploads/documents/CLM34MS.pdf; Jane Perlez, 2011.3.30. "China Hedges Over Whether South China Sea Is a 'Core Interest'," *The New York Times*： https://www.nytimes.com/2011/03/31/world/asia/31beijing.html); U.S.-China Economic and Security Review Commission, May 10, 2013. "China's 'Core Interests' and the East China Sea,": https://www.uscc.gov/sites/default/files/Research/China%27s%20Core%20Interests%20and%20the%20East%20China%20Sea.pdf

국제법적 규범과 지역 다자주의 틀, 역내 국가들의 연성·경성 힘의 활용이 복합적으로 얽힌 이 분쟁은 단순한 해역 경계선을 넘어 지역 질서 재편의 의미를 갖는다. 미국을 비롯한 역외 강대국 역시 자유항행 작전과 외교적 개입으로 일정한 균형자 역할을 하고자 하기 때문에 남중국해는 지역적 분쟁이자 글로벌 전략경쟁의 장이 되었다.

이 장에서는 남중국해 영유권 분쟁을 미중 전략경쟁이라는 큰 틀 속에서 재조명한다. 먼저 남중국해 분쟁의 현황과 각국 동향을 살펴보고, 이어 중국이 활용하는 전략 메커니즘을 분석한다. 다음으로 대표적 사례를 제시한 뒤 이 이슈가 지역 질서와 국제정치적 담론에 어떤 의미인지 살핀다. 최종적으로 장기전망과 정책적 시사점을 통해 남중국해 분쟁이 단순한 영유권 문제를 넘어 동아시아 해양 질서와 글로벌 패권경쟁의 축으로 작동하고 있음을 확인할 것이다.

| 현황 | 다층적 이해관계와 복잡한 제도 환경

남중국해는 지정학적·지경학적·전략적 가치를 모두 갖춘 해역이다. 풍부한 어족자원과 석유·천연가스 매장 가능성, 세계 무역 물동량의 상당 부분이 통과하는 해상교통로이므로 이 지역은 글로벌 경제의 굵직한 혈관 중 하나다. 이런 중요성 때문에 역내 연안국은 물론 미국, 일본, 호주 등 역외 국가들도 이 분쟁에 직간접으로 관여한다.

영유권 분쟁을 제기하는 국가들은 크게 두 축으로 나눌 수 있다.

먼저 중국을 중심으로 한 광범위한 권원 주장이다. 중국은 '단절선9단선' 개념을 통해 남중국해 대부분 수역에 대한 역사적 권리를 주장한다.[73] 이 9단선은 중화민국 시절 형성된 U자형 경계이며 중국은 이를 근거로 해당 수역 내 도서, 암초, 저조고지, 해저지형 등에 대한 포괄적 권익을 강조한다.

다른 한편으로는 베트남, 필리핀, 말레이시아, 브루나이, 대만 등이 각각의 근거를 들어 독자적 해양 관할권을 인정받으려 한다. 이들은 지리적 근접성, 전근대 시기의 역사적 사용 기록, 또는 유엔해양법협약UNCLOS을 토대로 EEZ나 대륙붕 설정을 주장한다.

특히 2016년 필리핀이 상설중재재판소PCA에 제소한 사건이 주목할 만하다. PCA 판결은 중국의 광범위한 역사적 권원 주장을 국제법적으로 인정하기 어렵다고 선언했다. 이 판결은 이론상 중국의 주장을 부정하는 상징적 의미를 갖지만 중국은 이를 수용하지 않았다. 국제사회의 판결을 '무효'로 간주한 중국은 자체 노선을 고수했다.[74] 그 결과 국제법으로 해결하겠다는 시나리오는 교착 상태에 빠졌고 중국은 군사력과 민간적 수단을 통해 현장을 점거하려는 전략을 구사하고 있다.

남중국해의 분쟁은 역내 해양 질서 형성의 규범, 다자협상 구조, 역외 강대국 개입, 동아시아 경제안보 구도, 기술협력과 인프라 개발까지 연결되는 복합적 이슈다. 예를 들어, 베트남은 해양경계획정 협상을 통해 실질적 이익 확보

---

73) 9단선(九段线)에 대한 역사적 근거와 법적 해석은 중국 정부의 역사적 지도(1947년 '南海诸岛位置图'), 관련 연구서 및 정부 공식 입장문 등을 통해 제시되어 왔다. 高之国, 贾兵兵, 2014.8.1. 『论南海九段线的历史、地位和作用』, 海洋出版社: https://www.thesouthchinasea.org.cn/cn/2017-03/23/c_72382.html; 张政, 2015. "南海'九段线'的历史性权利属性," 中国理论法学研究信息网: http://iolaw.cssn.cn/fxyjdt/201603/t20160311_4639223.shtml

74) PCA 중재 판결(2016년 7월 12일) 이후 중국 외교부는 즉각적으로 해당 판결을 '무효(null and void)'로 간주하며 수용 불가 입장을 공식 발표하였다. Xinhua, 2016.7.12. "Full text of statement of China's Foreign Ministry on award of South China Sea Arbitration,": http://news.xinhuanet.com/english/2016-07/12/c_135507744.htm; State Council Information Office, 2023.7. "China neither accepts nor recognizes so-called award on South China Sea Arbitration": http://english.scio.gov.cn/pressroom/2023-07/13/content_92131216.htm

를 목표로 하고, 필리핀은 정권의 성향에 따라 대중 협력 혹은 국제법 활용전략을 변동적으로 구사한다. 말레이시아와 브루나이는 상대적으로 저강도 외교를 선호하며, 대만은 한반도 문제와 유사한 국제적 지위의 불안정 속에서 상징적 권원 주장에 머무른다. 미국, 일본, 호주 등 역외 국가들은 자유항행 작전이나 역내 안보협력 강화를 통해 간접적 균형 역할을 수행한다. 미국은 해군 함정을 통해 분쟁 해역을 정기적으로 항해함으로써, 중국의 권위적 관할권 설정을 억제하고 유사시 역내 동맹국과 파트너 국가들을 지원한다. 남중국해가 미중 전략경쟁의 해양 전선으로 변하고 있음을 알 수 있다.

정리하면 현재 남중국해 분쟁은 다음과 같이 요약할 수 있다.

첫째, 다수 연안국 간 중첩된 영유권 주장으로 법적·정치적 갈등이 상존한다.

둘째, 중국이 가장 적극적이고 광범위한 주장과 행동을 통해 사실상 해양 질서 재구축을 시도한다.

셋째, 국제법적 판결이 존재하나 당사자의 불수용으로 실효성이 제한적이다.

넷째, 미국 등 역외세력 개입으로 지정학적 긴장이 구조화된다.

다섯째, 이 분쟁은 해양안보, 경제안보, 국제 질서 형성, 기술협력, 다자주의 등 다차원 이슈와 결부되어 있다.

| 중국의 전략 | **법제·외교·군사·기술 복합전략**

중국은 남중국해 분쟁에서 법적 제도화, 회색지대 전술, 외교 틀 형성, 군사적 억지, 기술·인프라 활용 등 다층적 수단을 결합하는 복합전략을 구사한다.[75] 이는 상황별로 전술을 조합하는 유연한 전략 기제다.

먼저 중국은 국내 법률을 정비해 해양관할권 주장을 제도화했다. 해경법 등 국내 입법을 통해 해경과 민병대 활동의 합법성을 강화했는데, 국제법적 정당성과 충돌하지만 자국 내 여론과 행정 기반을 다질 수 있었다. 즉 내부적으로는 '법적 정당성', 대외적으로는 '자국 법 우선성'을 과시하는 방식으로 국제사회에 신호를 보내는 것이다.

두 번째로 중국은 공식 군사력보다는 해경 함정, 민병대 어선 등 비전통적 수단을 활용해 상대국을 압박한다. 이를 회색지대 전략이라 한다. 이 전략은 전면전 없이 상대방의 해양활동을 방해하고 일정 기간 반복 시행함으로써 통제력을 강화한다. 저강도 분쟁과 모호한 충돌 상황을 유발해 국제사회의 명확한 대응을 어렵게 하는 것이다.

세 번째로 중국은 ASEAN과의 Code of Conduct(CoC) 협상 등 다자협상에 참여하면서, 실질적으로 협상 구도를 자신에게 유리하게 설계한다.[76] 표면적으로는 평화와 안정, 공동발전을 강조하지만 협상 지연, 의제 선별, 모호한 합의문 구조 등을 통해 사실상 주도권을 장악한다. 이로써 중국은 다자외교를 무대 삼아 자국 이익의 극대화를 모색한다. 네 번째로 군사적 수단 또한 배제하지 않는다. 인공섬에 군사력을 배치하고 해군·해군항공대 순찰을 강화하며 필요한 경우 주변국에 물리적 신호를 보낸다. 미국의 항행작전

---

75) 중국 국방백서 등 공식 문건에서는 해양권익 보호를 위해 법제 정비, 외교협상, 해양경비대 및 민병대 활용, 군사적 억지력 강화, 기술 및 인프라 구축 등을 종합적으로 활용하는 전략이 언급된다. 中华人民共和国国防部, 2019. "新时代的中国国防," 中华人民共和国国防部: http://www.mod.gov.cn/gfbw/fgwx/bps/4846424_2.html

76) 중국 외교부 발표 및 중국-ASEAN 고위급 회의 결과문 등에서 남중국해 행동준칙(CoC) 협상 과정에 대한 중국의 입장과 전략이 제시된다. 중국은 표면적으로 평화와 협력을 강조하면서도 협상 의제 설정과 진행 방식에서 유리한 구도를 형성하려 하고 있음을 엿볼 수 있다. 中华人民共和国外交部, 2024.7.27. "王毅阐明中方在南海问题上的严正立场": https://www.mfa.gov.cn/web/wjdt_674879/wjbxw_674885/202407/t20240727_11461737.shtml; 中华人民共和国外交部, 2023.10.26. "落实《南海各方行为宣言》第21次高官会在北京举行,": https://www.mfa.gov.cn/wjdt_674879/sjxw_674887/202310/t20231026_11169020.shtml

이나 역내 국가들의 반발을 관리하는 수단이 되며 향후 불확실한 위기상황에서 중국의 선택지를 넓힌다.

마지막으로 첨단기술과 인프라 구축을 통해 정보의 우위와 장기적인 영향력 확보를 노린다. 해양감시 시스템, 위성, 수중센서, 해양과학기지 등을 활용해 남중국해 해역에 대한 정교한 데이터 축적과 분석 능력을 확보하면 자원 개발, 해양환경 관리, 긴급사태 대응 모든 면에서 유리해진다. 향후 수십 년간 이어질 해양 질서 재편 과정에서 중국의 입지 강화를 뒷받침한다.

이렇듯 중국의 전략 메커니즘은 상호 보완적이다. 법제화를 통한 정당성 확보, 회색지대 전술을 통한 현장 통제력 강화, 다자협상 틀 내에서의 주도권 행사, 군사적 억지 배치, 기술 기반 정보우위 확보가 유기적으로 연결된다. 이를 통해 중국은 장기적으로 남중국해를 자신의 영향권 아래에 두는 '새로운 정상상태new normal'를 형성하고 국제사회의 비판을 단계적으로 무효화하려 한다.

| **대표 사례** | 인공섬 건설, 황옌다오 분쟁, PCA 판결 이후 외교

위에서 언급한 중국의 전략이 실제로 구현된 대표 사례를 통해 상황을 구체적으로 살펴보자.

첫째, 인공섬 건설 사례다. 중국은 스프래틀리 제도 내 저조고지와 암초를 대규모 매립해 인공섬을 만들었다.[77] 이 과정에서 활주로, 레이더기지, 격납고, 부두 등 군사·민간 복합 인프라를 구축했다. 해양영유권 강화를 위한 상징적·실질적 거점 확보 사례로, 주변국들이 이를 '군사화'라고 규정해 반발했지만 중국은 민수용 시설과 재난구조 거점이라며 국제 비판을 무력화시켰다. 결과적으로 중국은 해당 해역에 상시 주둔 기반을 마련함으로써, 분쟁이 일어날 경우 빠르고 효율적인 대응이 가능해졌다.

둘째, 2012년 황옌다오Scarborough Shoal 대치는 필리핀과 중국 간의 장기적인 대치로 중국 해경함정과 민병대 어선이 필리핀 어선을 몰아내며 해당 수역을 장악한 사례다. 이를 통해 중국은 고강도 군사행동 없이도 상대국이 실효성 있는 접근을 못하도록 하는 '조용한 통제'를 달성했다. 필리핀은 국제법에 호소해 해결을 모색했으나 결국 중국과의 협상으로 방향을 틀었고, 중국은 경제적 유인책을 제시하며 필리핀의 강경노선을 무효화시켰다.

셋째, PCA 판결 이후 중국의 대응은 국제법적 재판 결과를 어떻게 무력화시키는지 보여준다. 2016년 판결은 중국의 주장에 법적 근거가 약하다는 점을 명확히 했으나 중국은 이를 무시했고, 필리핀 두테르테 행정부 출범 이후 양자협상과 경제협력 강화로 필리핀을 유화시켰다. 국제법으로 승리하더라도 현장에서 실행력과 외교전으로 무효화될 수 있음을 증명하는 사례다.

이 밖에도 중국은 베트남·말레이시아 등과 마찰이 발생할 때 즉각 해경선 파견, 민간어선 대량 투입, 상업어로 활동 방해 등 회색지대 전술을 반복적으로 사용한다. 각 국가별로 대응전략은 다르지만 전반적으로 중국이 주도하는 현상 유지 또는 점진적 우위 확대 패턴은 동일하다. 이를 통해 중국은 역내 국가들이 공개적인 대결 대신 협상이나 타협을 선택하도록 유도한다.

---

77) 중국의 남사군도(스프래틀리) 지역 매립 및 인공섬 건설은 인민일보, 국방부 발표 등을 통해 정당성과 목적(인도주의 지원, 해상안전, 환경보호, 군사적 고려 병행)이 언급되었다. 贾宇, 张小奕, 2015.6.5. "中国在南沙群岛的岛礁建设有理有据,"『人民日报』; http://opinion.people.com.cn/n/2015/0605/c1003-27109080.html; 中国外交部, 2015.6.17. "中国外交部宣布 南沙群岛陆域吹填工程已完成"; https://www.nanhai.org.cn/info-detail/22/1290.html

| 정책 담론 및 국제적 함의 | 다자주의, 역내 질서, 미중 경쟁과의 연결

남중국해 분쟁은 역내 국가, 역외 국가, 국제기구, 지역협력체 모두에게 다양한 의미를 던진다. 우선 정책 담론 차원에서 역내 국가들은 '힘의 현실'을 직시하면서도 국제법과 다자협력을 내세워 중국을 견제하거나 협상을 유도하려는 전략을 강구한다. ASEAN 회원국들은 CoC 협상을 매개로 남중국해를 관리하는 메커니즘을 확보하려 하지만 중국과의 힘의 격차, 회원국 간의 이해관계 불일치, 협상 지연으로 인해 합의 도출에 어려움을 겪고 있다. 국제적으로는 해양 질서와 국제법 체제 유효성에 대한 시험대라고 할 수 있다. UNCLOS를 근간으로 한 해양법 체제는 남중국해에서 직면한 실험대 위에서 제한적 효용성을 보여주었다. PCA 판결 같은 국제사법 절차도 당사자가 수용하지 않을 경우 강제적인 집행력이 미약하다는 문제점만 드러났을 뿐이었다. 국제법이나 국제제도가 강대국의 정치 속에서 얼마나 취약해질 수 있는지를 보여주며 국제사회의 제도적 개선 논의를 촉발시켰다.

한편 미중 전략경쟁 구도에서 남중국해는 미군의 항행작전FONOPs와 중국의 해양확장 사이에 벌어진 '회색지대 전선'으로 자리한다. 미국은 항행의 자유를 국제공공재로 강조하며 중국의 일방적 해양영토화 시도를 억제하려 하지만 중국은 미국을 해양패권을 유지하려는 강압적 행위자라고 비난한다. 이로써 남중국해 문제는 아·태 지역을 경제적 상호의존 공간이 아니라 가치와 규범, 힘의 우위를 둘러싼 경쟁무대로 만들었다. 또한 남중국해 분쟁은 지역 협력과 가치 경쟁에도 영향을 미친다. 중국은 안정적 비즈니스 환경 제공, 인프라 투자, 신기술 협력 확대 등을 통해 역내 국가들을 중국의 구도 안으로 끌어들이려 한다.[78] 이 과정에서 국가들은 미국이 주도하는 안보동맹 체제와 중국이 제안하는 경제협력 네트워크 사이에서 전략적 균형을 고민한다. 결국 남중국해 분쟁은 지역 질서 재편이 단순히 군사력 경쟁이 아니라 경제, 외교, 규범, 가치, 제도화 메커니즘을 포괄하는 종합적 게임이라는 점을 상기시킨다.

장기적으로 남중국해 상황은 군비통제나 위기관리 체제의 필요성을 높인다. 위기 발생 시 오판이나 충돌 확대를 방지하는 조기경보 메커니즘, 해양 구조협정, 어업관리 협력, 해양환경보호 협약 등 포괄적 제도 구축이 절실하다. 단기적 합의 도출이 어렵더라도, 중장기적으로 분쟁을 관리하는 기제를 마련하는 방향으로 정책담론이 전개되어야 함을 의미한다.

결국 남중국해 분쟁은 동아시아 지역 질서 형성의 한 축이자, 국제법과 국제규범의 유용성에 대한 시험대로 작용한다. 미중 경쟁이라는 구조적 압력 속에서 남중국해는 다양한 행위자들이 복합적으로 관여하는 지대가 되었다. 이 분쟁은 향후 역내 국가들의 진영 구성, 대전략 수립, 경제통상 관계, 외교 행위양식, 해양 거버넌스 모델 등에 광범위한 파급효과를 줄 것이다.

| 결론 | 불확실성 관리와 장기 전략 모색

중국은 남중국해 도서또는 암초에 군사시설 구축을 지속적으로 추진해 왔다. 특히 남사군도스프래틀리 제도와 서사군도파라셀 제도에서의 움직임이 활발하다.

---

78) '일대일로(一帶一路)' 구상 관련 백서와 중국 상무부 발표문: 中国政府网, "共建'一带一路': 构建人类命运共同体的重大实践," 中国政府网 (2023년 10월 10일), https://www.gov.cn/zhengce/202310/content_6907994.htm; 中华人民共和国外交部, 2023.10.24. "新时代中国的周边外交政策展望," 中华人民共和国外交部, https://www.mfa.gov.cn/web/ziliao_674904/1179_674909/202310/t20231024_11167069.shtml

중국은 남중국해에서 암초 매립 및 각종 인프라 정비를 포함한 각종 지형개발 활동에 적극적인 모습을 보이면서 주변 국가들과의 마찰이 표면화되었다. 현재는 활주로와 항만 등을 비롯해 군사목적에 이용될 수 있는 다양한 인프라를 구축해놓은 상태다. 여기에는 지대공미사일 및 포대, 헬기 패드, 격납고, 군 통신장비, 미사일 엄폐시설, 레이더 등이 포함되어 있다. 현재까지 남사군도에는 7개 군사기지또는 인공섬 구축이 진행되고 있으며, 서사군도에는 6개의 군사기지 구축이 진행 중인 것으로 알려졌다. 특히 남사군도에서의 구축속도가 매우 빠르게 진행되고 있다.

남중국해의 영유권 분쟁은 단기간에 해결될 것이 아니다. 중국은 역사적 권원, 법제화, 회색지대 전략, 다자협상 주도, 군사·기술 기반 억지력 등 다양한 수단을 결합해 해양 질서 형성 과정에서 우위를 모색하고 있다. 역내 국가들은 이에 대응해 국제법, 외교협상, 역외 파트너 협력 등을 활용하며 균형점을 찾으려 한다. 미국 등 역외 강대국의 개입으로 분쟁 구조는 양자대립을 넘어 다자적, 네트워크적 복잡성을 띤다.

향후 시나리오로는 몇 가지를 예측할 수 있다.

첫째, 현재의 회색지대 경쟁과 협상 지연이 장기화되며, 불안정한 평형상태가 이어질 것이다.

둘째, 미국과 중국의 전략적 긴장이 고조될 경우, 해양충돌 위험이 증가하면서 역내 국가들 선택지는 더욱 제한될 것이다.

셋째, 장기적으로 CoC 협상 진전이나 다자협정 체계 형성을 통해 일정한 규범화가 이뤄질 수도 있지만, 중국이 주도권을 쥔 반쪽짜리 합의 형태일 것이다.

이 불확실한 환경에서 당사국들은 장기적인 전략 목표를 재정립해야 한다.

중국은 남중국해를 통해 해양대국으로서의 위상을 제고하고, 역내 다른 주체들은 이 변화 속에서 자국의 이익과 안보를 위해 대안을 모색해야 한다. 국제사회는 UNCLOS 체제 강화, 국제사법 기제 업그레이드, 역내 해양안보협력 강화, 민군겸용 인프라의 투명성 제고, 해양환경 공동관리 등 다양한 차원에서 제도의 개선을 논의할 필요가 있다.

궁극적으로 남중국해 분쟁은 동아시아가 경제성장과 상호의존을 누리던 시기를 넘어 힘과 규범, 전략적 상상력이 결합하는 새로운 질서의 전환기를 맞이했음을 뜻한다. 미중 전략경쟁 구도에서 해양영토 문제는 단순한 경계획정이 아니라 지역과 세계 권력구조의 재편이라는 거시적 의미가 있다. 이 과정에서 국가들은 외교적 역량, 군사 억지력, 경제협상력, 국제법 활용 능력, 기술 혁신 역량을 종합적으로 동원해야 한다. 따라서 향후 남중국해 분쟁 관리와 해법 모색은 한 국가의 결정이나 일방적 정책으로 해결하기 어렵다. 장기적 관점에서 역내 모든 행위자들이 안보·경제·법·기술 요소를 균형 있게 고려하고 다층적 협력틀을 구성하는 것이 필요하다. 불확실성이 상존하는 미중 경쟁시대에 역내 해양 질서가 어떤 방향으로 향할지에 대한 중대한 시험이며 향후 수십 년간 국제정치의 핵심 변수가 될 것이다.

CHINA HEGEMONY STRATEGY | 중국의 군사안보 전략

2 동중국해 분쟁

| 배경 | 복합적 전략경쟁 전초지

동중국해를 둘러싼 분쟁 역시 특정 도서 영유권에 국한되지 않는다. 미중 전략경쟁 시대에 지역 질서 재편과 해양안보 지형 변화의 전초전으로 인식되고 있으며, 역사적·법적·정치적·경제적·군사적 차원의 상호작용이 결합한 복합적 현상이다. 이 해역은 한반도, 일본 열도, 중국 대륙이 교차하는 전략적 요충지이자 풍부한 해양자원과 핵심 해상교통로가 집약된 지점이다. 따라서 동중국해의 분쟁은 동북아 안보 패러다임과 미중 경쟁의 움직임을 상징적으로 드러내며, 동시에 역내 국가들의 대내외 정책결정에도 계속 영향을 미치고 있다. 이 지역에서 주목받는 핵심 갈등은 중국과 일본 사이에 벌어진 센카쿠열도중국명 댜오위다오, 일본명 센카쿠의 영유권 분쟁이다. 이

영유권 분쟁은 오랜 연원을 가지고 있으나, 미국발 금융위기로 미국의 위상이 급격히 약화되고 동아시아에서 미국의 권력공백이 발생하면서 본격화되었다. 2010년 중국의 한 어선이 일본의 센카쿠 지역의 순시선을 향해 의도적으로 충돌한 사건이 있었다. 이후 이 지역을 일본 도쿄도가 국유화하려고 하면서 중·일은 본격적인 갈등 상황에 빠졌고 점차 군사적인 충돌 위험에까지 이르렀다.[79]

이 문제는 섬 몇 개를 둘러싼 양국의 갈등을 넘어 미국의 지역 개입 가능성, 대만의 영유권 주장, 국제법 해석 차이, 해양자원 확보 경쟁, 해군력 강화, 역사적 상흔과 민족주의적 정서 등 다양한 요소가 복합적으로 작용하는 난해한 분쟁구조로 발전했다.

미중 전략경쟁이 심화되면서 동중국해 분쟁은 지역 질서의 안정성과 국제규범의 지속 가능성을 시험대에 올려놓았다. 중국은 해양에서의 점진적인 주도권 확대를 노리고, 일본은 기존 질서를 유지하고자 하며, 미국은 동맹국인 일본을 통해 역내 균형추를 유지하려 한다.[80] 동중국해 문제는 단지 해양경계 문제나 수역 관할권에 머무르지 않고 신흥 강대국과 기존 패권국, 지역 중견국들의 복합적 전략경쟁의 축소판이 되었다. 중국은 동중국해와 남중국해 문제를 전략적 시각과 인식에서 접근하며 자국의 역내 영향력 확대를 본격화하고 있다.

---

79) Andrew Chubb, November 14, 2024. The East China Sea Dispute: China's and Japan's Assertiveness from Mao to Xi (Asia Society Policy Institute); https://asiasociety.org/policy-institute/east-china-sea-dispute-chinas-and-japans-assertiveness-mao-xi; 중국의 해양권익에 대한 종합적인 보고서는 China Ocean Affairs Council, June 2020. 『2020 國家海洋政策白皮書(Nation Ocean Policy White Paper)』; https://www.oac.gov.tw/ebook/w01/index.html
80) State Council Information Office, 2015.5.27. *China's Military Strategy*; https://english.www.gov.cn/archive/white_paper/2015/05/27/content_281475115610833.htm

| **현황** | **역사적 누적과 현상변경의 역동성**

동중국해 분쟁의 기저에는 오래된 역사적 기억과 전후 처리 과정에서의 모호한 부분이 있다. 일본은 근대 제국주의 시기 무주지 편입 논리를 앞세워 센카쿠를 자국의 영토로 선포했고, 2차 세계대전 이후 미국이 오키나와를 반환하는 과정에서 해당 열도를 일본 관할로 인정했다. 중국은 이를 식민지배와 전후 처리의 불공정성으로 규정하며 역사적 정당성 회복 차원에서 열도 반환을 요구했다.[81] 여기에 대만중화민국 역시 오래전부터 이 열도를 자국의 영토로 간주해온 바, 동중국해 분쟁에는 사실상 세 행위자가 복합적으로 얽혀 있다. 남중국해 못지않게 복잡한 이해관계가 상존하는 지역이다.

1970년대 들어 석유·천연가스 등의 자원이 발견되면서 분쟁이 본격화되었다. 이후 수십 년 동안 양국은 분쟁을 표면화하지 않으려는 '현상 동결' 기조를 유지하려 했으나 2010년대 들어 일련의 사건들이 이를 흔들었다. 특히 2010년 중국 어선과 일본 순시선이 충돌한 사건, 2012년 일본 정부의 일부 섬 국유화 결정은 양국의 갈등을 폭발적으로 증폭시켰다. 이후 중국 해경은 정기적으로 센카쿠 주변 해역에 진입하고 일본은 해상보안청을 강화하며 대응하는 '현장 대치' 양상이 고착화되었다.

가장 중요한 변곡점 중 하나는 2013년 중국이 동중국해 상공에 방공식별구역ADIZ을 설정한 것이다. 중국은 이를 통해 상공 관리권을 주장했고 미국과 일본은 이를 즉각 거부하였다. 해양 영토 분쟁을 넘어 영공 관리 및 비행 자유의 문제로까지 확장되었다. 동중국해의 분쟁은 해양, 상공, 국제법, 경제

---

81) 国务院新闻办公室, 2012.9.25. 『钓鱼岛是中国的固有领土(Diaoyu Dao, an Inherent Territory of China)』, https://www.gov.cn/jrzg/2012-09/25/content_2232710.htm

자원, 군사전략 등 다양한 차원으로 확장되는 복합적 구조를 띤다.

최근 동향을 살펴보면 중국은 해경을 통한 비군사적 강제력 행사, 민간어선과 민병대의 활용, 외교적 대화 메시지 발신 등을 병행하면서 점진적 현상변경을 시도한다. 일본은 미국과의 안보 공약을 재확인하고, 해상보안청 능력 강화, 주변 해역 감시 강화 등으로 대응하는 동시에 외교 경로를 통해 위기관리를 모색한다. 양측 모두 정면충돌은 피하려 하지만, 상호 불신과 경쟁심화로 계속적인 긴장 관리가 불가피하다.

| 중국의 전략 | 회색지대 전술과 법제적 주장 병행

중국은 동중국해에서 다차원적 전략을 구사한다. 해양 주권 주장, 국제법 해석, 해경과 민병대의 활용, 대화의 제스처, 미국 변수 관리 등 복합적 전략요소를 결합한 방식으로 나타난다. 궁극적으로 중국은 무력 충돌을 일으키지 않으면서도 해역 상황을 점진적으로 자기에게 유리하게 전개시키는 '회색지대Gray Zone' 접근법을 선호한다.[82]

우선 법적·역사적 정당성 주장을 통해 중국은 영유권 문제를 '역사적 부당성을 시정'하는 과정으로 윤색한다. 이를 통해 국내외 여론에서 도덕적 우위를 확보하려는 것이다. 국제법 측면에서는 유엔해양법협약UNCLOS 등 제도적 틀을 활용하지만 자국에게 불리한 제소나 심판 절차는 회피한다. 법적

---

82) 비군사적 수단 강화와 해경·민병대 활용 등, 무력충돌 회피를 통한 해양권익 확보 정책을 시사. State Council Information Office, 2015.5.27. *China's Military Strategy*: https://english.www.gov.cn/archive/white_paper/2015/05/27/content_281475115610833.htm

결론보다는 실효적 통제를 통한 '사실상의 관할권' 확대가 목표이기 때문이다.[83]

해경과 민병대 선박을 통한 비군사적 강압도 주목할 부분이다. 군함을 투입하는 대신 해경함정과 민간 선박으로 상대방에게 심리적·정치적 압박을 가하면서도 군사적 대결로 번지는 것은 피한다. 이를 통해 중국은 '평화적 순찰'이라는 명분 아래 장기간에 걸쳐 점진적인 현상변경을 시도한다. 민병대나 어선 투입은 더욱 교묘한 전술로 외관상 민간행위처럼 보이나 실질적으로 국가전략을 지원하는 것이다.

중국은 외교적으로 '대화와 협상'을 강조하며 중·일의 위기관리 메커니즘 구축 등의 안정적 관리에도 신경을 쓴다. 국제사회에 중국이 단지 힘으로 밀어붙이는 국가가 아니라 대화 가능성을 열어둔 책임감 있는 행위자라는 이미지를 심어주려는 의도다. 그러나 대화 테이블에서는 실질적 양보나 영구적 해법을 제시하지 않음으로써 장기적 이익의 극대화를 노린다.

미국 변수를 의식한 대응도 중요한 축이다. 중국은 미일동맹 하에서 센카쿠가 조약 적용 대상이라는 미국 발언에 주목한다. 무력 충돌이 발생할 때 미국이 개입할 가능성은 부담이지만 미국의 불확실한 의사결정이 중국에게 회색지대 전략을 매력적으로 만든다. 미국의 역내 군사적 존재가 확실히 분쟁을 해결하지 못하는 상황에서 중국은 점진적 압박 전술을 통해 기존 현상을 바꾸어가는 전략을 택하고 있다.

중국의 전략 메커니즘은 국제법과 역사성 주장, 해경과 민병대의 활용, 외

---

83) 이와 같은 관점으로는 Tae-Ho Won, "China's West Sea Navigation Ban: A Serious Challenge to International Law and Northeast Asian Security" KIMS Periscope NO. 385: https://kims.or.kr/uncategorized/peri385/

교적 레토릭을 통한 대화 강조, 위기관리를 위한 핫라인 구축, 미국 변수 조정 등을 유기적으로 결합한 것이다. 이로써 중국은 불완전하지만 균형 잡힌 '장기전'을 수행하며 동중국해라는 하나의 무대에서 전략적 영향력 확대를 노린다.

| 대표 사례 | 방공식별구역ADIZ 설정과 해경 활동

ADIZ 설정2013년은 중국 전략의 대표적 사례다. 중국은 동중국해 상공에 일방적으로 ADIZ를 선포하여 이 구역을 통과하는 항공기에 사전 보고를 요구했다. 미국과 일본은 즉각 이를 무시하며 저항했고 중국은 물리적 대응을 하지는 않았지만 ADIZ 존재 자체로 상공 관리권 주장이라는 상징적 효과를 노렸다. 동중국해의 분쟁이 해수면에서 하늘 위로 확장될 수 있음을 보여주는 것으로 영역 확장형 분쟁관리 방식을 중국이 선호하고 있음을 시사한다. 또 다른 사례는 중국 해경 함정의 반복적인 센카쿠 인근 해역 진입이다. 2012년 이후 중국 해경은 꾸준히 이 해역에 진입하며 일본의 실효적 관리 체계를 흔들고 있다. 일본은 이를 영토 침해로 간주하고 차단하려 하지만, 해경 대 해상보안청이라는 준군사적 대치 속에서 양측은 무력충돌은 피하고 있다. 다만 긴장도는 계속 높아지고 있는데 중국이 군사충돌 없이 해양에서 실질적 영향력 확대를 추구하는 전형적 '회색지대 전술'이다.

여기에 민병대 선박과 어선의 활용 역시 주목할 만하다. 명목상 민간어선이나 민병대 선박을 활용하면 중국은 '민간인 활동 보호'라는 명분 아래 일본을 압박할 수 있다. 일본으로서는 민간 선박을 상대로 강경적인 조치를 취하기 곤란하므로 결국 중국은 비군사적 수단으로 전략적 득점을 쌓아간다.

무력충돌의 문턱을 낮추지 않으면서도 장기간 점진적 현상변경을 추진하는 전략적 설계를 잘 드러낸다.

이 사례들은 중국이 단일한 강압이나 외교 교섭만으로 문제를 풀지 않고 다양한 수단을 혼합해 상황을 관리·조정하고 있음을 보여준다. 이로써 중국이 순간적인 힘의 과시가 아니라 오랜 기간을 두고 질서를 재편하려는 인내심 있는 전략행위자임을 알 수 있다.

| 정책 담론 및 국제적 함의 | 지역 질서, 규범, 거버넌스

동중국해 분쟁이 지니는 국제정치적 의미는 다양하다.

첫째, 지역 해양 질서와 국제 규범 체계에 대한 시험대다. 기존에는 미국의 주도로 법치와 자유항행의 원칙이 비교적 안정적으로 작동했지만, 중국의 회색지대 전략은 기존 질서를 점진적으로 무너뜨리고 있다.[84] 중국은 국제법을 대놓고 부정하지는 않지만, 자신에게 유리한 해석과 실질적 관할 행사를 통해 새로운 해양 현실을 구축해가고 있다.[85]

둘째, 동중국해 문제는 미중 경쟁 속에서 미국 동맹망의 유효성을 가늠하는 지표다. 일본은 미일 동맹을 재확인하며 중국의 공세적 수법을 제어하려 하고, 미국은 이를 통해 역내에서 자신이 여전히 강력한 보증인임을 과시한다.

---

84) Ministry of Foreign Affairs, 2022.9.2. *Implement UNCLOS in Full and in Good Faith and Actively*. https://www.mfa.gov.cn/eng/wjb/zzjg_663340/tyfls_665260/tfsxw_665262/202209/t20220902_10760381.html
85) 国务院新闻办公室, 2017.1.11. 「中国的亚太安全合作政策 (China's Asia-Pacific Security Cooperation Policy)」. https://www.gov.cn/zhengce/2017-01/11/content_5158864.htm

반면 중국은 미국의 개입을 촉발하지 않는 선에서 점진적 이익을 확보하며 미국의 영향력을 약화시킬 가능성을 모색한다.

셋째, 이 분쟁은 가치와 규범 경쟁 측면에서도 중요하다. 일본은 기존의 국제 질서 및 국제법 수호자라는 이미지를 통해 정당성을 확보하려 하고, 중국은 '역사적 불공정의 시정'이라는 서사를 강조하며 대안적 정당성을 구축한다. 그러므로 이것은 단순히 영토문제가 아니라 국제정치적 가치 경쟁의 일부로 기능한다. 궁극적으로 동중국해 분쟁은 누가 해양에서 '규칙'을 정의하고 적용할 권한을 갖는지를 두고 벌어지는 규범 형성 과정의 단면이다.

넷째, 역내 중견국과 제3국들에게 주는 시사점도 크다. 한국, 대만, 아세안 국가들은 동중국해 분쟁의 양상에 주목하면서 자국의 안보·외교 전략을 재조정할 필요가 있다. 중국의 회색지대 전술은 남중국해, 대만해협, 한반도 주변 수역에서도 변용될 수 있기 때문이다. 중견국이 해양이익과 자율성을 유지하기 위해 어떤 정책적 대응을 할지 고민해야 할 문제다. 또한 이 문제는 역내 다자협력 체계 구축에 있어 불확실성을 높이고 군비통제나 해상위기관리에 대한 다자협의를 진전시키기 어렵게 만드는 요인으로 작용한다.

| 결론 | 장기적 불확실성과 전략적 의미

중국은 미국의 사드 배치, 역내 MD 구축, 한일 지소미아GSOMIA 추진, 한미일 3자 동맹 강화, 인도 및 호주와의 군사협력 강화, 아시아판 나토NATO인 쿼드 플러스 추진 등을 모두 미국의 대중국 군사안보 포위망을 위한 것으로 파악했다. 미국의 본격적인 대중 강경정책으로 인해 복잡하고 엄중한 안보적 위협에 직면한 중국은 핵심이익核心利益에 대한 상당한 도전이라는 대외

전략적 인식을 갖게 되었다. 물론 아직까지 중국은 미국과 전면적 군사대결을 벌일 경우 승리할 가능성이 높지 않다는 것을 알고 있다이러한 사고 역시 점차 바뀌고 있다. 때문에 최대한 시간을 두고 역내 지역 분쟁동중국해, 남중국해, 대만해협 등이 발생하지 않도록 미국과의 군사적 긴장과 도발 수위를 적절히 조절한다. 따라서 중국은 '싸우지 않고 이기는不戰勝' 전략을 추진해 왔다.[86] 특히 동중국해 도서지역에 각종 미사일, 방공체계, 전자전, 수상함, 인공위성, 군수 및 병참 능력 등을 점진적으로 강화해 나가며 '굳히기'라는 기정사실 fait accompli 전략을 구사한다. 이렇듯 중국은 궁극적으로 미국과 싸우지 않고 이기는 전략을 전개하지만 미중 전략경쟁이 격화될 경우 전혀 다른 경우의 수도 발생할 수 있다.[87]

동중국해 분쟁은 단기간에 봉합되기 어려운 장기적 난제가 되었다. 중국은 법적·역사적 명분, 해경 활동, 비군사적 강압, 대화 시도, 미국 변수의 관리 등 다양한 수단을 균형 있게 구사함으로써 점진적으로 현상을 변경시켜나간다. 일본은 미국의 지원을 바탕으로 현상을 유지하려는 노력을 강화하고, 해상보안청의 능력을 제고하며, 외교적 경로를 확보하는 것으로 대응하지만 중국의 장기적 압박을 근본적으로 차단하기는 쉽지 않다.

미중 전략경쟁이 어떻게 전개되느냐에 따라 동중국해 분쟁의 강도와 양상은 변할 수 있다. 미중 관계가 극단적으로 치닫게 되면 중국은 더욱 적극적으로 해역을 활용해 미국의 영향력에 도전할 수 있고, 일본은 미국과 긴밀히 공조하여 중국에 맞설 것이다. 반대로 미중 관계가 안정되면 중국은 무

---

86) 시진핑 지도부는 미국의 인도-태평양 전략과 쿼드가 본격화되자 최대한 미국과의 군사적 긴장과 도발 수위를 조절하면서 최대한 시간을 벌면서 직접적으로 싸우지 않고 이기는 전략을 추진하기 시작하였다.
87) Ashley Townshend and others, 2019. Averting Crisis: US Defense Spending, Deterrence and Indo-Pacific (Sydney, Australia: University of Sydney), pp. 17-20.

리한 도발 대신 점진적·장기적 접근을 시도할 것이며 일본도 위기관리와 완화된 타협점을 모색할 것이다.

장기적으로 보면 동중국해 분쟁은 동북아 해양 질서가 어디로 나아갈지를 가늠하는 바로미터가 될 것이다. 중국의 전략은 결과적으로 지역 질서가 힘의 논리에 기울게 할 것이다. 주변국들이 강력한 집단적 대응이나 다자협력을 통해 균형점을 찾아낸다면 중국의 회색지대 전략도 통하지 않을 수 있다. 기술발전, 무인정찰기, 해양감시 능력 향상 등 미래 안보환경의 변화가 이 해역에서의 감시·억제·견제 방식을 재정립할 가능성도 있다. 결국 동중국해 분쟁은 미중 경쟁 시기 동북아 정세의 불안정성을 상징하는 핵심 지점이며 중국이 힘과 법, 역사와 전략, 대화의 제스처와 회색지대 전술을 어떻게 조합하는지를 보여주는 사례다.[88] 이 문제는 앞으로도 지속적인 관심과 연구 대상이 될 것이며 역내 국가들의 외교안보전략 형성에 중요한 참고사항이 될 것이다.

---

88) 国务院新闻办公室, 2012.9. 『钓鱼岛是中国的固有领土』; https://www.09jq.com/fanyi/18649.html; 国务院新闻办公室, 2017.1.11. 『中国的亚太安全合作政策』; https://www.gov.cn/zhengce/2017-01/11/content_5158864.htm 등 문헌 참조.

CHINA HEGEMONY STRATEGY | 중국의 군사안보 전략

3 한반도 핵 문제

| 배경 | 미중 전략경쟁 시대 한반도 핵 문제의 복합성

한반도 핵 문제는 냉전 종식 이후 동북아 안보지형을 뒤흔들며 국제정치 구도 변화에 지속적인 영향을 미쳐온 장기적이고 복합적인 이슈다. 북한의 핵개발 의혹은 1990년대 초반부터 제기되었으며, 1994년 제네바 합의를 거쳐 잠시 해소될 기미를 보였다. 그러나 2000년대 초반 고농축우라늄Highly Enriched Uranium, HEU 프로그램 의혹이 있은 후 2006년 첫 핵실험 강행으로 다시 주요 안보이슈로 떠올랐다.

북한은 김정은 집권 이후 2013년 3월, 경제건설과 핵무력건설을 병행하는 병진노선을 국가 최고 전략으로 채택했다. 김정은은 핵개발에 집중하면서도 남북 및 북미 대화를 병행하는 화전和戰 양면전략을 추진했다. 북한은 그

간 총 6차례에 걸친 반복적인 핵실험과 미사일 발사로 핵·미사일 능력을 고도로 향상시켰다.[89] 결국 2022년 9월 9일, 북한 최고인민회의는 스스로 핵무장 국가임을 선포하고 선제적 핵공격을 허용하는 새로운 전략교리를 담은 법을 통과시켰다. 국제사회는 2024년까지 북한이 적어도 50여 기의 핵무기를 보유하고 있을 거라고 추측한다.[90] 역내 국가들뿐만 아니라 미국 본토까지 위협 범위를 확대시키면서 한반도 문제를 전 지구적 안보 과제로 격상시켰다.

한반도 핵 문제는 단순히 북한의 핵무장이라는 기술·군사적 현상에 그치지 않고 미국과 중국을 비롯한 주변 강대국들의 전략적 이해관계가 교차하는 무대로 나아갔다. 특히 미중 전략경쟁이 본격화된 시기에 북핵 문제는 양국 간 힘의 균형, 역내 영향력 쟁탈전, 제재와 지원을 둘러싼 외교적 협상 카드가 되었다. 북한의 핵개발은 체제 안전 보장과 대미 견제 수단이다. 미국은 이를 억제하기 위해 다양한 외교적·군사적 방식을 강구하지만, 중국은 대화와 완충 역할을 강조하면서도 북핵 문제를 통한 협상력을 확보하려 한다.

중국의 입장은 매우 복합적이다. 중국은 북한의 핵무장을 공식적으로는 반대하면서도 북한 정권의 붕괴나 한반도 통일로 인한 미국의 영향력 확대는 경계한다.[91] 중국은 시진핑 초기 일부 시기를 제외하고는 북한의 비핵화보

---

89) 북한의 6차례 핵실험에 대한 소개는 Wikipedia, 2025. "List of nuclear weapons tests of North Korea": https://en.wikipedia.org/wiki/List_of_nuclear_weapons_tests_of_North_Korea

90) Wikipedia, 2025. "North Korea and weapons of mass destruction": https://en.wikipedia.org/wiki/North_Korea_and_weapons_of_mass_destruction#~:text=North%20Korea%20has%20a%20nuclear,of%20chemical%20and%20biological%20weapons.

91) 중국은 한반도 비핵화에 대한 원칙적 입장과 한반도 정세 안정에 대한 강조를 다수의 공식 발언을 통해 표명해왔다. 예를 들어, 2023년 7월 13일 중국 상임유엔대표 장쥔(张军) 대사는 유엔 안보리 회의에서 "중국은 한반도 비핵화와 평화·안정 유지에 일관되게 노력한다"고 강조. 참조: 张军, 2023.7.14.「张军阐述中国在朝鲜半岛问题上的立场」: https://tech.ifeng.com/c/8RPdb4Sv9Ph

다는 한반도 안정을 더 우선시하였고 대화를 통한 해결을 줄곧 주장해왔다. 동시에 북한 정권의 연명을 위한 외교적·경제적 지원도 해 왔다. 중국은 북한 핵 문제를 해결하기보다는 대미 협상의 지렛대로 활용하고자 했고, 중국의 역할을 미국으로부터 인정받는 등 일정 정도 성과를 보았다. 중국의 이중적 태도는 중국이 한반도를 전략적 완충지대로 간주하기 때문이다. 비핵화와 한반도 안정이라는 명분 아래 사실상 현상관리와 단계적 접근을 추구하는 근거가 된다. 미중 경쟁이 심화되면서 한반도에서 핵 문제가 해결될 가능성은 더욱 희박해졌다. 왜냐하면 중국은 미국의 압박에 순응해 전면적인 대북압박을 감행할 유인이 낮고, 미국 역시 중국의 안보이익을 충분히 배려하지 않는 한 북핵 문제에서 중국의 협조를 이끌어내기 어렵기 때문이다. 북한에 대한 압박 수단도 느슨해지고 있다. 2019년 하노이 미북 정상회담의 결렬 이후 북한은 완전한 핵무장의 길로 정책을 선회하였고 그 성공을 알렸다.

본 장에서는 복합적 상황 속에서 한반도 핵 문제의 전개 상황과 중국이 어떤 전략을 구사하며 국제정치 질서에 어떤 역할을 하는지 심층 분석한다. 우선 현황을 조망하고 이어 중국이 행사하는 다양한 정책수단과 전략적 기법을 분석한다. 이후 대표적 사례를 통해 중국의 역할을 구체적으로 살펴본 뒤 국제정치적 의미와 정책 담론을 종합적으로 논의한 후 장기적 전망을 제시할 것이다.

| 현황 | 비핵화 교착과 다자협상 틀 약화

현재 한반도 핵 문제는 장기적인 교착국면에 접어들었다. 2000년대 중반 6자회담이라는 다자협상의 틀이 출범해 일시적인 진전을 이뤘으나 결국 합

의 이행에 실패하고 상호 불신이 심화되면서 2009년 이후 사실상 중단되었다. 이후 북한은 핵실험과 미사일 발사 빈도를 높이며 전술·전략적 핵능력을 지속적으로 강화했다. 2017년 6차 핵실험은 이전 실험들보다 훨씬 강력한 위력을 보였으며, ICBMIntercontinental Ballistic Missile, 대륙간탄도미사일 시험 발사를 통해 미국 본토까지 타격할 가능성을 보여줌으로써 북핵 문제를 지역 한정 이슈가 아닌 글로벌 안보 위협으로 격상시켰다.

이에 대응해 미국은 강력한 제재와 외교적 압박을 가하면서도 일정 시기에는 정상회담 등 직접적인 대화 시도를 통해 돌파구를 모색했다. 2018년 이후 미북 정상회담과 남북정상회담이 진행되면서 잠시나마 긴장이 완화되는 분위기를 조성했으나, 2019년 하노이 미북 정상회담 결렬 이후 비핵화 협상은 교착상태에 빠졌다. 북한은 이후 국제사회가 제안한 단계적 비핵화 조치를 수용하지 않고, '새로운 길'을 언급하며 핵·미사일 개발에 몰두하였다. 현재 60~70여기의 핵무기 역량을 가진 것으로 추정한다.

중국은 북핵 문제 현황을 복합적으로 바라본다. 중국은 한반도 비핵화 원칙을 견지하지만 한반도의 긴장 격화나 북한 정권의 붕괴를 원치 않는다. 미국이 대북압박을 강화할수록 북한이 극단적 선택을 할 가능성이 있고, 그럴 경우 중국에게는 안보적으로 부담이 된다. 중국은 제재 결의에 찬성하며 국제사회의 책임 있는 강대국 이미지를 유지하지만 제재 집행 과정에서는 북한 체제를 완전히 고사시키지 않는 선에서 조절한다. 이를 통해 북한을 중국의 영향권 안에 묶어두고 미국이 요구하는 '완전한 압박' 노선을 실질적으로 제한하는 방식으로 레버리지를 확보한다.

러시아, 일본, 한국 등 역내 행위자들도 각각 자국의 이익에 따라 행동한다. 일본은 직접적인 안보 위협으로 북핵 문제를 인식하며, 한국은 생존문제로 접근한다. 러시아는 북핵 문제에 영향력을 발휘할 수 있는 보조적인 무대가 된다. 이 모든 이해관계자의 복잡한 상호작용 속에서 한반도 핵 문제는 단순히 비핵화-핵무장이라는 이분법적 구도가 아니라 안보, 경제, 외교적 수단이 복합적으로 결합하는 전략경쟁이 된다.

미중 전략경쟁이 심화된 현 시점에서 북핵 문제는 더욱 해결이 어려워질 전망이다. 중국은 러시아에서 개최된 2025년 5월, 제2차 세계대전 전승절 기념식에 참석하여 러시아와 더불어 북한에 대한 제재를 해제하라는 공동성명에 합의하였다.[92] 미중 전략경쟁은 북한의 핵무장에 더할 나위 없는 우호적인 환경을 조성했다. 북한은 어느 국가들보다 먼저 국제정치가 신냉전의 국면으로 접어들었음을 공식적으로 인정하였다. 미국과의 전략경쟁이 북한의 핵무장과 핵확산 이슈보다 더 중요한 우선순위를 갖게 된 것이다. 미국은 인도·태평양 전략을 앞세워 중국을 견제하기 시작했고, 중국은 미국이 주도하는 질서에 맞서 다자주의와 지역 협력 방식을 통해 대안적 프레임을 제시한다.[93] 이 틈바구니 속에서 북한은 핵능력을 기정사실화하며 협상력을 극대화하려 한다. 결국 비핵화 협상은 장기적이고 구조적인 교착 상태가 지속되는 복잡한 국제정치 구도 속에서 쉽게 해결되지 않을 것이다.

| **중국의 전략** | 완충, 중재, 단계적 접근

한반도 핵 문제에 대한 중국의 대응 방식은 크게 네 가지 특징으로 요약할

---

92) 신경진, 하수영. 2025. 5. 9. 시진핑·푸틴 "대북 제재 포기해야" …비핵화는 쏙 뺐다 (중앙일보): https://v.daum.net/v/20250509003144328

93) 중국 정부는 아·태 지역 다자주의·지역 협력 강조. 예:「中国対亚太安全合作的政策」(2017) 백서: https://english.www.gov.cn/archive/white_paper/2017/01/11/content_281475539078636.htm

수 있다.

첫째, 중국은 한반도 문제에서 외교적 의제설정과 중재자의 역할을 수행한다.

6자회담 개설 시기 중국은 미국과 북한 사이에서 균형을 잡는 중재자로 활약했고 이후에도 줄곧 대화를 통한 문제 해결을 강조했다. 중국이 자국의 영토와 인접한 지역에서 분쟁이 격화되는 것을 피하고 대화에 참여함으로써 국제적 의사결정 과정에서 자신을 필수행위자로 자리매김하려는 의도가 담겨 있다.

둘째, 중국은 '쌍중단'과 '쌍궤병행' 등 고유한 프레임을 제안한다.[94]

쌍중단은 북한 핵·미사일 활동과 미한 연합군사훈련을 동시에 중단하자는 제안이고, 쌍궤병행은 비핵화 협상과 평화 체제 구축 논의를 병행하여 추진하자는 방안이다. 이 프레임은 중국이 북한에만 비핵화를 압박하는 것이 아니라 미국과 한국 역시 군사적 긴장 완화를 통해 북한에 상응한 조치를 제공할 것을 요구함으로써 협상의 균형점을 찾자는 것이다.

셋째, 중국은 제재와 지원을 병행하는 방법을 통해 대북 레버리지를 확보한다.[95]

중국은 UN의 대북제재 결의에 찬성하면서도, 제재 집행의 수위를 일정하게

---

[94] 중국 외교부는 2017년부터 '쌍중단'(북한 핵·미사일 활동 중단 + 미한 군사훈련 중단) 및 '쌍궤병행雙軌幷行' 제안. 중국 외교부 대변인 발표(2017.3.8), CCTV 보도(2017.3.27): https://news.cctv.com/2017/03/27/ARTIUh7gUd8wtKClLTQnZH1Q170327.shtml

[95] 중국은 유엔 대북제재 이행에 참여하면서도 대북 무역·경제 교류를 일정 부분 유지하는 정책을 취한다. 중국 상무부 통계자료에 따르면 제재 하에도 일정량의 교역 지속이 확인되며, 중국이 북한에 대한 경제적 영향력을 통해 레버리지를 확보하려는 의도와 연결된다. 참조: 商務部亞洲司, 2023.8. 「2022年1-12月中國与亞洲國家（地區）貿易統計」, http://images.mofcom.gov.cn/yzs/202308/20230818102159647.pdf. 또한 유엔안보리 제재이행 보고서(UN Security Council Sanctions Implementation Reports) 참조: https://www.un.org/securitycouncil/sanctions/1718/implementation-reports

관리해 북한 체제가 완전히 몰락하지 않도록 막는다. 이렇게 함으로써 중국은 북한에 대한 경제적 영향력을 유지하고, 북한이 중국을 우회한 독자적 생존전략을 마련하지 못하도록 한다. 동시에 미국이 원하는 대로 중국이 전면적 압박을 가하지 않음으로써 미국에 대가를 요구할 협상공간을 확보한다. 그러나 중국의 대북정책은 현재 변화중이다. 2025년 5월, 러시아 전승절 기념행사에서 시진핑 주석이 푸틴과 만나 북한의 대북제재 해제를 요구했다는 것은 대단히 중요한 변화의 신호다. 향후 북한의 핵무장과 관련한 UN 제재 레짐은 유명무실화되고, 북한의 핵무장을 억제할 국제적인 역량은 거의 없어졌다고 해도 과언이 아닐 것이다.

넷째, 미중 경쟁이라는 거시적 구도 속에서 북핵 문제를 활용한다.

중국은 북핵 문제를 미국과의 지전략적geo-strategic 거래를 모색할 수 있는 카드로 간주한다. 미국이 중국을 지속적으로 압박한다면 중국은 북핵 문제 해결에 협조할 수 없다는 신호를 보내며, 미국이 일정한 양보나 중국의 안보이익을 고려할 경우 북핵 문제 해결을 지원할 수 있다는 뜻이다. 중국이 한반도 핵 문제를 단지 '비핵화'만을 목표로 접근하는 것이 아니라 중재자, 균형자, 협상가로서 다면적인 전략을 펼치고 있음을 보여준다. 궁극적으로 중국이 한반도 질서 재편 과정에서 지속적 영향력을 행사하고 미중 경쟁시대에 아시아 전략 환경을 그들의 통제 가능한 범위 안으로 묶으려는 장기적 포석과 연결된다.[96]

---

96) 중국 국방백서 등에서 한반도·아시아 지역 안보환경에 대한 중국의 장기 전략적 구상이 포괄적으로 제시되어 있다. 예를 들어 『新时代的中国国防』(2019) 백서는 중국이 지역 안정과 평화 질서 유지를 중시한다는 점을 강조하고 있는데, 미중 경쟁시대에 아시아 전략환경 관리 의도와 맞닿아 있다. 참조: 中华人民共和国国防部, 2019.7.24. 「新时代的中国国防」, http://www.mod.gov.cn/gfbw/fgwx/bps/index.html

| 대표 사례 | 6자회담 성공과 실패, 그리고 대북제재 변화 추이

중국의 전략을 구체적으로 살펴보기 위해 몇 가지 사례를 들 수 있다.

하나는 6자회담 초기 단계에서 중국의 중재자 역할이다. 2003년 6자회담이 시작되었을 때 중국은 미국-북한의 불신이 극심한 상황에서 양측의 양보를 이끌어내는 중립적 중재자로 행동했다. 특히 2005년 9.19 공동성명 도출 과정에서 중국은 막판까지 접점을 찾기 위해 다양한 중재안을 제시하며 한반도 비핵화와 북미 관계 정상화 방향을 명시하는 공동성명을 이끌어냈다. 비록 이후 합의 불이행으로 회담은 중단되었지만 당시 중국의 외교 행위는 다자협상 공간에서 중국이 보여줄 수 있는 긍정적 기여 모델이었다.

또 다른 사례는 북한 핵실험 강화 국면에서 중국의 제재 동참 양상이다. 2016~2017년 북한이 연속적 핵실험과 ICBM 발사로 긴장을 고조시키자 UN 안전보장이사회는 역대 가장 강력한 대북제재 결의를 채택했다. 중국은 이 결의에 찬성하며 석탄, 철광석, 수산물, 섬유 수출입 통제 등 전례 없는 수준의 제재에 동참했다. 이를 통해 중국은 국제사회에서 책임 있는 역할을 수행하는 모습을 보이며 미국이 원하는 '압박 전략'에 일정 부분 부응했다. 그러나 실제 제재 이행 과정에서 중국은 북한 경제에 완전한 치명타를 가하기보다는 일정한 숨통을 유지시켜 주는 방향으로 조정했다. 중국이 북핵 문제를 통해 미국이 주도하는 압박정책을 무조건 추종하지 않으며, 상황을 관리하면서 협상력을 키웠음을 보여준다.

2018~2019년 시기 북중 정상회담 재개도 주목할 만하다. 김정은 위원장은 미국과의 정상회담을 통해 돌파구를 모색하던 와중에도 중국과의 전략적 소통을 강화했다. 시진핑 주석과의 연속 회담을 통해 북한은 중국을 후원자로 재확인했으며, 중국은 북한을 통해 한반도 정세 변화에 대한 주도권 유

지의 발판을 마련했다. 하노이 회담 결렬 이후 북미 대화가 교착되었을 때도 중국은 북한에 대한 인도적 지원 가능성을 열어두고 무역을 재개함으로써 북한이 완전한 고립 상태로 빠지지 않도록 했다. 이로써 중국은 비핵화 협상 자체는 실패했지만 한반도 정세 안정화에 관여할 능력을 유지하게 되었고, 미국과의 전략경쟁 국면에서 한반도 변수를 자신의 협상 자산으로 보유하게 되었다.

| 정책담론 및 국제적 함의 | 다자주의, 거버넌스, 가치 경쟁 교차점

한반도 핵 문제는 지역 분쟁에 그치지 않고 국제적 정책 담론과 거버넌스 구축, 그리고 가치 경쟁의 장으로 확대되었다. 이 문제를 둘러싸고 다양한 시사점과 함의가 도출된다.
첫째, 다자주의 및 지역 협력 거버넌스에 관한 함의다. 6자회담은 다자주의를 통한 북핵 문제 해결의 상징적인 사례였으나 실패로 돌아갔다. 그럼에도 불구하고 중국이 대화를 강조하는 이유는 다자 틀 재건 가능성을 열어두기 위함이다. 이 과정에서 중국은 중재자·촉진자로서의 역할을 모색한다. 국제사회에 다자적 접근이 필요함을 상기시키며 향후 역내 다자안보협력 체제 구축이나 대화재개 시 중국이 다시 핵심 역할을 할 근거를 마련한다.
둘째, 비핵화 과정에서 제재와 지원, 안전보장, 경제협력, 평화 체제 구축이라는 복합적 요소를 함께 거론하면서 국제적 핵 확산방지 레짐과 지역안보 거버넌스 논의에도 영향을 미친다. 한반도 핵 문제는 단순히 불량국가의 핵 개발 문제로 폄하하기 어려우며 강대국 간 전략경쟁, 체제 안전, 지역경제 발전 문제를 아우르는 종합안보 이슈가 되었다. 기존 NPT 체제나 국제원자력기구IAEA 검사 체제만으로 문제를 해결하기 어렵다는 점을 보여주며, 정치·경제·안보 요소를 통합한 새로운 협력메커니즘의 필요성을 부각시킨다. 셋째, 한반도 문제의 가치 경쟁 차원에서 한반도 핵 문제는 미국 주도의 규범체계와 중국이 제안하는 대안적 질서 모델의 충돌을 내포한다. 미국은 북한의 비핵화를 통해 기존의 비확산 규범과 동맹 네트워크의 정당성을 유지하려 한다. 그러나 중국은 평화 체제 구축과 상호안전보장을 강조하며 '단계적, 동시적' 접근을 통해 새로운 협상 모델을 제시한다.[97] 국제정치에서 가치경쟁과 안보이익이 뒤섞인 복잡한 양상으로 나타나며 한반도 핵 문제는 이것의 실질적 사례다.

넷째, 역내국 관점에서 북한 핵 문제는 대규모 갈등을 피하면서 자국의 이익을 극대화하는 외교술을 시험하는 장이다. 한국으로서는 생존 문제이며, 중국 입장에서는 완충지대 유지와 미국의 영향력을 최소화할 수단이다. 일본은 자국의 안보력 강화와 미국과의 협력 강화를 노릴 수 있고, 러시아는 추가적 외교 레버리지 획득을 목적으로 한다. 각국은 자신의 이익에 따라 북핵 문제에 접근하기 때문에 문제 해결은 더욱 어렵지만 만약에 모두를 만족시키는 복합적 합의를 도출한다면 새로운 지역안보 거버넌스 질서를 창출할 수도 있다.

다섯째, 미중 경쟁시대에 북핵 문제는 양국이 서로를 견제하고 협상하는 지렛대였다. 특히 미국은 중국이 북한에 대해 진정한 압박을 행사하도록 촉구했는데 중국은 미국이 중국의 안보이익을 존중할 경우 북핵 문제 해결을 도

---

97) 중국 정부는 '분단계·동시적(分阶段、同步走)' 접근을 통한 한반도 비핵화와 평화 체제 구축을 공식적으로 주장해왔다. 예를 들어, 2018년 4월 5일 국무위원 겸 외교부장 왕 '무핵화 목표와 평화 체제 구축을 동시추진(双轨并进)'하는 구상을 재확인한 바 있다. 王毅, 2018.4.5.「坚持实现半岛无核化与建立半岛和平机制'双轨并进'」. https://www.gov.cn/guowuyuan/2018-04/05/content_5280122.htm

울 수 있다는 메시지를 보냈다. 이렇듯 북핵 문제는 한반도 한정 이슈가 아닌 미중 관계 전반을 좌우하는 전략적 변수였다. 그러나 이 의제의 중요성은 2025년 시진핑이 푸틴과 합의함으로써 극적으로 감소되고, 경쟁의 주요 의제에서 탈락하였다.

| 결론 | 장기적 불확실성과 전략적 인내의 필요성

최근 우크라이나와 중동 사태가 발발한 이후 미중 전략경쟁 격화로 인해 유라시아 끝자락에 위치한 대만해협과 한반도가 군사충돌 가능성이 가장 높은 지역으로 부각되었다. 시진핑 지도부는 중국을 유라시아 지역 핵심 국가로 자리매김하고 있다. 미국의 주도로 나토와 인도-태평양 전략을 연계시켜 우크라이나-중동-대만-한반도 문제에 개입하고, 중국과 러시아의 협력을 약화시키려는 것에 대해 모두 매우 위험한 대중-대러 전략이라며 강하게 반발하고 있다. 이로 인해 중러관계는 역사상 가장 가까운 전략적 안보-경제 협력관계를 구축하였으며 시진핑 주석과 푸틴 대통령은 미국과 서방 국가들이 추진하는 대중-대러 포위 강경 전략에 공동으로 적극 대응해 나간다는 입장을 밝히고 있다. 결국 한반도 핵 문제는 단기간 내 해결이 어려운 장기적 과제로 오랜 불확실성과 교착 상태가 불가피하다. 향후 한반도의 안보 위기는 더욱 고조될 가능성이 높다.

북한은 핵능력을 체제 안전 보장의 핵심수단으로 택했다. 미국은 CVID완전하고 검증가능하며 불가역적인 비핵화를 요구하지만 상호 불신과 완전히 상충되는 이익 구조 속에서 협상의 진전은 쉽지 않다. 중국은 이 복잡한 구도 속에서 단순히 비핵화를 압박하기보다는 대화 재개, 상응조치 모색, 제재·지원 병행, 다자 틀 재구축 등을 통해 한반도 정세를 관리하는 데 주력한다. 북중 관계는 과거 북핵 문제로 다소 불편한 우여곡절을 겪었다. 그러나 미중 전략경쟁이 점차 격화되면서 2018년 김정은 위원장이 중국을 세 차례 방문하고, 2019년 6월에는 시진핑 주석이 평양을 방문하며 과거의 불편했던 사이를 정리하고 사회주의를 공유한 전통적 특수 관계를 복원시켰다.

그러나 최근 한국 윤석열 정부의 대미 경사와 한미일 안보 협력의 강화, 북러 간 상호 군사적 지원을 담은 2024년 북러조약 발효, 북한의 우크라이나 전선 파병 문제 등으로 중국은 한반도 안정문제를 보다 심각하게 인식하게 되었다. 그간 중국은 한반도 문제에 3방防원칙을 주장해왔다. 즉 ①한반도에서의 군사충돌 반대, ②한반도의 핵무장화 반대 ③한반도의 냉전장 방지가 그것이다. 그리고 이를 실행하기 위한 수단으로서 2온穩을 내세웠다. 즉 ①북한과의 관계 안정으로 새로운 핵실험과 도발 방지, ②한중 관계를 안정시켜 윤석열 정부의 미국편향을 방지하려는 노력이 그것이다. 그러나 중국 당국의 대한반도 정책은 어려움에 직면하였고, 특히 북러 간의 군사적 밀착은 중국 입장에서는 달가운 일이 아니었다. 시진핑 주석은 이에 대해 2024년 11월, 페루에서 개최된 APEC에서 바이든 대통령과의 양자회담 중 "한반도에서의 충돌과 혼란이 중국의 핵심이익을 위협한다"는 언명을 하기에 이르렀다.[98] 중국에게 한반도의 지위는 중대이익 지역이었으나 중국 최고지도자가 공식석상에서 한반도 관련 핵심이익을 언급한 것은 최초이다.

장기적 관점에서 비핵화 협상이 정체될 경우, 북한은 핵전력의 현대화와 다양한 발사 수단 개발을 통해 사실상의 핵보유국 지위를 강화하려 할 것이

---

98) 조인영, 2024. 11. 17. 시진핑 "한반도 충돌·혼란 불허… 中 핵심이익 위협 좌시 안 해"(데일리안): https://v.daum.net/v/20241117121759051

다. 역내 안보 딜레마를 심화시키고 한국과 일본 등 주변국의 군사력 강화와 미사일 방어체계 확충을 촉발시켜 동아시아의 안보환경을 불안정하게 한다. 이에 대해 중국은 한반도 비핵화를 장기적인 목표로 설정하되 폐기하지는 않을 것으로 보인다. 당장은 한반도의 긴장 완화와 안정을 유지·관리하려 할 것이다.

향후 시나리오 중 가장 낙관적인 것은 미중이 북핵 문제에 대해서 협력하는 것이다. 미국이 일부 제재 완화나 북미 연락사무소 개설, 종전선언 등 상징적 조치를 통해 북한을 협상 테이블로 복귀시키는 방식이다. 미국이 새로운 대북정책을 모색할 경우 중국은 이를 지지하면서, 북핵 문제에 대한 긍정적 돌파구를 이끌어내려 할 것이다.

두 번째 시나리오는 미중 경쟁의 가열로 미국이 중국에 대한 압박을 유지하는 가운데 북한이 추가 핵·미사일 시험으로 정세를 악화시키는 경우다. 이때 중국은 제재 이행은 준수한다고 하면서도 북한과의 관계를 개선하면서 미국에 대한 압박 카드로 활용하려 할 것이다.

세 번째 시나리오는 미중 전략경쟁과 관계없이 중국이 한반도의 안정을 위해 적극 개입하는 것이다. 이 경우, 중국은 남북한 간의 균형자로서 영향력을 확대하는 것을 최우선의 목표로 할 것이다. 중국의 국력이 강화될수록 중국은 동북아에서 주도권을 확보하려 할 것이다.

북핵 문제 해결을 위한 완벽한 해법은 쉽게 제시하기 어렵다. 중국은 이 문제를 통해 자국의 이익을 극대화하고 역내 질서를 관리하는 수단을 이용할 것이다. 시진핑의 한반도 관련 핵심이익 언급은 중국의 적극적인 개입 의지를 방증하는 것이다. 미중 전략경쟁 시대에 한반도 핵 문제는 단순 비핵화를 넘어 국제 질서의 변동, 다자협력 가능성 탐색, 가치 경쟁의 전개 양상을 압축적으로 담아낸다. 복합성은 문제 해결을 어렵게 만들지만, 동시에 수많은 행위자가 서로 협상하고 타협하는 공간이 될 수도 있다.

결론적으로, 한반도 핵 문제는 장기적 관점에서 안정적 관리와 점진적 진전이라는 두 가지 과제를 동시에 필요로 한다. 중국은 대화 재개와 단계적 접근을 통해 상황을 안정시키고 필요할 경우 미중 관계 변동에 따른 협상력을 확보할 것이다. 비록 완전한 비핵화가 쉽지 않고 미중 경쟁 심화로 해결 여건이 더욱 어려워졌더라도 한반도라는 전략적 완충지대를 유지하려 할 것이다. 한반도 핵 문제가 단순히 당사국만의 갈등이 아니라 변동하는 국제정세 속에서 강대국과 지역국이 함께 구도화해야 할 전략적 과제이기 때문이다. 해결을 위한 장기적 인내와 다자적 노력, 상호양보를 통한 합의 가능성은 여전히 포기할 수 없다.

CHINA HEGEMONY STRATEGY | 중국의 군사안보 전략

4   러시아-우크라이나 전쟁

| 배경 | 전환기 국제 질서 속 중국의 복합적 대응 전략

러시아-우크라이나 전쟁은 21세기 국제 질서 재편의 중요한 분기점으로 평가될 수 있다. 2022년 2월, 러시아의 우크라이나 침공은 유럽 안보구조를 흔들었고 미중 전략경쟁 구도의 새로운 양상을 불러일으켰다. 특히 중국에 대한 관심이 집중되었다. 그동안 중국은 미국이 주도하는 세계 질서에 도전하며 점진적으로 영향력을 확대해 왔으나, 직접적인 무력충돌은 피하고 경제·외교·기술·제도적 수단을 활용하는 전략적 접근을 선호해 왔다.[99] 그러나 러시아의 일방적 무력사용은 중국에게도 난제였다. 중국은 전통적으로 영토주권과 불간섭 원칙을 외교적 기조로 내세우고 있어, 러시아의 침공을 공개적으로 지지하기 곤란한 상황에 놓였다. 동시에 중국은 러시아와의 전략

적 파트너십을 발전시켜온 만큼 서방과 함께 제재 대열에 합류하기도 어려웠다. 이로써 중국은 딜레마에 봉착하게 되었다.

미중 경쟁이 심화되는 국면에서 우크라이나 위기는 중국이 국제분쟁에 어떻게 대응하고, 자국의 이익을 극대화하며, 미국-유럽-러시아의 역학관계를 어떤 식으로 재해석하고 활용할지 드러내는 시험장이 되었다. 전쟁 초기 중국은 러시아에 대한 직접적 비판을 자제하고 서방의 제재에도 불참했다. 그러나 동시에 우크라이나의 영토주권 존중을 표명하는 이중적 태도를 보였다.

중국 내부에서는 러시아와의 전략적 연대를 중시하는 북경 중심의 안보라인과 미국과의 파국을 우려하고 경제를 중시하는 상해 중심의 실리파 사이에 논쟁이 활발했다. 전쟁이 장기화하면서 중국은 이들의 논리를 결합하여 정교한 전략을 구사하기로 했다. 중국은 '합리적 안보 우려'라는 표현으로 러시아 측의 논리를 일부 수용하는 한편 기권외교와 인도적 지원, 평화협상 프레임 제시 등 다양한 수단을 병행하며 국제사회의 시선을 의식했다.

여기서는 중국의 대응을 분석하여 러-우 전쟁 상황에서 중국이 취한 전략적 메커니즘과 정책 행보, 그리고 그 국제적 의미를 다차원적으로 고찰한다. 미중 전략경쟁 시대에서 중국의 이중적 대응은 단순히 특정 지역분쟁에 대한 반응이 아니라 자국에게 유리한 외교 공간을 확보하고, 서방이 주도하는 질서의 허점을 파고들며, 향후 국제 규범과 거버넌스 경쟁에서 주도권을 확보하려는 장기적 전략적 선택이다.[100] 궁극적으로 중국의 이 대응을 통해 미래

---

99) 国务院新闻办公室, 2019.7.24. 『新时代的中国国防』: http://www.xinhuanet.com/politics/2019-07/24/c_1124791816.htm. 이 백서에서는 중국이 군사적 충돌을 회피하고 평화적 발전, 경제·외교적 수단 활용을 강조하고 있음.

100) 国务院新闻办公室, 2023.9.26. 『携手构建人类命运共同体:中国的倡议与行动』(中国政府网): https://www.gov.cn/zhengce/202309/content_6906335.htm. 이 문건은 중국이 국제 규범 및 거버넌스 체계를 개선하고 주도권을 확보하고자 하는 장기 전략적 의도를 천명하고 있음.

국제 질서에서 중국이 어떤 역할을 자임할 것인지, 그리고 이로 인한 동아시아 및 글로벌 차원의 구조적 변화를 어떻게 예측할 수 있는지에 대한 시사점을 도출하고자 한다.

| 현황 | '원칙적 중립'과 실질적 편향 사이 줄타기

전쟁 발발 이후 중국은 표면적으로는 '원칙적 중립'을 내세웠다. 중국 지도부는 우크라이나의 영토주권을 존중해야 한다는 원칙론을 강조하면서도 러시아를 규탄하지 않았고 서방의 제재에도 가담하지 않았다. 러시아에 대한 문턱 낮은 지지 형태로 간주될 수 있다. 동시에 중국은 유엔 등 다자무대에서 주로 기권을 선택하여 러시아를 노골적으로 옹호하지는 않으면서 서방 편에도 서지 않는 '회색지대' 전략을 구사했다.

중국의 행보는 국제사회의 복합적 반응을 불러일으켰다. 서방 국가들은 중국이 사실상 러시아를 지지한다고 비판했다. 러시아산 에너지, 식량, 원자재를 저렴하게 수입함으로써 러시아 경제를 간접적으로 지원하고 제재 공조를 거부하여 러시아의 고립을 완화시켜주었다는 것이다. 반면 중국은 일방적인 제재 관행을 비판하고 인도주의 지원과 평화협상 촉구를 통해 책임 있는 강대국 이미지를 구현하고자 했다. 전쟁이 장기화되자 중국은 "우크라이나 위기의 정치해결에 관한 중국 입장"이라는 문건을 발표하며 외교적 중재자 이미지를 구축하려 했다.[101]

국제정치의 복잡한 체계 속에서 중국은 이 국면을 미중 경쟁의 틀에서 재해석하려 했다. 러-우 전쟁은 유럽 안보 질서의 변화를 촉진하고, 미국이 다시금 유럽에서 영향력을 강화하는 계기가 되었다. 중국 입장에서는 불리할 수도 있었으나 전쟁이 장기화되면서 미-유럽 사이의 균열이 커졌다. 중국은 우-러 전쟁을 유럽의 자율성 문제와 연결시켜 자국이 유럽과 새로운 형태의 관계를 구축할 여지를 모색하기로 했다. 미국 우선주의를 강조하는 트럼프의 등장으로 우-러 전쟁의 결말에 대한 서방의 우려가 커지게 되었다. 안보비용 증대에 대한 압박과 더불어 유럽 안보의 희생으로 우-러 전쟁이 종결된다면 미-유럽 관계는 크게 손상을 입을 것이다. 유럽이 미국에 지나치게 예속되지 않고 자율적 외교정책을 추구하도록 유도한다면 미중 경쟁 구도에서 중국은 차기 국면을 유리하게 끌고 갈 수 있다.[102]

대외적으로는 인도주의적 지원, 평화 중재 강조, 군사적 지원 회피를 통해 국제적 비난을 최소화하려 노력하고, 국내적으로는 자국민에게 서방 중심의 질서가 불합리함을 강조했다. 중국은 미국이 주도하는 동맹 네트워크의 문제점을 보여주는 사례로 러-우 전쟁을 해석하려 한다. 동시에 개도국, 중견국 등 글로벌 남반구 국가들을 대상으로 "서방 제재에 동참하지 않고 대안을 모색하는" 국가로 중국의 위상을 부각시킴으로써 다극화 흐름 속에서 자신의 매력을 제고하는 노선을 취하고 있다.

이처럼 모든 현황을 종합하면, 중국의 대응은 하나의 선명한 노선이 아니라 복수의 메시지를 병렬적으로 배열한 복합적 전략이다. 겉으로는 원칙과 중립을 내세우나 실질적으로는 러시아를 포기하지 않고, 서방 제재 질서에 들어가지 않으면서 평화중재·인도지원·합리적 안보우려 인정 등의 다층적 접

---

101) Ministry of Foreign Policy, 2023.2.24. China's Position on the Political Settlement of the Ukraine Crisis (中国驻印度大使馆): http://in.china-embassy.gov.cn/eng/zgxw/202302/t20230224_11030713.htm. 해당 문건은 우크라이나 위기 해결에 있어 중국의 중재적·건설적 역할을 강조하고 있음.

102) 中国政府, 2014.4.2. 『深化互利共赢的中欧全面战略伙伴关系——中国对欧盟政策文件』(中国政府网): https://www.gov.cn/xinwen/2014-04/02/content_2651490.htm. 이 문건에서 중국은 유럽의 자율성과 독립된 외교정책 추구를 지지하며, 이를 통해 국제정치 다극화를 도모하는 전략적 의도를 시사하고 있음.

근을 통해 국내외의 이해관계를 절충시키는 모습이다.

| 중국의 전략 | 복합적 외교도구와 신중한 위상 관리

중국의 대응 전략은 다섯 가지 차원에서 작동한다.

1 외교 레토릭과 안보우려 합리화

중국은 러시아의 침공을 지지하지 않으면서도 러시아가 나토 확장과 서방 압박을 안보위협으로 느낀다는 점을 '합리적 우려'로 표현하여 부분적 공감 신호를 보냈다. 이를 통해 중국은 러시아의 편에 선 것처럼 보이지 않으면서, 서방에 대한 비판적 입장을 우회적으로 드러낸다. 동시에 중국은 러시아와의 전면적인 안보협력은 지양하면서 전후 유엔 중심 질서의 핵심인 주권존중과 영토보존 원칙을 들어 러시아를 견제하였다. 중국은 우-러 전쟁이 국지전 형태가 아닌 전면전쟁으로 비화하는 것을 방지하는 데 중요한 역할을 한 것으로 보인다. 중국은 유엔 체제가 강조하는 주권과 영토 존중 원칙을 일관되게 지지하여 러시아를 압박하였다. 유럽 안보문제를 구조적으로 해석하고 단순 침략행위라는 서방의 프레임을 복잡하게 만들면서 상황을 관리하는 데 일조하였다.

2 인도주의와 평화중재 프레임

중국은 인도적 지원, 민간인 보호 촉구, 평화협상의 필요성 강조 등을 통해 도덕적 정당성을 확보하려 한다.[103] 전쟁 종식을 위한 '상호 대화 재개'나 '모든 당사국의 합리적 입장 반영' 등 두루뭉술한 표현을 활용해 중국이 갈등 해결 과정에서 건설적 기여를 할 수 있음을 시사한다. 평화중재 프레임으로 중국은 책임 있는 대국의 역할을 한다는 이미지를 형성하려 한다.

3 국제기구에서의 기권전략과 제재 불참

중국은 유엔 총회에서 열린 러시아에 대한 규탄 결의안 표결에서 기권을 택함으로써 러시아를 두둔하지도 서방측에 가담하지도 않는 미세한 균형을 추구했다. 이 기권외교는 중국이 "특정 진영에 속하지 않는다"는 메시지를 전달했다. 서방 제재의 공조에 참여하지 않고 러시아산 에너지를 수입하는 등, 일부 부문에서 경제협력을 유지해 러시아의 경제적 숨통을 틔워주었다. 국제 경제 질서의 변화 속에서 중국이 대안적 거래상대를 확보하고 제재 자체를 비판함으로써 향후 국제 제재의 프레임에 대한 도전 기회로 삼는 전략이다.

4 장기적 러중 협력 심화

러시아가 국제 제재로 유럽 시장에 대한 접근이 어려워질수록 중국은 할인된 러시아산 원유와 천연가스를 안정적으로 확보하는 이익을 얻었다. 또한 식량, 광물자원 등의 분야에서도 러시아에 대한 영향력을 키웠다. 무기지원 같은 극단적 행동은 피하면서 경제·에너지 협력으로 대러 지렛대를 확대하는 방식이다. 이를 통해 중국은 러시아가 서방으로부터 고립될수록 자신에게 기댈 수밖에 없는 관계를 형성하며 장기적 전략자산을 축적했다.

---

103) 国务院新闻办公室, 2021.1.10. 『新时代的中国国际发展合作』(中国政府网): https://www.gov.cn/zhengce/2021-01/10/content_5578617.htm. 이 백서에서 중국은 인도주의 지원 확대, 평화적 해결 강조, 민간인 보호 의무 등 도덕적 정당성을 확보하기 위한 정책 기조를 명확히 밝히고 있음.

5 미중 경쟁 구도에서 유럽전략 재정립

중국은 러-우 전쟁을 통해 미국이 유럽의 안보구조를 다시 장악하는 흐름을 경계한다. 중국은 유럽이 독자적 이해관계를 추구하도록 유도하기 위해 외교적 접촉을 확대하고 경제적 혜택을 제안하며 "유럽도 단일 진영에 갇히지 말라"는 메시지를 던진다. 이를 통해 미중 경쟁에서 미국의 동맹망을 교란시키거나 최소한 유럽 전선을 단순히 미국을 추종하는 역할에 머물지 않게 할 가능성을 모색한다. 중국은 이러한 노력들을 통해 러-우 전쟁 국면에서 다층적 이득을 확보하려 하였다. 직접적인 무력 개입이나 극단적 노선 없이 외교술과 경제적 지렛대, 프레임 전환을 통한 서사 장악으로 자기 이익을 극대화하는 전형적인 복합전략이다.

| 대표 사례 | 외교적 이니셔티브 발표와 실용적 행보

우-러 전쟁을 계기로 중국은 다음과 같은 다양한 외교적 이니셔티브를 취했다. 중국은 전쟁의 일방에 서기보다는 평화의 중재자라는 이미지를 추구한다.

1 중국의 12개항 원칙 제시

2023년 초, 중국은 "우크라이나 위기 정치해결에 관한 입장문"을 발표했다.[104] 이 문건은 무력 사용 반대, 핵무기 사용 반대, 민간인 보호, 식량안보

---

104) Ministry of Foreign Affairs, 2023. "China's Position on the Political Settlement of the Ukraine Crisis": https://www.mfa.gov.cn/eng/zy/gb/202405/t20240531_11367485.html

우려, 인도지원 확대, 평화협상 촉진 등 포괄적이고 추상적인 원칙들을 담았다. 구체적 실천계획이 부족하다는 비판을 받았지만 중국이 갈등해결 과정에 적극 관여하겠다는 신호를 보낸 대표적 사례다. 여기서 중국은 자국의 이미지를 평화중재자로 내세우고 '원칙적 역할'을 강조함으로써 훗날 협상과정에서 명분을 확보하려는 의도가 엿보인다.

2 고위급 외교관의 러시아 방문 및 정상회담

왕이 등 중국 고위 외교관이 러시아를 방문하고 시진핑-푸틴 정상회담이 개최되면서 중국은 러시아와의 전략적 파트너십을 재확인했다. 여기서 중국은 군사적 지원 약속 없이도 러시아를 이해한다는 메시지를 전달하고 양국 간 경제·에너지 협력을 협의했다. 이 과정에서 중국은 대러 관계를 강화하되 서방이 경고한 '치명적 군사지원'의 선을 넘지 않는 신중함을 유지했다. 중국이 군사적 관여 없이도 외교와 경제협력만으로 러시아 측면에 서 있다는 인상을 남기며 서방의 제재에 반대 역할을 하는 사례다.

3 인도주의 지원과 다자회의 발언

중국은 우크라이나에 대한 인도주의 물자지원을 강조하고 G20, SCO, BRICS 등 다양한 다자회의에서 '대화와 협상을 통한 문제 해결'을 꾸준히 제기했다. 이로써 중국은 한편으로는 대외 이미지 개선을 시도하고, 다른 한편으로는 러시아-우크라이나 전선을 미국-나토 vs 러시아의 이분법적 대립이 아니라 좀 더 복잡한 국제적 의제에서 '중국도 해결에 기여할 수 있는 행위자'로 부각시키고자 한다.

| 정책 담론 및 국제적 함의 | 다극화 흐름과 규범 경쟁

1 중국의 담론: 서방 질서 비판과 대안 모색

중국은 우크라이나 전쟁을 단순히 러시아의 침략으로 규정하지 않고 서방이 주도하는 안보 질서와 나토 확장 정책의 결과물로 해석하려 한다. 이를 통해 "우리는 어느 한쪽 편도 들지 않으며, 기존 패권 질서 자체가 문제"라는 주장을 펼친다. 이 담론은 개발도상국이나 비서방 지역에 일정한 호소력을 갖는다. 미국과 그 동맹국들이 주도하는 제재, 압박, 진영정치가 문제를 더 복잡하게 만든다는 논리를 펼침으로써 중국은 일방적 제재와 패권적 행태에 대한 대안적 모델을 모색한다는 이미지를 구축한다. 중국은 우크라이나 전쟁의 조속한 해결 차원에서 리후이李輝 중국 외교부 유라시아 특별대표를 우크라이나에 보내 쿨레바 외무부 장관과 양자 회담을 갖고 정치적 해결 방안을 논의하였다. 그리고 러시아, 폴란드, 프랑스, 독일 등도 방문하여 우크라이나 사태의 평화적 해결을 위한 협상안 마련에 노력을 기울이고 있다. 한편 10월 28~29일 몰타에서 열리는 제3차 우크라이나 평화회의에 중국이 불참하기로 결정하면서 우크라이나는 강한 불만을 터트렸다. 그렇지만 중국과 러시아 모두 미국 중심의 단극 질서를 비판하고 국제 질서의 다극화를 강조하고 있어 우크라이나 사태에 영향을 끼칠 것으로 예상된다.[105]

2 미중 경쟁 문맥: 유럽과 글로벌 남반구를 향한 메시지

우크라이나 전쟁으로 미국의 영향력이 유럽에서 다시 강화되는 상황이 중

---

105) 리후이 외교부 유라시아 특별대표는 우크라이나 사태에 대한 중국 주도의 새로운 해결방안을 강조하며 우크라이나 평화 중재안을 내놓고 있다. 中國外交部汪文斌, 2023년 5월 18일. "中國外交部發言人汪文斌 堅稱澤連斯基會見了中國特使李輝."

국에게는 단기적으로 부담일 수 있다. 그러나 장기적으로는 유럽의 독자성 부활, 미국과 유럽 사이의 이견 발생 가능성도 있다. 중국은 유럽이 미국에 완전히 의존하지 않도록 외교적 유인책을 제시하고, 이를 통해 미중 경쟁에서 유럽을 잃지 않으려 한다. 사실상 개도국이나 글로벌 남반구 국가들에 대해서는 "우리는 서방처럼 제재와 압박을 강요하지 않으며, 주권 존중과 경제협력에 기반한 관계를 선호한다"는 메시지를 낸다. 장기적으로 새로운 세력균형에서 중국이 더 많은 우군을 확보하거나, 적어도 제3세계의 여론을 조성하는 데 도움을 주며 중국이 주도하는 새로운 국제 질서를 본격화할 것으로 보인다.

3 국제 규범 경쟁과 거버넌스 형성

우크라이나 전쟁이 장기화되면서 국제사회는 새로운 규범과 거버넌스 모델에 대한 갈증을 느끼게 되었다. 중국은 우크라이나 전쟁을 기회로 삼아 안보불가분성, 상호 존중, 일방적 제재 반대, 인도주의 협력 등 자국이 강조하는 원칙들을 새로운 국제담론에 주입하고자 한다.[106] 궁극적으로 새로운 국제 규범경쟁은 미중 전략경쟁의 소프트 파워 전선이며 국제기구와 다자체제 개혁에도 영향을 줄 수 있다. 중국은 직접적으로 분쟁을 해결함에 있어 결정적 역할을 하지는 못하더라도 규범 설정 과정에 참여함으로써 미래 질서에서 발언권을 확대하려 한다.

---

106) 外交部, 2023. 『全球安全倡议概念文件』: https://www.mfa.gov.cn/eng/zy/gb/202405/t20240531_11367484.html. 또한 『携手构建人类命运共同体：中国的倡议与行动』 백서에서 안보불가분성, 상호존중, 제재 반대 및 인도주의 협력 강조.

4 중국의 내부적 함의: 전략적 자율성 유지

중국은 러-우 전쟁을 통해, 기존의 미국을 중심으로 한 질서 속에서 자기 자율성을 얼마나 확보할 수 있는지 시험받고 있다. 중국은 대규모 군사개입 없이도 공세적 제재 참여를 거부하며 다른 강대국에 비해 유연하고 복합적인 도구로 외교정책을 펼칠 수 있음을 보여주려 한다. 향후 동아시아나 타 지역 분쟁에서 중국이 비슷한 패턴을 적용할 가능성을 시사한다. 즉 직접적 충돌 없이도 영향력을 확대하는 '비대칭적 외교술'을 구사한다고 볼 수 있다.

| 결론 | 불확실한 장기전과 중국의 전략적 포지셔닝

러시아-우크라이나 전쟁이 장기화되면서 전쟁의 지속은 유럽의 안보환경, 국제경제 흐름, 미중 경쟁의 질서에 영향을 미치고 있다. 중국은 이런 혼돈 속에서 명확한 지지선언은 하지 않지만 러시아와의 전략적 연계를 유지하고, 서방 제재에 불참함으로써 장기적 이익을 모색한다. 동시에 평화중재자로서의 이미지를 강조하며 도덕적 권위를 획득하고, 인도주의와 국제법 원칙을 거론함으로써 대안적 규범을 제안하려 한다.

향후의 전쟁 양상에 따라 중국의 전략은 유동적일 것이다. 만약 전쟁이 장기화하고 러시아가 더 약해진다면, 중국은 러시아에 대한 영향력을 확대하여 자신에게 유리한 거래조건을 이끌어낼 것이다. 반대로 러시아의 전략적 실패가 극단화되면, 중국은 적절한 시점에 러시아와 거리를 두고 유럽과의 관계 개선을 시도할 수 있다. 유럽이 미국에의 의존을 줄일 방향으로 움직인다면 중국은 이 틈새를 이용해 유럽시장과 기술협력 확보를 강화할 것이고, 이것은 미중 경쟁 구도에서 중국의 외교적 자산이 될 것이다.

아울러 글로벌 남반구의 반응도 중요하다. 많은 개도국들은 제재정책에 회의적이고 미국-유럽 중심의 질서에 대한 불만을 표출한다. 중국은 지형을 적극 활용해 '다극화 추진자'이자 '패권주의 반대 세력'으로서의 위상을 강화하고자 할 것이다. 이를 통해 국제제도 개혁 논의나 지역협력기구에서 중국의 의제가 반영될 가능성이 높다. 특히 중러 정상은 10월에 열린 일대일로 정상포럼을 통해 에너지, 첨단기술, 금융, IT 분야에 대한 중장기 협력 구상 방안을 밝혔다. 세계 제1위의 에너지와 원자재 보유국 러시아와 세계 제1위의 제조업 대국 중국의 일대일로를 통한 경제협력 강화는 매우 중요한 전략적 함의를 갖고 있다. 중·러 간 경제-안보협력이 더욱 강화될 경우 우크라이나 전쟁에서 러시아는 매우 유리한 전략적 위치를 차지할 것이다. 중동사태뿐만 아니라 한반도 정세에도 직접적인 영향을 미칠 것이다.[107]

중국의 전략적 유연성에도 한계는 분명히 존재한다. 국제여론은 중국이 러시아와 거래를 지속하는 것을 탐탁지 않게 바라보며 진정한 중재역할을 기대하기 어렵다는 냉소적 평가를 내린다. 또한 미국은 중국이 러시아 제재 우회경로 역할을 하는지 예의주시하고 강력한 세컨더리 제재를 가할 수도 있다. 중국은 이 리스크를 관리하기 위해 지속적인 균형감각, 조심스러운 경제협력, 공개적 무기지원 회피 등 '레드라인'을 준수할 필요가 있다. 중장기 관점에서 러-우 전쟁은 중국에게 '복합전략 구현의 실험장'이자 '국제여론 관리의 시험대'가 되었다. 여기서 얻은 경험을 바탕으로 중국은 미래에도 비슷한 상황에서 중립적 이미지, 대안 질서 제안, 제재 불참을 통한 경제적

---

[107] 10월 18일 베이징에서 열린 제3회 일대일로 국제정상포럼 연설을 통해 중국의 일대일로 전략은 전 세계 발전에 있어 매우 중요한 전략적 함의를 지니고 있다면서 러시아는 중국과의 일대일로 협력을 더욱 확대 발전시켜 나간다는 입장을 밝혔다. 聶云鵬 魏梦佳, 2023年 10月 24日. 俄羅斯總統普京：" 一帶一路"倡議是面向未來的重要全球性計劃,「新华社」:http://www.news.cn/world/2023-10/18/c_1129922836.htm

레버리지 확보, 인도주의·평화중재 프레임 활용 등을 반복할 가능성이 있다. 미중 전략경쟁이 단순한 군사·경제력 대결이 아닌 규범·제도·담론의 경합임을 확인시켜주는 것이다. 결국 우크라이나 전쟁에 대한 중국의 대응은 일회적인 외교적 사건이 아니다. 세계 질서의 변화 속에서 중국이 장기적 역량을 축적하고 행위범위를 확장하기 위한 복합적 움직임이라 해석할 수 있다. 이 전쟁이 언제, 어떻게 끝날지 아직 불확실하나 중국은 불확실성 자체를 전략적으로 활용하며 자신의 국제적 포지셔닝을 재구축하는 중이다. 이로써 국제정치 무대에서 중국은 좀 더 유연하고 다차원적인 강대국 행위자로서 자리매김하게 될 가능성이 높다.

CHINA HEGEMONY STRATEGY | 중국의 군사안보 전략

5 이스라엘-하마스, 이란 전쟁과 중동 문제

| 배경 | 다극화 시대 중동 분쟁과 대외전략의 전환점

21세기에 들어 국제 질서는 복잡하고 유동적인 전환기를 맞이했다. 냉전 종식 이후 한동안 지속되었던 미국 주도의 일극 질서와 군사개입 중심의 안보 정책은 점차 한계를 드러냈다. 그런 상황을 틈타 다양한 지역 강대국 및 중견국들은 권력 구조 재편과 영향력 확대를 모색하고 있다.

다극화 추세 속에서 중동은 여전히 세계정치의 핵심 분쟁지대 중 하나로, 지정학적·지경학적 중요성이 높은 지역이다. 이스라엘-하마스 갈등, 이란 핵 문제, 시리아 내전, 예멘 분쟁, 이라크 정세 불안, 사우디아라비아와 이란 간 지역 패권 경쟁, 쿠르드 문제 등 수많은 갈등과 이해관계가 중동을 불확실성과 긴장의 상징적 공간으로 만든다.

중동에서 전개되는 분쟁은 역내 문제에 그치지 않는다. 세계 에너지 시장을 좌우하는 풍부한 원유·가스 자원, 종교·민족적 갈등, 불법 무기 확산의 위험, 테러리즘, 난민 문제 등은 지구적 차원의 긴급 과제가 된다. 중동의 정세는 전통적으로 미국과 유럽 강대국의 우선적 관심 대상이었다. 이스라엘의 안보 보장, 유전지대 확보, 대테러전, 자유주의적 민주이념 전파 등의 명분으로 외부 패권세력들이 개입했다. 그러나 최근 수년간 미국의 중동 개입 의지 축소와 인도·태평양으로의 전략 무게중심 이동, 유럽의 내부 문제 집중, 러시아와 터키 같은 지역 강국의 선택적 개입, 그리고 무엇보다 중국이 중동지역에서 경제·외교적 영향력을 점진적으로 확대함에 따라 전통적인 패권구도가 흔들리고 있다.

여기서 중국이 부상하는 양상을 주목해야 한다. 중국은 오랜 기간 불간섭주의를 공식 표방해왔고 중동 분쟁에 대한 군사개입을 극도로 자제했다. 그러나 중국의 급속한 경제성장, 에너지 수요 증가, 일대일로 구상 전개, 국제무대에서 책임 있는 대국이라는 이미지를 형성하기 위해 중동지역에 대한 접근방식을 바꾸고 있다.

중국은 중동 각국과의 경제협력, 인프라 투자, 개발 지원, 무역 확대를 통해 '경제적 진입'을 선도하고 아랍 국가들과의 다자 협력포럼을 통해 정책 대화를 강화한다.[108] 동시에 유엔을 비롯한 국제무대에서 이스라엘-팔레스타인의 분쟁 완화, 이란 핵합의 복원, 시리아 재건 지원, 테러방지 협력 등을 강조하며 명시적으로 미국 중심의 질서와 구분되는 대안적 외교 노선을 천

---

108) 중국정부는 「중국对阿拉伯国家政策文件(중국의 아랍국가 정책문서)」를 통해 중동 아랍 국가들과의 전방위적 협력 강화 의지를 천명하였으며, 중아(中阿) 협력포럼 등을 통한 정책 대화를 공식화하였다. 참조: The Chinese government, 2016. 『中国对阿拉伯国家政策文件』, "Full text of China's Arab Policy Paper"(2016.1.14.).: http://www.china.org.cn/world/2016-01/14/content_37573547.htm.

천히 구축해나가고 있다.[109]

이스라엘-하마스의 갈등과 이란 핵 문제는 중국의 중동전략 변화를 상징적으로 보여주는 사례다. 전통적으로 이들 이슈는 미국, 유럽, 러시아가 주도하는 협상과 개입의 공간이었다. 미국은 이스라엘과 특별한 유대관계를 맺고 이란 핵 문제에서 강경 제재와 군사적 옵션을 배제하지 않는 태도를 보여 왔다. 반면 중국은 한발 물러서서 사태를 주시하며 '원칙적 지지'나 '대화 촉구'를 하는 정도의 입장이었다. 그러나 최근 들어 중국은 유엔 안보리에서 적극적으로 휴전 촉구 결의안 채택을 지지하거나, 이란 핵합의JCPOA 복원을 위한 외교적 해법 모색을 지원하는 등 보다 '능동적 관여'에 가까운 태도를 보이고 있다. 미국이 중동에서 수행해 온 군사적 역할에 피로감을 느끼고 일정 부분 후퇴하는 전략을 펼치는 상황에서 중국은 경제·외교적 자산을 무기로 세력범위를 확장하고자 나서는 중이다.

여기에서는 미중 전략경쟁 시대에 중동 분쟁이 재해석되는 맥락 속에서, 이스라엘-하마스 충돌과 이란 핵 문제를 비롯한 중동 문제의 현황, 중국이 동원하는 전략적 메커니즘, 대표 사례, 그리고 그 국제정치적 의미를 체계적으로 검토할 것이다. 이를 통해 중동 분쟁이 지역적 갈등을 넘어 국제 질서의 재편과 다극화 심화를 반영하는 하나의 무대임을 확인하고 장기적 전망과 해법을 모색하고자 한다.

---

[109] 중국 외교부 및 UN 안보리 발언을 통해, 중국은 팔레스타인 문제, 이란 핵합의(JCPOA) 복원, 시리아 재건, 테러방지 협력 등을 강조하고 있으며, 미국 주도 국제 질서와 구분되는 다자·대안적 외교 지향을 보여준다. 참조 : Ministry of Foreign Affairs, September 19, 2024. "Position Paper of the People's Republic of China for The Summit of---": https://www.fmprc.gov.cn/eng/zy/wjzc/202409/t20240920_11493896.html; UN 중국대표부 발언, 2024. https://www.mfa.gov.cn/mfa_eng/xw/zwbd/202412/t20241213_11544048.html

| 현황 | 복합 갈등 지대와 다층적 이해관계

중동지역은 상호 연계된 다층적 갈등구조가 상존하는 복잡한 지대다. 이스라엘과 팔레스타인(특히 하마스) 간의 주기적 무력충돌, 이란의 핵프로그램과 역내 영향력 확대를 둘러싼 긴장, 사우디아라비아와 이란의 시아파와 수니파 사이의 권력경쟁, 시리아 내전으로 인한 대규모 인도주의 위기, 예멘 내전, 이라크 정국 불안, 레바논 정파 갈등 등 중동의 불안정성은 다면적이고 상호교차적이다. 갈등은 민족·종교적 경계, 영토분쟁, 에너지 자원 확보, 전략적 해상로 관리, 대테러 작전, 난민 유출, 인도주의 문제로 확장된다.

이스라엘-하마스 분쟁은 이 지역 불안정성의 상징이다. 주기적으로 발생하는 가자지구의 로켓 공격과 이스라엘의 군사적 대응은 민간인 희생, 국제인도법 논란, 안보리 결의안 채택 시도, 중동평화협상 교착 등의 문제를 야기한다. 팔레스타인 독립국가 수립을 목표로 한 국제사회의 노력으로 지지 선언과 원칙적 합의는 있었으나 구체적 진전을 이루지 못하고 있다. 미국이 전통적으로 이스라엘을 강력히 지지해온 반면, 아랍 국가들과 다수 국제사회의 여론은 팔레스타인의 권리와 2국가 해법을 지지한다. 이 틈새에서 중국은 팔레스타인의 독립을 지지하며 민간인 보호와 대화 촉구라는 원칙적 언어를 구사하면서도 이스라엘과의 경제협력도 증진시키는 실용적 양면 전략을 구사한다.

이란 핵 문제 역시 중동 불안정의 핵심 요인 중 하나다. 이란 핵프로그램은 핵 비확산 체제에 대한 도전이며, 이란과 미국 사이의 오랜 적대감, 이스라엘의 안보 우려, 사우디 등 걸프 산유국들의 세력균형, 유럽과 러시아의 중재 노력 등이 뒤얽힌 복잡한 국면을 형성한다. 2015년 합의된 이란 핵협정 JCPOA은 한때 외교적 해결 모델로 찬양받았으나, 이후 미국의 탈퇴와 제재로 합의가 무력화 위기에 처했다. 이란은 제재 속에서도 핵능력을 계속 확장했고 유럽은 이를 우려하여 외교적 해결을 촉구하지만 미국과 이란의 상호 불신은 뿌리가 깊다.

중국의 대중동 전략은 에너지안보, 경제협력, 외교적 중재 역할을 종합한 형태를 띤다. 중국은 중동의 주요 산유국과 파트너십을 강화하고, 일대일로 구상을 통해 인프라·물류 연결망을 확대한다.[110] 동시에 중국은 이란에 대한 일방적인 제재를 반대하고 합의를 복원해야 한다고 강조한다.[111] 이스라엘-하마스 충돌 시기에도 중국은 유엔 안보리를 무대로 휴전 촉구를 강조하며 미국의 비협조성을 지적했다. 중국이 '책임 있는 대국'이라는 이미지를 내세워 중동지역에서 외교적 지렛대를 확보하고, 미중 경쟁 구도에서 미국 중심의 중동 질서를 균열시키려는 전략적 의도를 시사하는 것이다.[112]

미국의 중동정책 변화도 주목할 만하다. 미국은 9·11 이후 대테러전을 명분으로 아프가니스탄, 이라크 등지에 대규모 군사개입을 시도했으나 장기전쟁으로 인한 피로감, 국내정치적 부담, 인도·태평양 지역으로의 전략축을 전환할 필요성 등으로 인해 중동 개입을 축소하는 추세다. 중동 국가들로서는 대외 파트너를 다변화하는 계기가 되며, 중국에게는 경제협력을 매개로

---

110) 중국정부는 「일대일로(一帶一路)」 구상의 공식 문건인 「Action Plan on the Belt and Road Initiative」(2015년 발표) 등에서 중동지역 인프라 개발 및 물류 연결망 확대 의지를 표명하고 있다. 참조: The State Council, 2015. *Action Plan on the Belt and Road Initiative*: https://english.www.gov.cn/archive/publications/2015/03/30/content_281475080249035.htm
111) 중국 외교부 대변인 정례 브리핑 및 UN 관련 회의록에서 중국은 이란 핵 문제와 관련해 일방적 제재 반대 및 JCPOA 복원 필요성을 지속 강조하였다. 참조: Ministry of Foreign Affairs, January 17, 2022. *Foreign Ministry Spokesperson Zhao Lijian's Regular Press Conference*: https://www.fmprc.gov.cn/nanhai/eng/fyrbt_1/202201/t20220117_10598778.htm
112) 중국 외교백서 및 고위급 연설문에서 중국은 스스로를 '책임 있는 대국'으로 규정하며, 지역 안정을 위한 건설적 참여와 외교적 지렛대 확보 전략을 강조한다. Ministry of Foreign Affairs, January 16, 2024. 「Implementing the Guiding Principles of the Central Conference on Work Relating to Foreign Affairs」: https://www.fmprc.gov.cn/eng/wjb/zzjg_663340/zcyjs_663346/xgxw_663348/202401/t20240119_11229429.html

지역 영향력을 넓히는 기회가 되었다. 유럽은 내부 이슈와 러시아-우크라이나 전쟁 등 다른 안보 위협에 집중하느라 중동에서의 주도력을 잃고, 러시아는 시리아에 대한 개입을 통해 지역에 대한 영향력을 모색하지만 경제적 자산이 제한적이어서 전면적인 대안으로 등장하지 못한다. 이런 상황에서 중국은 조용하고 점진적으로 역할을 확대해가는 전략을 구사한다. 종합적으로 중동 현황은 기존 패권구조의 변화, 미중 경쟁 확산, 지역 강대국들의 주도권 다툼, 전통적 동맹관계 재조정, 에너지 시장의 불안정성, 대테러와 난민 문제 지속 등 다양한 요인이 복합적으로 맞물려 있다. 중국은 경제협력, 외교적 수사, 다자주의적 틀을 동원하여 새로운 레버리지를 확보하려는 장기적 접근을 시도하고 있다.

| **중국의 전략** | **경제·외교결합을 통한 간접적 영향력 확대**

중국은 중동 분쟁에 대해서는 전통적으로 비간섭 원칙을 고수했으나, 최근에는 '건설적 참여'라는 표현으로 변화된 전략을 보여주고 있다. 여기에는 몇 가지 메커니즘이 작동한다.

첫째, 외교적 수사를 통한 이미지 구축이다. 중국은 팔레스타인 문제에서 '공정·공평한 해결'과 '2국가 해법' 지지를 재확인하며 하마스와 이스라엘이 충돌할 경우 민간인 보호와 휴전을 강조한다.[113] 국제사회가 미국의 이스라엘 편향성에 실망할 때 중국은 언어적 수준으로나마 대안을 제시한다. 아랍 국가들로 하여금 중국을 '평형추'로 인식하게 하고, 팔레스타인 자치정부나 기타 지역 행위자들로부터 호의적인 반응을 이끌어낸다.

둘째, 다자협력 플랫폼 활용이다. 중국-아랍 협력포럼 등 지역 다자협의체를 활성화하여 정책대화를 강화하고 경제협력 기회를 창출한다. 이를 통해 중국은 특정 갈등 상황에서 직접 중재에 나서지 않더라도 지역 국가들이 개발협력, 투자유치, 무역확대를 통해 중국과 이해관계를 연결하도록 만드는 간접적 영향력을 행사한다.

셋째, 이란 핵 문제를 둘러싼 균형적 접근이다. 중국은 JCPOA 복원을 지지하며 이란과 장기협력 협정 체결을 통해 에너지 수입선 안정성과 일대일로 전략거점 확보를 동시에 달성하려 한다. 이를 통해 미국의 이란 제재 체제가 균열이 되는 경우 중국은 경제적 이득을 취하는 동시에, 이란에 대한 외교적 영향력을 확대할 수 있다.

넷째, 군사적 개입 회피와 평화회담 제안을 통한 중재 역할이다. 중국은 중동에서 군사력 행사를 자제하는 대신 외교특사 파견, 평화회담 개최 제안, 유엔 안보리 결의 지지 등을 통해 자신의 역할을 상징적으로나마 부각시킨다. 실질적인 갈등 해결보다는 외교적 자본을 축적하고 장기적으로는 평화 중재자라는 이미지 형성에 목적이 있다.

다섯째, 책임 대국과 균형자 담론을 통한 대안 서사의 창출이다. 중국은 미국의 강압적 접근이나 일방적 제재가 중동이 지속적으로 불안정한 원인이라는 논리를 은연중에 전달함으로써 스스로를 다자주의와 상호 이익을 강조하는 '새로운 유형의 대국'으로 규정한다.[114] 미중 경쟁 구도 속에서 중국

---

113) 중국정부는 중동 문제 관련 성명과 UN 발언에서 팔레스타인 문제의 공정·공평한 해결과 '2국가 해법' 지지를 재차 확인하였고, 하마스-이스라엘 충돌 시 민간인 보호 및 휴전 촉구 입장을 밝혔다. 참조: 新华社, 2024.5.31. 「中国和阿拉伯国家关于巴勒斯坦问题的联合声明」. https://www.gov.cn/yaowen/liebiao/202405/content_6954736.htm

114) 중국 국무원 신문판공실 발표 백서 및 시진핑 주석 연설 등에서 중국은 다자주의와 상호이익을 강조하는 '신형대국'으로서의 역할을 천명했다. 참조 中华人民共和国国务院新闻办公室, 2023. 「携手构建人类命运共同体：中国的倡议与行动」. https://www.gov.cn/zhengce/202309/content_6906335.htm

이 국제법, 유엔 중심주의, 평화적 개발을 강조하는 비서구적 패러다임을 부각시키는 전략과도 맞아떨어진다.

| 대표 사례 | 중동특사 파견, 안보리 활동, 경제협력 성과

구체적 사례로 2021년 가자지구 충돌이 발생했을 때, 중국은 유엔 안보리에서 즉각 휴전을 촉구하고 팔레스타인의 민간인 피해를 줄이기 위한 결의안 도출을 지지했다. 미국의 반대로 결의문이 채택되지는 않았으나 이 과정에서 중국은 언론성명을 통해 미국이 이스라엘에 대한 편향적 태도로 분쟁해결을 저해한다고 비판했다. 중국 외교부 대변인은 "국제사회가 공정하고 균형 잡힌 시각을 가져야 한다"고 촉구하며 중재자 이미지를 한층 강화했다. 이란 핵 문제에서 중국은 JCPOA 체결 당시 건설적 역할을 자처했고 이후 미국의 탈퇴와 제재를 재개하는 국면 속에서 이란과의 경제협력 지속, 합의 복원 촉구를 반복적으로 언급했다. 이를 통해 중국은 미국이 막아선 외교적 협상을 대체하는 '중국식 접근'이 있음을 보여주었다. 이란과의 장기협력 협정 체결로 중국은 에너지 자원을 안정적으로 확보하고, 지역교역 기반 마련, 일대일로 확장이라는 실질적 이익을 얻었다.

2024년 10월 7일, 이스라엘과 팔레스타인 무장세력 하마스와의 상호 무력 충돌이 발발하자 자이쥔 중국 외교부 중동 문제 특사는 20일에 곧바로 중동을 방문했다. 미하일 보그다노프 러시아 외무차관과 함께 중동 대표를 만난 중국 특사는 이스라엘-하마스 중재안을 심도깊게 논의하였다. 이번 회담에서 중러 모두 한목소리로 "팔레스타인의 인도주의 상황이 악화되는 것을 우려한다"면서 이스라엘과 팔레스타인 분쟁의 근본 원인은 팔레스타인의 합법적인 권리가 전혀 보장되지 않은 것에 있다고 보았다. 그에 따라 "공정한 해결을 위해 중국과 러시아는 긴밀히 소통하여 중동 정세 해결 차원에서 즉각적인 평화 회담 재개와 실질적인 두 국가 방안兩國方案:이스라엘과 팔레스타인 독립 국가을 위한 보다 적극적인 외교 중재 노력을 펼쳐 나갈 것"이라 밝혔다. 그 이전 9월 20일에는 왕이 당 중앙외사판공실 주임 겸 외교부장이 러시아를 방문하여 푸틴 대통령과 개별 면담을 했다. 양국은 우크라이나와 중동 사태 등을 포함한 국제 현안에 대한 상호 협력 방안 등을 집중 논의하였다. 중러 군사-안보 강화와 핵/미사일 분야의 기술 훈련 협력도 논의하였으나 서방 국가들과의 관계 차원에서 물밑에서 조용히 다루어졌다.[115] 중국 중동특사가 시리아와 이스라엘-팔레스타인 관련 현지를 방문하고 아랍 외교관 초청 회담 개최, 중동 국가들과의 무역·투자 박람회 개최 등을 통해 지역 상주 외교 네트워크를 강화했다. 이런 활동은 당장의 갈등을 해결하지는 못하더라도 장기적 관점에서 중동 지역에 '중국'의 존재감을 뿌리내리는 토대가 된다.

| **정책 담론 및 국제적 함의** | 다자주의 재구성, 대안적 거버넌스 모색

중동 문제에 대한 중국의 접근은 단순한 지역전략을 넘어 국제 질서를 재편할 가능성을 보여준다. 중국은 세계 각 지역에서 미국이 주도한 안보 질서에 대안적 서사를 제시한다. 중동은 대안적 모델의 실험 무대로 적합한

---

115) 중국은 이스라엘-팔레스타인 무력 충돌 이후 중국 주도의 두 개 국가방안을 적극 제시하며 영구적인 중동 평화 정착을 강조하기 시작하였다. 참조: 2023년 10월 23일. "以巴衝突加劇:中國特使再提兩國方案", 「中國新聞」; https://www.cna.com.tw/news/aopl/202310230049.aspx

곳이다. 미국이 군사개입과 제재를 주된 무기로 삼았다면 중국은 개발협력, 인프라 투자, 무역 확대, 문화교류 같은 '연성 파워'를 앞세워 영향력을 축적한다.

이는 비서방권 국가들이 갈등 관리와 안보 확보를 위해 굳이 미국 주도의 기제에 의존할 필요가 없어졌음을 시사한다. 중국은 '정치적 해결' 원칙, 내정불간섭, 상호 존중을 강조하며 중동 국가들의 선택을 존중한다. 동시에 지역 안보를 위한 다자협력체와 유엔을 통한 문제해결을 강조함으로써 기존의 일극 질서 대신 다극적이고 상호의존적 질서를 옹호한다. 이 과정에서 중국은 미국과 가치를 달리하는 통치모델, 개발우선론, 인권 문제 비간섭 기조를 세계에 제안한다.

이란 핵 문제나 팔레스타인 분쟁에서 중국은 서구 중심의 비확산·인권 담론에 정면으로 충돌하기보다는 균형과 타협, 상호이익 모델을 강조한다. 국제적 거버넌스 논쟁에서 기존의 규범을 근본적으로 부정하기보다 선택적으로 수용하고 변용하는 전략으로 볼 수 있다. 궁극적으로 중국은 중동 문제를 매개로 미중 경쟁 속에서 새로운 가치와 규범을 실험하며, 그들이 추구하는 '다자주의 2.0' 또는 '개발 우선 안보구상'을 널리 알린다.

한계도 존재한다. 팔레스타인 문제나 이란 핵협상은 수십 년 동안 누적된 불신과 상충된 이해관계 때문에 외부 중재로 쉽게 풀리지 않을 것이다. 중국의 '비군사적 접근'은 단기간에는 성과를 보장하지 못한다. 아랍권의 분열, 이란과 사우디의 경쟁, 이스라엘의 대이란 경계심, 미국의 핵심 이익 수호 의지 등 복잡한 변수를 통제하기도 어렵다. 따라서 중국이 제안하는 모델이 실제 갈등해결에 유효할지는 불명확하다. 그럼에도 불구하고 국제적 관점에서 볼 때, 중국이 중동 분쟁에 점진적으로 관여하는 것은 국제안보 거버넌스에 새로운 변수가 된다. 즉 중동을 둘러싼 외교 경쟁, 경제력 투사,

대안적 규범 제안은 미중 전략경쟁에서 또 다른 전선이 되는 것이다. 미국은 여전히 이스라엘의 안보를 최우선시하며 이란 봉쇄 전략을 지속할 터인데, 중국의 개입으로 이란은 완전한 고립을 피했고 아랍 국가들도 미국 일변도의 외교에서 벗어날 여지가 생겼다.

| 결론 | 불확실한 장기 전략과 다극 질서 재편 시나리오

우크라이나와 중동 사태 이후 미국은 러시아를 포함해 이란 등을 고립시키기 위해 전 세계 국가들에게 강력한 대러-대이란 제재 동참을 요구했다. 그러나 중국, 인도, 사우디, UAE 등 글로벌 남반구 국가들이 제재 동참을 거부하면서 국제 질서에 큰 폭의 지각 변동이 일어나고 있다. 특히 이스라엘의 팔레스타인 가자 지구 폭격 이후 국제사회는 연일 이스라엘을 비판하는데 반해 미국은 하마스 무장단체의 이스라엘 테러 공격을 비난하였다. 결국 상호간의 대립이 격화되는 가운데 이란과 긴밀한 관계를 맺고 있는 예멘 후티 반군이 홍해를 거쳐 이스라엘과 수에즈 운하로 향하는 민간 화물 선박을 공격하고 나포하는 사건이 벌어졌다. 그러자 미국은 즉각 홍해 안보 수호를 위한 '번영의 수호자 작전'을 내세우며 전 세계 국가들의 적극적인 동참을 요구하였으나 과거와 달리 사우디, UAE, 호주, 유럽 국가들이 거부 의사를 밝히며 실패했다. 결국 이스라엘-팔레스타인 분쟁이 점차 이란아랍·시아파과 이스라엘서방·미국의 상호 갈등으로 확대되면서 과거와는 전혀 다른 방향으로 급히 전개되어 중국이 주도하는 새로운 중동 질서 재편이 예상된다.

지난 몇 년간 중국은 새로운 해외시장 창출, 대외적 영향력 확대를 본격화하는 차원에서 유럽, 러시아, 중앙아시아, 서남아시아, 중동, 아프리카, 동아시아 등과 함께 연계시켜 나가는 새로운 차원의 일대일로 전략을 추진하기 시작했다. 특히 일대일로의 원활한 추진을 위해 미국의 고강도 대이란 제재와 미중 무역 갈등 속에서 중국은 중동의 맹방인 이란과의 관계를 확대, 발전시켜 나갔다. 중국은 이란과의 관계를 강화함으로써 중동·아프리카 지역에 대한 영향력 정치안보·경제력을 확대하고, 석유·천연가스 및 무역 수송로의 안정적인 확보와 새로운 소비시장 개척을 본격화하는 중이다.[116] 아울러 시진핑 지도부의 일대일로 추진은 변화하는 대내외 정세환경에 대응하고 동남아시아, 중앙아시아, 아프리카, 중동, 유럽 국가들과의 정치-경제적 유대관계 강화를 통해 중국 중심의 새로운 역내 질서를 구축하는 데 모든 초점이 맞추어져 있다. 중국의 주도 아래 새로운 유라시아의 안정과 발전이 이루어지고, 나아가 전 세계의 번영이 이루어질 것이라고 주장한다. 중국의 부상은 시대적 흐름이자 역사적 필연으로 인식하며 일대일로 전략을 더욱 가속화시키는 분위기다. 최근 중국은 경제성장 속도가 5%대 이하로 떨어지고 수출 중심에서 내수확대로 전환하는 등 경제발전의 구조적인 대변화를 맞이하면서 새로운 경제성장 동력이 필요한 상황이다. 이미 경제 고속 성장기를 끝내고 중고속 성장과 구조변화, 성장 동력의 전환, 불확실성 증대로 대표되는 '신창타이 新常態: New Normal'로 진입한 것이다. 따라서 새로운 경제성장 동력의 발굴이 절실해졌으며 자연스럽게 일대일로 추진의 내부적 동인이 되었다.[117]

장기적으로 중동 문제는 미중 경쟁으로 더 복잡해질 것이다. 미국이 인도·

---

[116] 2020년 새해 신년사에서 시진핑 주석은 주요 대외성과로 제2회 일대일로(一帶一路) 국제협력정상포럼, 베이징 세계 원예박람회, 아시아 문명대화대회, 제2회 중국 수입박람회, 제7회 세계군인운동회 등을 일컬으며 중국의 대외적 영향력 확대를 더욱 강조하였다. 정재흥, 2020. "2020년 시진핑 주석 신년사를 통해 본 중국정세 전망," 「세종논평」, No.2020-03(2020.1.6.)

태평양으로 관심을 돌리는 동안, 중국은 중동에서 경제·외교적 기반을 다지고 역내 행위자들은 이를 협상 카드로 활용할 것이다. 이스라엘-하마스 충돌, 이란 핵 문제 등은 앞으로도 주기적으로 긴장 국면을 재현할 것이며 중국은 각 사안에 따라 원칙적인 지지나 휴전 촉구, 다자협력 강조를 반복함으로써 '안정과 개발' 중심의 기조를 재확인할 것이다.

중국이 지니는 한계는 분명하다. 중동은 전통적으로 미국이 안보담당자 역할을 수행했기 때문에 미국 동맹국이스라엘, 사우디, UAE들은 군사안보 측면에서 아직은 중국보다 미국을 신뢰한다. 중국은 경제력과 외교술로 영향력을 넓히고 있지만 직접적인 군사보장이나 안보공약 없이 만성적인 분쟁 해결에 기여하려 하기에 한계가 있다. 중동국가들은 중국 일변도 전략을 선택하기보다 미국, 러시아, 유럽, 지역강국 사이에서 다각적 외교를 전개하려 한다. 그렇다 하더라도 중국의 중동 전략은 점진적이고 장기적인 변화를 추구하므로 앞으로 수십 년에 걸쳐 관계를 구축하고, 신뢰를 형성하며, 경제적 상호의존을 심화시켜 대안적 거버넌스를 형성할 전망이다. 만약 이란 핵 문제가 외교적 합의로 복원되고 팔레스타인 문제가 어느 정도 안정을 찾는다면, 중국은 '대화 중시, 개발 우선' 해법이 성과를 거둔 사례로 대외에 적극 홍보할 것이다.

반면 긴장 고조와 무력충돌이 지속된다면 중국은 외교적 중재노력, 제한적인 인도적 지원, 유엔 안보리 활동을 통해 책임있는 강대국으로서의 이미

---

117) 시진핑 지도부는 중국 경제가 고도성장에서 중고속 경제성장 시대 전환되는 신창타이 시대를 맞이하면서 일대일로 추진을 통해 새로운 경제성장 동력과 시장 확보를 모색하기 시작하였다. 상대적으로 낙후된 중국 주변의 접경국을 연결하는 도로, 철도, 전력망 등 인프라를 구축해, 주변국의 경제성장에 기여함과 동시에 새로운 시장을 확보함으로써 국내의 과잉설비를 해소하려는 것이다. 참조: 習近平, 2014년 11월 10일. "APEC 工商領導人峰會演講首次系統闡述新常態",「新華網」.

지를 강화하려 할 것이다. 다만 실질적인 개입은 최소화하는 신중한 전략을 유지할 것이다. 이럴 경우 중동 분쟁은 미중 경쟁을 상징하는 대리전이 아닌, 양 강대국이 서로 다른 접근방식을 제시하는 '정책 모델 경쟁장'으로 기능할 것이다. 중동 문제는 미중 전략경쟁 시대의 복합적 전개 양상을 잘 보여주는 무대다. 이스라엘-하마스 갈등과 이란 핵 문제를 비롯한 복잡한 갈등구조는 다양한 행위자들의 이해관계, 가치, 전략이 교차하는 장이 되었다. 중국은 이 무대에서 새로운 방식으로 영향력을 확대하는 중이다. 앞으로 중동지역에서 중국의 역할이 더 부각된다면 다극화 시대 국제정치에서 비군사적 영향력의 확장, 경제협력 중심의 지역전략, 상호이익 강조를 통한 질서 형성 등 새로운 방향성을 제시하는 사례가 될 수 있다.

미국은 여전히 기존 동맹 네트워크와 군사력 투사 능력, 정보력, 외교적 레버리지를 통해 중동에서의 우위를 유지하려 노력할 것이지만 지역행위자들은 이 틈새에서 기민하게 외교 전략을 조정할 것이다. 따라서 중동 문제의 장기적 전망은 불확실성이 매우 크다. 중동은 앞으로도 갈등과 협력, 경쟁과 타협, 외부 개입과 자율적 결정 사이를 오가며 국제 질서의 재편 과정에서 중요한 시험대가 될 것이다. 그리고 이 과정에서 중국이 보여주는 간접적, 점진적, 다자 협력적 접근은 새 시대 안보정치의 한 축을 형성하면서 기존 패권구조에 도전하는 또 다른 의미를 갖게 될 것이다.

CHINA HEGEMONY STRATEGY | 중국의 군사안보 전략

6 중국의 핵전략 변화

| 배경 | 미중 전략경쟁 속 중국 핵전략 변동

21세기 국제정치 환경에서 가장 두드러진 특징 중 하나는 미중 전략경쟁의 심화다. 냉전 종식 이후 미국이 주도해온 국제 질서가 흔들리는 가운데 중국은 경제력·기술력·군사력을 갖추며 새로운 강대국으로 부상하고 있다. 역학 변동은 전통적인 안보 개념뿐 아니라 핵전략 패러다임에도 변화를 일으켰다. 특히 미국이 펼치는 미사일 방어체계 강화, 고도화된 정찰·정밀타격 능력, 인도·태평양 지역에서의 영향력 확대는 중국으로 하여금 기존의 핵전략 기조를 재검토하고 새로운 대응책을 모색하게 만드는 핵심 요인으로 작용한다.

중국은 핵무기를 처음 보유한 이래로 소규모 전력에 기반을 둔 최소억지

minimum deterrence 원칙을 강조해왔다. 핵무기는 최후의 보복수단으로 간주되었고, 어떠한 상황에서도 핵을 먼저 사용하지 않겠다는 NFU_{No-First-Use,} 핵무기 불선제사용 원칙을 강조함으로써 정치적 억지수단으로 핵을 활용하는 독특한 전략철학을 구현해왔다.[118]

그러나 21세기 들어 글로벌 안보환경이 급변하면서 중국은 기존의 틀을 고수하는 것만으로는 미국의 군사기술 발전, 미사일 방어체계 도입, 역내 분쟁구도 심화에 효과적으로 대응하기 어렵다고 인식하게 되었다. 결국 중국도 본격적인 핵무기 능력 강화와 중장거리 미사일 확대 생산을 본격화하는 중이다.

미중 경쟁 구도 속에서 중국 핵전략 변동은 질적 현대화, 다양한 투발수단 확보, MIRV와 극초음속 활공체 기술 확보, 해양 기반 억지력 강화 등을 포함하는 복합적 조정 양상으로 전개된다. 최소억지를 표방했던 중국이 두 번째 공격 능력을 강화함으로써 미국의 선제공격 가능성이나 미사일 방어역량 확대로 인한 억지력 훼손을 상쇄하려는 노력이라고 해석할 수 있다.

동시에 중국은 국제무대에서 자신을 책임 있는 핵보유국으로 포지셔닝하고자 한다.[119] 한편으로는 NPT_{Non-Proliferation Treaty,} 핵확산금지조약 체제 유지와 핵군축지향적 수사를 강조하면서, 다른 한편으로는 정세 변화에 대응해 핵

---

118) 중국 정부는 핵무기에 대해 불선제 핵사용(NFU) 원칙을 지속 천명. 「中国的军事战略」(2015년 5월 26일), 中国国务院新闻办公室, 2015: http://www.china.org.cn/chinese/2015-05/26/content_35663186_6.htm; 「新时代的中国国防」(2019년 7월 24일), 中国政府网, 2019: https://www.gov.cn/zhengce/2019-07/24/content_5414325.htm
119) 중국은 국제무대에서 '책임 있는 핵보유국' 이미지를 강조하고 있으며, NPT 체제 유지, 핵군축 지지 등 국제 규범을 존중하는 언급이 다수 발견된다. 예컨대 2022년 1월 3일 발표된 「五个核武器国家领导人关于防止核战争与避免军备竞赛的联合声明」에서 중국은 핵전쟁 불가와 핵감축 의무 등을 강조하며 책임 있는 핵무기국으로서의 입장을 재확인하였다. 참고: 中华人民共和国外交部, 2022: https://www.mfa.gov.cn/eng/wjdt_674879/zyjh_674887/202201/t20220103_10478507.shtml

전력 현대화를 추진하는 이중적 태도를 취한다.[120] 이런 양면성은 미중 전략 경쟁의 긴장 속에서 핵균형 유지와 불확실성 관리를 통해 장차 다극화되는 핵 질서 속에서 유리한 지위를 확보하려는 복합적 계산이다.

여기서는 중국의 핵전략 변동을 다각도로 조망하고자 한다. 우선 현황을 살펴보고, 이어서 중국의 전략 메커니즘을 분석한 뒤, 구체적 사례를 통해 어떻게 이 변화가 현실 정책으로 나타나는지 검토한다. 또한 정책 담론과 국제적 의미를 종합하여 결론적으로 장기적인 시나리오와 불확실성을 관리하는 전략을 제시할 것이다.

| 현황 | 21세기 안보환경과 중국 핵전력 현대화 동향

중국의 핵전략 변화는 단순히 중국 내부의 결정으로만 설명하기 어렵다. 국제적 군사·기술·정치 환경의 변동, 미중 양강 관계의 변화, 역내 안보 딜레마 악화를 종합적으로 반영한 결과다. 중국은 냉전 시기 소수의 핵탄두를 보유한 상태에서 최저 수준의 보복억지 능력을 유지하는 데 만족했었다. 당시 핵전략의 핵심은 핵무기가 정치적 억지수단이며 실제 사용을 지양한다는 데 있었다. 그러나 오늘날에는 미국의 미사일 방어 강화, 핵·재래식 정밀타격 능력의 고도화, 우주·사이버 영역에서의 잠재적 교란 가능성 등 새로

---

120) 중국은 NPT 체제 유지 및 핵군축을 지지하는 한편, 안보환경 변화에 따른 핵전력 현대화를 추진하는 모습을 보인다. 예를 들어 2019년 4월 29일 제출된 「关于中华人民共和国履行〈不扩散核武器条约〉情况的国家报告」에서 중국은 NPT 체제의 권위성 유지를 강조하면서도 국가안보 필요에 따른 핵능력 강화 정책을 시사하고 있다. 참고: 中华人民共和国外交部, 2019: https://www.mfa.gov.cn/web/wjb_673085/zzjg_673183/jks_674633/fywj_674643/201904/t20190429_7668880.shtml

운 변수들이 대두되면서 중국은 기존 수준의 전력으로는 억지력을 발휘하기 어렵다고 판단한다.

현재 중국은 ICBM, SLBM, 신형 이동식 미사일, 극초음속무기 등 다양한 수단을 개발·배치하면서 핵전력을 현대화하고 있다. 특히 MIRV 기술 도입, 고체연료화, 신형 ICBM인 DF-41 배치, 잠수함 발사 JL-2/JL-3 개발, 지하 사일로 건설 등은 중국이 핵전력을 질적으로 변환시키는 과정임을 보여준다. '최소억지'에서 '신뢰성 있는 보복억지credible retaliation'로의 미묘한 이동이다.

주목할 점은 중국이 여전히 공식 성명에서는 핵 선제사용 금지 원칙을 강조하고 전반적으로 핵 정책을 방어적이라고 주장한다는 것이다.[121] 국제사회의 우려를 잠재우려는 의도도 있지만 실제로 중국 내부에서도 핵무기 사용을 극도로 제한하려는 전통적 관성이 강하게 작동하고 있음을 의미한다. 다만 최소억지라는 개념이 고정불변의 원리라기보다는 환경 변화에 따라 조정 가능한 유연한 전략철학이라는 점에 유의해야 한다. 중국은 기존의 최소억지전략에 따라 약 300~400여 기의 핵무기를 보유한 것으로 추정했다. 그러니 [그림5]에서 보듯이 최근 추정에 의하면 600여 기 이상을 보유한 것으로 보인다. 즉 중국은 핵전력 규모를 과거보다 대폭 확장하고 있다. 기술적으로 다양화하며 생존성 높은 체계를 구축해 미사일 방어나 선제공격 압박에도 대응할 수 있는 억지태세를 확립하는 단계에 있다. 미 국방부의 2024년 연례의회보고에 의하면 중국은 2030년 핵탄두 1,000개 보유, 2035년 핵

---

121) 중국은 공식 문서와 백서를 통해 불선제 핵사용 원칙 및 방어적 핵전략 기조를 재확인하고 있다. 2019년 백서「新时代的中国国防」는 중국이 어떤 상황에서도 핵을 먼저 사용하지 않는다는 원칙과 방어적 성격의 핵전략을 견지하고 있음을 명시한다. 참고:《新时代的中国国防》(2019년 7월 24일), 『中国政府网』: https://www.gov.cn/zhengce/2019-07/24/content_5414325.htm

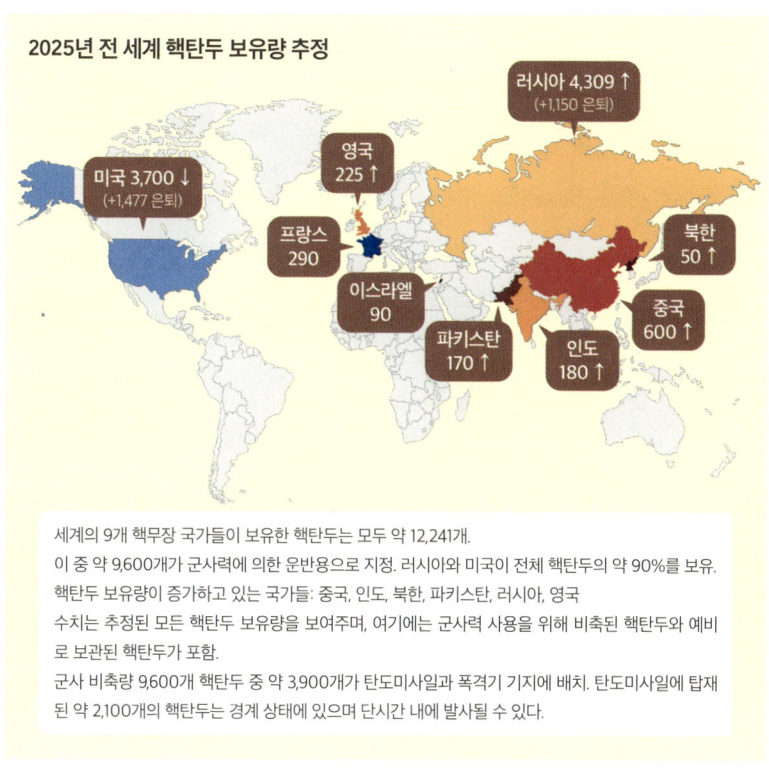

[그림5] 2025년 기준 국가별 예상 핵탄두 보유 수량(美 과학자협회, FAS)[123]

탄두 1,500개 실전 배치, 2049년에는 세계적인 수준의 핵 능력 보유를 목표로 하고 있다고 적시하고 있다.[122] 물리적/비물리적 대위성무기 등 우주 공간에서의 공격 능력은 미국을 위협할 수준이고, 달 착륙 및 광물 채취 등 일

---

122) US DOD. 2024. "Military and Security Developments Involving the People's Republic of China 2024." *Annual Report to Congress, US DOD.*
123) FAS. 2025. "Status of World Nuclear Forces." *FAS.* (March 26. 2025)

부 우주개발 분야에서는 미국을 능가하고 있다는 평가가 일반적이다. 중국은 미중 전략경쟁 구도에서 전략적 안정성을 확보하고 미국의 압박에 대응하는 장기적 카드로 작동할 것이다.

| 중국의 전략 | 기술·정책 융합과 억지력 신뢰성 확보

중국의 핵전략 변동은 군사기술의 발전과 정치적 전략이 융합된 결과로 나타난다. 우선 군사기술 측면에서 중국은 고체연료 ICBM, MIRV, 극초음속 활공체, 잠수함발사 능력 확보 등 다양한 수단을 통해 억지력 다변화를 추진한다. 미국 본토를 공격할 수 있는 ICBM의 사일로 수도 급속히 증가시키고 있다. 2023년 320개 수준이던 것이 2024년 48개가 추가 식별되어 368개가 되었다.[124] 미국의 미사일 방어망을 무력화하거나, 적어도 그 효용성을 현저히 떨어뜨려 핵무기 2차 공격 능력을 신뢰성 있게 유지하려는 계산에서 비롯된다.

정책 차원에서 중국은 외교무대에서 핵 군축과 비확산을 지지하며 미국·러시아가 먼저 핵감축 책임을 져야 한다는 주장을 펼친다.[125] 동시에 내부적으로는 미국이 제공하는 안보환경 변화에 맞춰 핵전력 증강을 정당화한다. 이를 통해 대외적으로는 책임 있는 핵보유국 이미지를 유지하면서, 대내적으

---

124) US DOD. 2024.
125) 중국은 국제 군비통제 포럼 및 UN 총회 1위원회 등에서 미국·러시아가 세계 최대 핵무기 보유국으로서 핵감축에 선도적 역할을 해야 한다고 주장한다. 2024년 7월 22일 발표된 「中国关于核军控问题的工作文件」는 이런 주장을 명확히 담고 있다. 참고: 中华人民共和国外交部, 2024: https://www.mfa.gov.cn/web/wjb_673085/zzjg_673183/jks_674633/zclc_674645/hwt_674651/202407/t20240722_11457973.shtml

로는 억지력 향상을 위한 전력의 현대화를 추진한다.

또한 중국은 국제안보 레짐에서 핵이 갖는 상징적 자산을 활용하고 있다. 핵전력 현대화를 통해 미중 관계에서 자율성을 확보하고 역내 세력균형에 대한 발언권을 높이려는 의도가 깔려 있다. 동시에 주변국과 미국 동맹 네트워크에 대한 강력한 신호로 핵억지력을 이용할 수 있다. 이를 통해 극단적인 상황에 이르러 미국의 선제공격 의지를 감소시킴으로써 미국의 개입을 억제하여 역내 전략 공간을 확충하고자 한다.

군사적 차원에서의 메커니즘은 포화공격능력, 다종 미사일 배치, 사일로 기반 전력, 해양 기반 핵잠수함 전력을 결합함으로써 적의 요격 가능성을 현저히 낮추는 것이다. 전략적 차원에서는 전력 변화를 국제군축 담론에 활용하여 향후 군축협상 또는 다자안보 체제 구축에서 중국에 유리한 교섭조건을 만들려 할 수 있다.[126] 즉 중국은 핵전력을 단순히 방어수단이 아닌 외교전략적 레버리지로도 활용하려는 메커니즘을 구사하고 있다.[127] 종합적으로 중국의 핵전략 메커니즘은 '기술-정책-외교'를 아우르며, 미사일 방어 무력화, 2차 공격 능력 강화, 군축 협상력 확보, 국제 체제에서의 위상강화를 목표로 하는 복합적 전략행위라 할 수 있다.

---

126) 중국은 다자군축협상이나 무기통제 체제 구축 과정에서 자국 핵전력 정책을 토대로 유리한 협상 조건을 형성하려는 의도를 암시하는 문건을 제시한 바 있다. 예를 들어 2024년 7월 24일자 「中国就五核国谈判缔结互不首先使用核武器条约提出草案要素建议」에서 중국은 5개 핵보유국간 상호불선제사용조약 제의를 통해 유리한 협상환경 조성을 모색한다. 참고: 中国法院网, 2024; https://www.chinacourt.org/article/detail/2024/07/id/8037886.shtml

127) 중국이 핵전력을 외교적 레버리지로 활용한다는 점에 대해 직접적이고 명시적인 중국 정부 문건은 제한적이다. 다만 중국은 핵무기 불선제 사용 원칙, 책임 있는 핵보유국 이미지 강조, 상호 안전 보장 체계 구축 제안 등을 통해 핵전력 정책을 국제 협상 전략에 활용하고 있음을 간접적으로 시사한다. 예를 들어, 중국 외교부망에 게재된 「中国关于互不首先使用核武器倡议的工作文件」(2024년 7월 23일)에서 '5개 핵보유국간 불선제사용 조약' 제안을 통해 타 핵보유국들과의 협상 환경 조성을 시도하고 있다. 참고: http://cn.chinadiplomacy.org.cn/2024-07/23/content_117324757.shtml

| **대표 사례** | ICBM 사일로 구축·SLBM 배치 등 구체적 조치

중국이 최근 추진한 핵전력 현대화 사례는 ICBM 사일로 건설, DF-41 배치, JL-2/JL-3 SLBM 개발, 극초음속무기 도입 등에서 확인할 수 있다. 이들 사례는 추상적인 전략 개념이 실제 무기체계 및 배치 형태로 구현되는 과정을 잘 보여준다. 우선 대규모 사일로 건설 정황은 중국이 이전과 달리 ICBM 전력을 확대해 고정 기반에서 안정적으로 2차 공격 능력을 유지하려는 움직임으로 해석된다. 이동식 TEL트럭 기반 발사대 중심 전력에서 사일로 건설로 전환하는 것은 잠재적으로 MIRV화된 ICBM을 다수 배치함으로써 적의 미사일 방어를 무력화시키는 효과를 낳는다. 과거 소수 ICBM에 의존하던 단순한 최소억지 패턴에서 벗어나 '탄착점 다양성', '동시다발적 포화'를 계획함으로써 억지력을 높이는 방법으로 매우 공세적인 전략이다.

SLBM 배치는 더욱 주목할 만하다. 해양 기반 억지력은 잠수함이라는 은닉 환경을 활용해 적이 정확한 위치를 파악하기 어렵게 만들고, 설사 적이 선제공격을 감행하더라도 완전한 제거가 쉽지 않다. 이로써 중국은 핵삼위일체triad의 한 축을 보강하며, 위기가 닥쳐도 보복능력이 있는 구조를 확립했다. 잠수함발사 JL-2/JL-3 시리즈는 사거리와 정밀도가 향상되어 미국 본토에 대한 안정적 타격능력을 갖추었다. 극초음속무기DF-17 등의 도입은 미국의 요격체계를 회피하거나 반응시간을 단축시켜 핵·재래식 구분이 모호한 긴장 국면에서 압박을 할 수 있는 새로운 옵션을 제공한다.

이러한 대비들은 억지 개념을 다양화하고 위기 상황에서 중국이 더 많은 시나리오에 대비할 수 있도록 한다. 이런 사례들은 단순히 기술적 진보를 넘어 중국의 전략적 사고 변화와 역내 질서 재편에 대응하는 다양한 전략적 계산을 실증적으로 뒷받침하는 것들이다.

현재 시진핑 지도부는 과거에 비해 핵심이익core interest 수호 차원에서 자국의 강력한 포식경제predatory economics를 내세워 주변국에 대한 영향력을 확대시켜 나가고 있다. 군사력의 현대화, 영향공작influence operation, 강력한 경제적 수단 등을 통합하여 인도-태평양지역의 영향력 확대를 추구하면서 역내지역의 패권을 놓고 미국과의 본격적인 전략경쟁에 돌입한 것이다.[128) 특히 중국과 미국의 군사안보적 갈등이 본격화되면서 중국군의 대응과 임무는 국내 안정화와 본토 방어에 초점을 맞추었던 군사전략에서 벗어났다. 이제 그 범위가 확대되어 대만, 동/남중국해 문제 등을 포함한 핵심이익 수호와 대응을 위한 새로운 군사작전과 실전훈련시행, 첨단무기 개발과 도입 등을 본격화하여 역내 분쟁에 적극 대비하는 중이다. 중국은 미군의 정밀타격 무기와 같은 2차 옵셋 군사기술을 활용한 현대전쟁에 대응하기 위해 추가 항모 및 구축함 건조, 5세대 스텔스 전투기 개발, 둥펑DF 신형 중장거리 탄도미사일 개량 및 증강, 첨단조기경보 및 공중통제능력 확보, 우주항법위성체계 구축, 사이버 전력 등을 강화하는 중이다.[129)

전략무기핵/미사일의 현대화, 비대칭무기와 신속대응전략 강화, 정보전IO/IW 및 군수지원 능력도 확대하고 있다. 동시에 동/남중국해 등에서 발생 가능한 국지전 수행에 부합하는 군대로 개편중에 있으며 MOOTWMilitary Operations Other Than War, 전쟁 이외 군사작전, 사이버전자 통합전, 특수부대 개편, 해군육전대해병대 증원 등 비대칭 전력 강화에 상당한 역량을 기울이고

---

128) Office of the Secretary of Defense, 2018. *National Defense Strategy*, pp.1-4.
129) Joel Wuthnow and Phillip C. Saunders, 2018. "Major Progress and Unfinished Business: China's Military Under Xi Jinping," *Global Asia*, Vol. 13, No. 1, (Spring), pp.12-17.
130) 이에 대해서는 Joel Wuthnow and Phillip C. Saunders, 2017. *Chinese Military Reforms in the Age of Xi Jinping: Drivers, Challenges, and Implications* (INSS): https://ndupress.ndu.edu/Portals/68/Documents/stratperspective/china/ChinaPerspectives-10.pdf

있다.[130] 따라서 과거에 주변국 안정을 위해 전쟁 혹은 분쟁의 억제deterrence 에 주안점을 두어왔던 중국은 국가안보를 수호하기 위해 강압coercion 및 전쟁 수행warfighting 가능성에 대비하지 않을 수 없게 되었다. 결국 조만간 중국이 미국과 첨예하게 부딪치고 있는 주요 분쟁지역인 동/남중국해, 대만해협뿐만 아니라 한반도의 군사적 갈등까지 배제할 수 없는 상황이다.[131]

최근 중국군은 역내 지역에서 미국과의 군사적 갈등이 고조되자 군 현대화, 정보화와 첨단화를 토대로 2030년까지 제한적 국지전 수행능력에서 벗어나 높은 수준의 전역급 작전능력 확대를 추진하는 중이다. 이를 위해 A2/ADAnti-Access/Area Denial, 반접근·지역거부 전략 강화, 핵 억제력과 원거리 작전능력 강화, 정밀타격무기 증강, 핵항공모함 추가건조, 전략핵폭격기젠훙-7 도입 등 작전능력 강화와 신형 무기 개발에 집중적인 노력을 기울이는 중이다.[132] 특히 시진핑 지도부는 과거 지도부에 비해 미국의 도전과 핵심이익 수호에 강력한 의지를 갖고 있다. 그렇기에 싸워서 이기는 군대인 강군 달성과 군사력 현대화를 추구하면서 역내 지역패권을 놓고 미국과의 본격적인 군사안보 경쟁에 돌입하였다.[133]

---

131) Robert Martinage, 2014. Toward a New Offset Strategy: Exploiting U.S. Long-term Advantages to Restore U.S. Global Power Projection Capability (Center for Strategic and Budgetary Assessments), pp. 39-47.
132) 중국 해군은 핵추진 잠수함 13척, 재래식 잠수함 57척, 방공구축함 16척을 포함한 수상전투함 82척, 상륙함 90여척을 보유하고 있으며 2025년까지 대략 351척까지 함정 수량을 늘린다는 계획이며 중국 공군은 러시아제 Su-30MKK, 중국제 Su-27인 J-11 370여대, J-10 전투기 240여대, 전략폭격기 90여대를 보유하고 있으며 추가로 신형 스텔스 전투기를 개발 중에 있다.
133) 지난 19차 당 대회에서 시진핑 주석이 2049년까지 세계 제1위 군사대국 달성을 제시하며 지속적인 국방개혁과 군사 현대화를 강조하고 있어 연평균 7% 이상 국방비 증액을 통해 핵 항공모함 건조, 첨단 스텔스전투기 양산, 미사일, 항공우주, 사이버 능력 강화 등을 강화해 나간다는 입장을 밝혔다. 習近平, 2018年 10月 18日. "決勝全面建成小康社會 奪取新時代中國特色社會主義偉大勝利," 『中國共産黨第十九次全國代表大會的報告』

| **정책 담론 및 국제적 함의** | 다극화된 핵 질서, 군비통제, 역내 안정성

지난 2019년 10월, 중국은 건국 70주년 기념 열병식에서 신형 ICBM을 포함한 다양한 무기체계를 공개하였다. 처음으로 공개하는 무기체계도 상당수 포함되어 있어 세계의 이목을 끌면서 중국의 신형 무기체계에 대한 국제사회의 이목이 집중되었다. 먼저 지상 무기체계를 보면 국내 자체생산 15식 경輕전차가 있다. 15식 경전차는 티베트와 같은 고지대에서 운용하기에 적합하도록 디자인되었고, 높은 수준의 정보화 능력을 구비하고 있으며,[134] 군 개혁 후 집단군 합성여단에 편제되어 운용 중인 것으로 알려졌다. 야전방공 미사일체계인 HQ紅旗-17A, HQ-16B 등은 육군 부대의 방공 안전을 담당할 매우 중요한 전력이다. 저고도 방공무기체계인 HQ-17A는 HQ-17의 개량형으로 HQ-17이 궤도형인 것과 달리 6×6차륜형으로 개조되어 기동성이 크게 향상되었다.[135] HQ-16B는 HQ-16사거리 40㎞의 개량형으로 사거리가 70㎞로 증가되었고 능동레이더 유도시스템을 적용한 것으로 알려졌다.[136] 이어 중국 최초의 독자형 중형 헬기인 Z直-20과 신형 다연장 로켓도 최초로 공개되었다.

공중 무기체계로는 신형전략 수공기인 Y運-20과 5세대 스텔스 전투기로 불리는 J殲-20 등이 선보였으나, 이 무기체계는 이미 다른 장소에서 대외적으

---

134) 중국의 신형 무기체계에 대해 Franz-Stefan Gady, 2019. "China's People's Liberation Army Inducts New Lightweight Tank," https://thediplomat.com/2019/01/chinas-peoples-liberation-army-inducts-new-lightweight-tank/
135) Missile Defense Advocacy Alliance, June 20, 2018. *HQ 17*: https://missiledefenseadvocacy.org/missile-threat-and-proliferation/todays-missile-threat/china/china-anti-access-area-denial/hq-17/
136) Missile Defense Advocacy Alliance, June 20, 2018. *HQ 16*: https://missiledefenseadvocacy.org/missile-threat-and-proliferation/todays-missile-threat/china/china-anti-access-area-denial/hq-16/

로는 공개된 무기체계다. 무인 무기체계로는 공격용 스텔스 무인기인 GJ攻擊-11와 고속·고공 무인정찰기인 WZ無偵-8, HSU001 무인잠수정이 처음으로 대외에 공개되었다. 미국의 B-2 스피릿 스텔스 전략폭격기와 유사한 GJ-11 스텔스 무인기는 강력한 스텔스 기능을 가지고 있어 적의 영토 중심에 있는 목표물을 타격할 수 있다고 한다.[137] 또한 WZ-8 극초음속 무인정찰기는 스텔스 기능을 갖춘 것뿐만 아니라 위성정보를 보다 정확하고 객관적인 지표로 수집할 수 있다고 한다.[138]

중국의 주요 중장거리 미사일 전력을 살펴보자면 약 10개의 핵탄두를 장착할 수 있는 DF東風-41 ICBM과 ASBM Anti-Ship Ballistic Missile 능력을 구비하고 있는 DF-26 IRBM, 극초음속 활공비행체를 탑재한 DF-17 MRBM, DF-100 초음속 순항미사일, JL巨浪-2 SLBM 등이 모습을 드러냈다. 대륙간 탄도미사일인 DF-41은 최대 사거리가 15,000㎞에 달하고, 10개의 핵탄두를 탑재할 수 있으며, 30분 내에 미국 본토까지 타격할 수 있다고 한다.[139] 또한 DF-100 초음속 순항미사일은 지형영상 정합장치와 관성항법장치, 베이더우 위성항법장치 등을 탑재하여 타격 정밀도를 크게 향상시킨 것으로 알려졌다.[140] 이렇듯 건국 70주년 기념 열병식을 통해 시진핑은 군 개혁의 성과 및 군에 대한 장악력을 외부에 과시하였다. 이 열병식은 역대 가장 큰 규모로 진행되었으며 다양한 신형 무기 및 장비들을 공개함으로써 중국의 국방

---

137) Yang Sheng and Liu Xuanzun, October 1, 2019. "Chinese military commissions GJ-11 stealth attack drone," https://www.globaltimes.cn/content/1165939.shtml
138) Yang Sheng and Liu Xuanzun, October 1, 2019. "China unveils new high-altitude, high-speed reconnaissance drone WZ-8," http://www.globaltimes.cn/content/1165936.shtml
139) CSIS Missile Defense Project, April 23, 2024. *DF-41 (Dong Feng-41 / CSS-X-20)*.https://missilethreat.csis.org/missile/df-41/
140) Sebastien Roblin, April 18, 2020. "The DF-100 Is China's Biggest Threat To The U.S. Navy," https://nationalinterest.org/blog/buzz/df-100-chinas-biggest-threat-us-navy-145172

과학 기술력과 군사강국으로서의 면모를 대대적으로 선전하였다.

중국의 핵전략 변화는 미국, 러시아, 아시아 역내 국가, 그리고 국제 비확산 체제 전반에 복합적 의미를 갖는다. 미중 관계의 관점에서 보면 미국은 중국의 핵전력 현대화를 군비경쟁 신호로 보고 상호 불신을 키울 수 있다. 미사일 방어 강화와 중국의 억지력 확대라는 이유는 안정성stability을 강화하기보다, 위기가 닥쳤을 때 불안정성을 높일 위험도 있다. 특히 중국이 절대적 다량 확대보다는 전략적 균형 달성을 목표로 한다면, 향후 다자군축협상 또는 새로운 형태의 다자 핵 레짐 논의가 불가피하다. 미국·러시아 중심의 핵군축 협상 프레임에서 중국도 중요한 행위자로 부상하면서 핵군비통제 대화가 양자에서 삼자, 혹은 다자 체제로 진화할 가능성이 있다. 중국은 미소가 냉전 완화 차원에서 1987년에 합의한 500~5,500㎞ 사정거리인 중·단거리 탄도미사일 폐기INF 협정의 적용을 받지 않는다.[141] 중국은 미·러시아가 보유하지 못한 중거리 탄도미사일 DF-2, DF-16, DF-17, DF-21 등을 다량 보유하고 있다. 중국의 이러한 전력은 대만사태 유사시 미국의 접근력을 크게 제약한다. 중국은 자신의 핵전력 규모가 아직도 두 강대국에 비해 적다는 점을 강조하며 지속적으로 전력을 강화하고 있다.

역내 국가들, 특히 미국의 동맹국들일본, 한국, 호주은 중국의 핵전력 현대화로 인한 안보환경을 재검토할 필요에 직면했다. 만약 중국이 NFU 원칙을 재해석하거나, 미국이 위기를 맞아 확장억제를 충분히 제공하지 못한다는 인식

---

141) Wikipedia, "Intermediate-Range Nuclear Forces Treaty": https://en.wikipedia.org/wiki/Intermediate-Range_Nuclear_Forces_Treaty#:~:text=United%20States%20Senate.-,Contents,have%20jeopardized%20its%20supreme%20interests%22. 이 협정은 2018년 트럼프 대통령이 러시아의 약속 위반과 중국의 위협을 이유로 파기 선언하였다. 이후 미국은 중거리 탄도미사일을 서유럽에 배치할 계획을 발표했으나 아직 실행에 옮기지 못하고 있다.

이 확산된다면, 역내 비핵국가들은 역내 핵확산 압력은 커지고 안보 딜레마는 심화될 것이다. 국제적으로는 비확산·군비통제 레짐에도 영향을 미친다. 중국이 전력을 확대하면서도 NPT 체제 유지를 강조한다면 다른 신흥 핵보유국이나 핵야망 국가들에게 혼재된 메시지로 전달될 것이다. 중국은 한편으로는 핵군축의 필요성을 말하면서, 다른 한편으로는 자신의 안보환경을 이유로 핵전력 현대화를 추진하는 이중성으로 비칠 수 있다. 국제사회에서의 신뢰성 문제를 제기하지만 중국은 미·러 대비 자체 핵전력이 여전히 제한적이라는 점을 부각하려 할 것이다. 장기적으로, 중국의 핵전략 변화는 다극화되는 핵 질서의 중요한 부분으로 자리 잡을 것으로 전망된다. 미국-러시아 양극 체제에서 중국, 인도, 그리고 잠재적으로 다른 국가까지 가세하는 다극 핵구도가 전개될 경우 중국은 이 질서에서 핵심 플레이어가 된다. 이때 중국은 미중 경쟁뿐 아니라 역내 협력·경쟁, 다자군축 포럼, 지역안보 레짐 구축에서도 협상을 주도하는 역할을 수행할 것이다.

| 결론 | 장기 시나리오와 불확실성 관리 전략

시진핑 체제에 들어서면서 중국군은 현대화 개혁과 실전 역량의 강화를 적극 추진하고 있다. 그 결과 중국의 군사력이 아직 미국의 역량에 미치지는 못하지만 서태평양 지역에서의 군사 균형은 이미 중국 쪽으로 기운 것이 아닌가 하는 평가가 미 인도·태평양 사령부의 자체 평가에서 제기되고 있다.[142] 군사력을 전 세계적으로 투사하고 있는 미국과는 달리 중국은 서태평양 지역에만 집중할 수 있기 때문이다. 더구나 중국과는 대조적으로 미국의 대함 미사일 및 해양투사 역량은 최근 급속히 약화되고 있다.

[표2] 2025년 미중 최신 군사력 비교[143]

	미국	중국
현역 병력	1,328,000명	2,035,000명
예비역	80만 명	51만+62만 5천 명(유사군대)
국방비 규모	약 8950억 달러	약 2670억 달러
전투기	1,790대	1,212대
잠수함	70척	61척
군함	440척	754척
항모	11척	3척
주전탱크	4,640대	6,800대
장갑차	390,000대	145,000대
자주포	671대	3,490대
핵무기 보유량	3,748기	미공개(300~400기 추정)

시진핑 중앙군사위 주석은 2018년부터 매년 전군에 훈련 동원을 알리는 '중앙군위 제1호 명령'을 하달하고 있다. 육·해·공군·로켓군 등 전군에 실전 군사훈련을 강조하는 것이다. 이미 2018년 제1차 훈련개시 동원 때 시진핑은 '군사훈련 실전 수준'을 향상시킬 것을 요구하였고, 2019년 제2차 훈련개시 동원 때에는 실전 군사훈련을 실시하여 훈련 및 장비의 질적 수준을 제고하도록 강조하였다. 이와 같이 매년 대대적인 훈련개시 동원을 실시하는 것은

---

142) Mallory Shelbourne, March 2, 2021. "U.S. Indo-Pacific Command Wants $4.68B for New Pacific Deterrence Initiative", *USNI News*: https://news.usni.org/2021/03/02/u-s-indo-pacific-command-wants-4-68b-for-new-pacific-deterrence-initiative

143) Global Firepower, 2025. *Comparison of China and United States Military Strengths*: https://www.globalfirepower.com/countries-comparison-detail.php?country1=china&country2=united-states-of-america

중국군의 발전과 국제형세의 특징에 부합되는 것이고, 훈련의 목적을 더욱 중시하는 분위기 때문이라고 전문가는 평가하고 있다.[144] 매년 실시되고 있는 훈련개시 동원은 강군건설에 대한 시진핑의 확고한 의지를 재차 확인하는 것일 뿐 아니라 정치적으로도 1인 체제를 공고화하기 위한 목적, 그리고 대외적으로 중국의 힘을 과시하기 위한 것으로 보인다. 최근 몇 년간의 중국군의 군사훈련 동향을 살펴보면 중국군의 군사훈련은 그 범위가 인도양, 서태평양, 지중해까지로 확대되었고 훈련실시 횟수도 급증하였다. 또한 실제로 훈련에 참가하는 병력과 장비의 수량도 크게 증가하였다.

한편 중국은 핵전략 강화 차원에서 자체 베이더우 인공위성 시스템 구축도 가속화하는 중이다.

첫째, 베이더우 시스템은 중국군의 C4ISR 능력을 강화시키는 데 중요한 역할을 할 것이다. C4ISR 능력은 중국군의 연합작전 지휘체계에 있어서 없어서는 안 될 필수요건이다. 특히, 군 개혁을 통해 연합작전 지휘체계를 구축한 중국군에게 베이더우 시스템의 중요성은 그 어느 때보다 강조되고 있다.

둘째, 중국군의 타격 능력이 강화될 것이다. 중국의 무기체계에 베이더우 시스템을 장착하게 될 경우 작전의 효율성 향상은 물론 무기체계의 정확도도 크게 제고될 것이다. 특히, 미사일에 베이더우 시스템을 장착하면 미사일의 원거리 정밀타격 능력이 대폭 향상하며 전략무기의 강화로 이어져 정치적인 활용도도 높아질 수 있다. 독자적인 위성항법장치를 구비함으로써 갖는 매우 중요한 전략적 가치라 볼 수 있다.

셋째, 중국군의 원거리 작전능력이 향상될 것이다. 베이더우 시스템은 중국

---

144) 黃今, 2020. "連續三年發布開訓動員令中國軍隊爲何重視實戰化訓練?", http://www.fj.chinanews.com/news/fj_jsxw/2020/457632.html

해·공군의 원거리 작전 기동능력을 향상시켜 중국 주변뿐 아니라 전 지구적 차원에서의 전력투사 능력이 향상될 것이고, 중국의 해외이익을 보호하는 데에도 기여하게 될 것이다.

넷째, 타국과의 군사협력 강화에 활용될 수 있다. 미국과의 관계가 좋지 않거나 국제 제재 등으로 인해 군사적으로 미국의 GPS 활용에 제약을 받고있는 국가들은 중국의 베이더우 시스템에 관심을 갖게 될 것이다. 이를 통해 중국과의 군사협력 관계를 강화시킬 가능성이 높다. 중국이 자체 위성항법 시스템을 보유함으로써 가지게 되는 전략적 가치 중 가장 중요한 지점은 아마 미국의 GPS에 대한 의존도를 대폭 낮출 수 있다는 점일 것이다.

중국의 핵전략 변화는 미중 전략경쟁 시대 장기적 움직임 속에서 전개되는 현상이다. 중국은 여전히 핵사용 문턱을 낮추지 않는다는 방어적 기조를 유지하지만 억지력 제고를 위한 현대화 추세는 명확하다. 향후 수십 년간 계속될 첨단기술 경쟁, 미사일 방어 확장, 핵군축 협상의 압력 속에서 중국이 선택할 대응전략이 어느 정도 진화 가능성을 가지는지 보여준다. 예측 가능한 몇 가지 시나리오를 상정해보자.

첫째, 미국이 미사일 방어를 더욱 강화하고 대중 압박을 지속한다면 중국은 MIRV 및 극초음속전력 확대, SLBM 전력 증강, 사일로 네트워크 완비 등으로 대응하면서 사실상 '적정 수준의 핵균형'을 달성하려 할 것이다.

둘째, 미국과 중국이 대화를 통해 상호 일정한 불확실성을 관리할 수 있는 합의를 한다면 중국은 전력 확대를 일정 수준에서 멈추고 다자군축 협상에 신중히 참여하는 절충적 경로를 택할 수도 있다.

셋째, 지역적 위기대만해협, 남중국해 분쟁가 심각해질 경우 중국은 핵전력을 외교협상의 배후 자산으로 활용, 미국의 개입 억제를 극대화하는 방향으로 재조정할 가능성도 배제할 수 없어 지속적인 관찰이 필요한 상황이다.

불확실성 속에서 국제사회와 주변국들은 중국의 핵전력 변화를 단순히 군비경쟁 신호로만 볼 것이 아니라 미중 전략관계, 역내 안보딜레마, 글로벌 핵 질서 재편 속에서 인식해야 한다. 위기관리 메커니즘 구축, 군축·비확산 의제에서 중국의 참여 확대 등 다양한 접근을 통해 긴장완화와 안정성 확보를 모색할 수 있다. 결국 중국의 핵전략 변화는 역내·글로벌 안보 질서의 변환을 상징하는 사건이다. 미국을 비롯한 핵강대국들에게는 새로운 군축 외교 과제를 던지고, 역내 국가들에게는 안보전략을 재평가해야 한다는 압박을 가하며, 국제사회에는 다극적 핵 질서 관리 문제를 부각시킨다.

불확실한 미래 속에서 중국은 기술 혁신, 정책의 유연성, 국제 질서 재편의 흐름에 맞춰 핵전력을 재구성함으로써 장기적 전략을 마련할 것이며 이 과정은 미중 전략경쟁 시대의 핵심적 관전 포인트가 될 것이다.

CHINA

IV 중국의 경제통상 전략

HEGEMONY STRATEGY

CHINA HEGEMONY STRATEGY | 중국의 경제통상 전략

1 '중국 제조 2025'의 내용과 글로벌 영향

정책 도입 배경과 필요성

1978년 개혁개방 이후 중국 경제는 지난 40여 년 동안 연평균 9%대에 이르는 고속성장을 지속하며 세계 제조업의 최강국으로 부상했다. 중국은 구매력 기준으로는 이미 2014년에 미국을 추월하여 세계 제1의 경제 대국으로 부상했다. 명목 GDP의 경우도 2030년대 중반 무렵이면 미국을 추월할 기세다.

그러나 양적인 성장 뒤에는 한계도 분명했다. 그간 독자적인 기술 혁신 역량 부족, 낮은 품질과 생산효율, 산업구조의 취약성 등으로 선진국 대비 경쟁력이 미흡했다. 값싼 노동력에 의존한 성장 모델도 한계에 봉착했다. 인건비 상승과 환경·자원의 제약이 심화되면서 수출 증가율과 투자 증가율이

둔화되었다.

중국 정부는 제조업의 경쟁력 약화와 성장둔화라는 위기를 인식하면서 경제발전 방식을 고도화하고 중진국의 함정을 극복하기 위한 돌파구로 첨단제조업 육성 전략을 선택했다. 후진타오 시절인 2006년경부터 금융지원을 통해 핵심적인 전략산업을 키우기 시작했다.

중국은 미국이 제시하는 위계적으로 분업화된 세계화를 거부하면서 2015년 5월, 리커창 총리는 국무원을 통해 '중국 제조 2025' 계획을 공식 발표하였다. 향후 10년 동안 중국 제조업을 전혀 다른 수준으로 업그레이드하겠다는 청사진이었다.[145] 독일의 '인더스트리 4.0' 구상에서 영감을 받아 정보기술과 제조업의 융합을 통한 지능형 제조로 전환하는 전략이었다.

'중국 제조 2025'는 시진핑 정부의 국가 비전인 '중화민족의 부흥'과 '제조강국强國 건설'을 목표로 하는 중장기 과제가 되었다. 2025년은 그 10년째가 되는 해다. 중국은 이제 차기 10년 계획을 새로이 추진하고 있다. 향후 10년간 중국은 '중국 제조 2025'의 성과를 담아서 '스마트 플러스'라 약칭되는 제조업과 AI가 역동적으로 결합하는 새로운 목표를 추구하려 한다.

중국의 국가 철학은 유물론이다. 하부구조인 생산력과 생산관계의 변화를 통해 상부구조인 정치·군사 관계를 변혁시키는 것이다. 따라서 '중국 제조 2025'는 단지 중국 국내의 경제역량 변화만을 의미하지 않는다. 중국발 세계전략을 본격적으로 추진함으로써 세계를 변혁한다는 것을 의미한다. 세계가 '중국 제조 2025'에 주목하게 된 이유다.

---

145) 国务院, 2015. "国务院关于印发《中国制造2025》的通知": https://www.gov.cn/zhengce/content/2015-05/19/content_9784.htm

주요 내용과 추진 방식

'중국 제조 2025'의 최상위 목표는 중국을 세계적인 제조 강국으로 성장시키는 것이다. 구체적으로는 품질과 효율을 높이고 첨단기술의 자립을 이루어 글로벌 가치사슬의 최상위로 도약하는 것이다. 이를 위해 핵심 부품 및 소재의 국산화율을 2020년까지 40%, 2025년까지 70%로 끌어올린다는 정량적 목표도 제시되었다. 특히 반도체 분야는 2020년까지 48%, 2035년까지 75% 국산화 목표가 제시되었다. 기본 추진 원칙으로는 혁신 주도, 품질 우선, 친환경 성장, 구조 최적화, 인재 육성의 다섯 가지를 천명하였다. "시장이 주도하고 정부는 유도한다"는 방침 아래, 기업을 혁신의 주체로 강화하고 정부는 금융·재정 지원과 제도 정비로 뒷받침하는 역할을 맡는다는 원칙을 제시하였다. 실제로 중국 정부는 제조혁신센터를 2020년까지 15개, 2025년까지 40개를 설립하고, 수천억 달러 규모의 자금을 투입하는 등 강력한 지원책을 동원하였다. 또한 중소기업의 기술개발을 촉진하기 위해 지식재산권 보호 강화와 국제표준 제정 참여를 독려하고, 기업이 자체 기술표준을 선언하고 활용할 수 있도록 허용하는 등의 조치도 취하였다. 요컨대, '중국 제조 2025'는 중국 정부의 전략적 지휘 아래 시장 메커니즘과 민간의 창의성을 결합해 제조업 전반을 고도화하려는 국가 주도의 산업정책이라 할 수 있다.

1 10대 중점 산업 분야

이 계획은 중국이 향후 기술자립과 세계시장 선도를 원하는 10대 전략산업을 선정해 집중적으로 육성하고자 하였다. 선정된 10대 중점 분야는 다음과 같다.

- 차세대 정보기술 - 반도체, 통신, 5G, 소프트웨어 등 ICT 전반
- 고급 수치제어 공작기계 및 로봇 - CNC 머신툴, 산업용 로봇 등 자동화 장비
- 우주항공 장비 - 항공기, 위성, 항공 엔진 등 첨단 항공우주 기술
- 해양공정 및 첨단기술 선박 - 해양플랜트, 고기술 선박 및 장비
- 선진 궤도교통 장비 - 고속철도 차량, 도시철도 등 철도교통시스템
- 에너지 절약 및 신에너지 자동차 - 전기차, 하이브리드차 및 연료전지차 등 친환경 자동차
- 전력 설비 - 발전 및 송배전 장치, 원전 기술, 신에너지 발전설비
- 농업기계 장비 - 스마트 농기계, 농업용 첨단장비
- 신소재 - 첨단 합금, 특수소재, 나노 신소재 등
- 바이오의약 및 고성능 의료기기 - 바이오의약품, 의료용 로봇·장비 등

이들 분야는 중국 제조업의 미래 먹거리로 간주되어 연구개발R&D 투자, 세제 혜택, 정부 조달 등 각종 지원이 집중되었다. 그 결과 2025년까지 해당 산업에서 지식재산권 보유율과 국내 시장점유율을 크게 높여 핵심기술의 대외의존도를 획기적으로 낮추는 것이 목표다.

2 3단계 로드맵과 세부 계획

'중국 제조 2025'는 단발성이 아닌 3단계에 걸친 장기 로드맵의 1단계첫 10년 계획이다. 중국 정부는 2015~2045년까지 30년에 걸쳐 10년 단위로 제조업의 발전 목표를 상향 설정하는 '삼단계三步走' 전략을 수립했다.[146] 각 단계별 목표는 다음과 같다.

---

146) 김재신, 2015. 『중국 제조 2025』 국가나노기술정책센터: chrome-extension://efaidnbmnnnibpcajpcgl clefindmkaj/https://repository.kisti.re.kr/bitstream/10580/6211/1/2015-039%20%EC%A4%91%EA%B 5%AD%EC%A0%9C%EC%A1%B0%202025.pdf

[그림6] 한눈에 보는 중국 제조 혁신의 가속화
(특히 2019년부터의 변화에 주목. 용인대 박승찬 교수 제공)

1단계(2015~2025년)-글로벌 제조 강국 대열 진입

2020년까지 기본적인 산업화 완성을 전제로 제조업의 경쟁력을 크게 향상시키고, 2025년까지 독일·일본 등 선진 제조국 수준에 근접하는 것을 목표로 삼았다. 특히 제조업의 디지털화·네트워크화·스마트화를 적극 추진하여 생산 효율과 제품 품질을 높이고 주요 산업의 에너지 효율 향상과 오염물 배출 저감을 실현하는 것이다. 이 단계에서 중국은 세계 제조업 가치사슬의 중·고부가가치 영역으로 진입하고, 국제적으로 경쟁력 있는 글로벌 기업과 산업 클러스터를 육성하는 데 주력한다.

2단계(2026~2035년)-글로벌 제조 강국 중위권 도약

2035년까지 중국 제조업을 세계 제조 강국의 중간 수준까지 끌어올리는 것

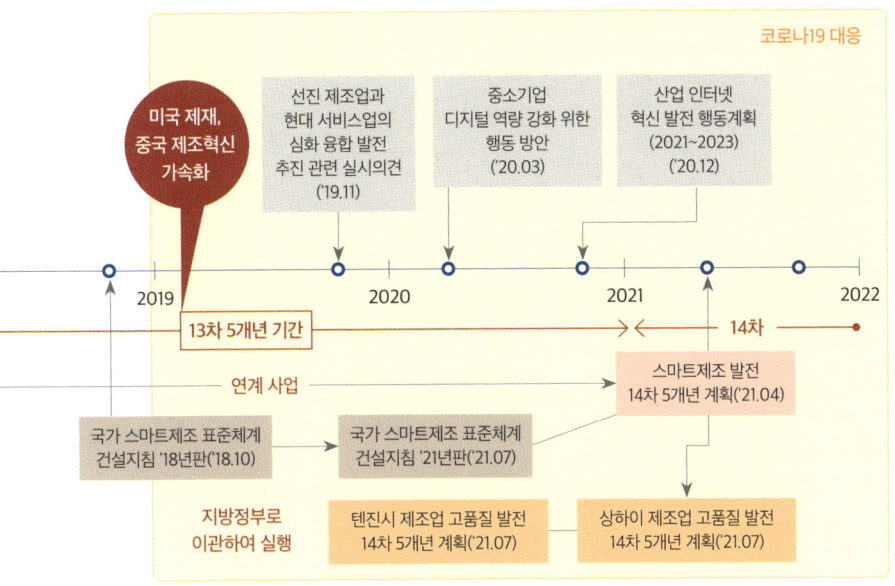

이 목표다. 혁신역량을 대폭 강화하여 핵심 분야에서 큰 성과를 이루고 일부 우위 산업은 글로벌 시장을 주도할 수 있을 만큼 경쟁력을 확보한다는 구상이다. 이로써 중국 제조업이 양적 규모뿐 아니라 질적 측면에서도 세계 제조 강국의 중위권 반열에 진입하게 한다는 계획이다.

3단계(2036~2045년)-세계 제조업 선도국 달성

2045년까지 중화인민공화국 수립 100주년 2049년을 앞두고 중국을 세계 최고 수준의 제조 강국으로 자리매김하는 것이 최종 목표다. 주요 산업 분야에서 세계 최첨단 기술과 산업 시스템을 구축하고, 핵심기술에서 확고한 우위를 갖춤으로써 글로벌 제조업을 주도하는 국가로 발전한다는 비전이다. 이 단계가 완성되면 명실상부한 제조업 제1강국으로서 '중국 제조→중국 창조'의 전환과 '중국몽中國夢' 실현의 기반을 갖추게 될 것이라 기대한다.

중국은 제조업의 성장을 바탕으로 세계에 영향력을 행사하고 기존의 미국과 서방이 주도하던 국제 질서를 변혁시키려 하는 것이다.

'중국 제조 2025'의 영향

1 중국 경제·산업에 미친 영향

'중국 제조 2025' 시행 이후 중국의 제조업 경쟁력 지표들은 상당한 변화를 보였다. 우선 산업 전반의 기술력과 부가가치 수준의 상승으로 중국은 세계 최대의 제조업 국가로서 그 지위를 공고히 했다. [그림7]에서 보듯이 2024년 기준 중국의 제조업 부가가치는 세계 점유율 약 35%로 확대되어 미국 등 경쟁국을 크게 앞질렀다.[147] 제조업 분야에서 인도, 베트남, 인도네시아 등으로 많은 다변화가 이뤄지고 있지만, 현재 중국을 대체할 제조업 국가는 당분간 부재하다는 것이 현실이다. 트럼프 2기 행정부에서 국무장관이 된 미 상원의원 마르코 루비오가 주도한 2024년 보고서에서 중국은 현재 44개의 핵심기술 중 37개 분야에서 선두를 달리고 있다고 강조했다.[148]

---

147) Safeguard Global. August 29, 2024, "Top 10 manufacturing countries in the world in 2024": https://www.safeguardglobal.com/resources/blog/top-10-manufacturing-countries-in-the-world/#:~:text=China%20%E2%80%93%2031.6%25%20Global%20Manufacturing%20Output,navigating%20a%20complex%20regulatory%20environment. 유사하게 China Power Team. "Measuring China's Manufacturing Might" *China Power*. December 17, 2024. Updated December 18, 2024.:https://chinapower.csis.org/tracker/china-manufacturing/#:~:text=China's%20Manufacturing%20Dominance,-China%20has%20rapidly&text=China's%20lead%20has%20widened%20since,%2C%20Germany%2C%20and%20India)

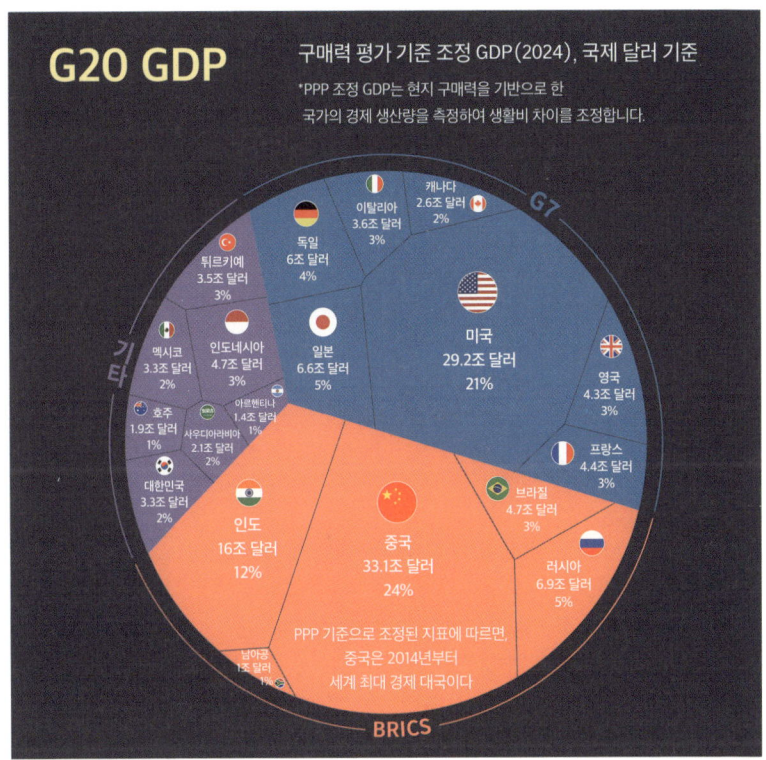

[그림7] 구매력 기준으로 본 G20 국가들의 GDP[149]

첨단 제조 분야에서의 성과도 두드러지게 발전했다. 전기차EV와 신재생에너지 기술 분야에서 중국은 글로벌 선도자가 되어 BYD, CATL 등의 기업이 세계 시장을 주도하고 있으며, '중국 제조 2025'가 노린 성과 중 하나로

---

148) Marck Rubio, 2024. *The World China Made* (The Office of Senator Marco Rubio): chrome-extension://efaidnbmnnnibpcajpcglclefindmkaj/ https://www.americanrhetoric.com/speeches/PDFFiles/Marco-Rubio-The-World-China-Made.pdf
149) Pallavi Rao, December 10, 2024. Ranked: The World's 20 Largest Economies, by GDP (PPP): https://www.visualcapitalist.com/ranked-the-worlds-20-largest-economies-by-gdp-ppp/

[표3] '중국 제조 2025' 전체 프레임

5대 중점프로젝트(단기)	9대 과제(중장기)	10대 전략산업(중장기)
국가 제조업혁신센터 구축	전통 제조업의 구조조정 확대	현대화된 농업기계설비
	서비스형 제조업 및 생산형 서비스업 육성	전력 설비 산업
스마트 제조업 육성		고정밀 수치제어 및 로봇
	제조업 혁신능력 제고	신소재 산업
공업기초역량 강화 (공업강기)	제조업 기초역량 강화	제약·바이오 및 고성능 의료기기
	제조업 국제화 수준 제고	차세대 IT기술
첨단장비의 혁신	IT기술과 제조업의 융합	선진궤도 교통설비
	친환경 제조업 육성	해양장비 및 첨단기술 선박
친환경 제조업 육성	품질향상 및 브랜드 제고	항공우주장비 산업
	10대 전략산업 육성	에너지절약 및 신에너지 자동차

[표4] '중국 제조 2025' 핵심 산업 점유율

산업 분류	세계 시장 점유율	대표 기업
신에너지차 (전기차 및 전기차용 배터리)	전기차(하이브리드차 포함): 70%, 배터리: 60%(1위)	BYD(전기차) CATL(배터리)
인공지능(AI)	20%	DeepSeek, Alibaba, Baidu
바이오의약, 의료기기	백신: 10%	시노팜, CanSino
고속철도	50% 이상(1위)	CRRC
산업용 로봇	30%	ESTUN, 유비테크, 유니트리
태양광	85%(1위)	Longi
파운드리	6%	SMIC
5G 이동통신	60%(1위)	Huawei
농업기계	5~6%	YTO, Lovol
조선	56%(1위)	CSSC
항공	여객기: 6%	COMAC
드론	80%(1위)	DJI
특수철강	12%(1위)	Baowu
송전장비	80% 이상 (1위)	State Grid Corporation of China(국가전력망공사)

※ 출처: 이벌찬, 조성호, 김태준, "中 '2025년 제조업 석권'... 10년 전 그 위협, 현실 됐다", 〈조선일보〉, 2025.05.27: https://www.chosun.com/international/international_general/2025/05/27/NBP6LEUPPZBNZOXORYZJMBCZYE/

평가된다.[150] 5세대 통신5G 인프라 구축과 스마트 제조 설비 보급도 빠르게 진행되어 중국 통신·전자 기업들의 위상이 크게 높아졌다. 실제로 화웨이, ZTE 등의 설비를 앞세운 중국의 5G 확산은 전 세계 통신시장 판도에 영향을 줄 만큼 진전을 이루었다. 제조 현장의 자동화·지능화 수준도 개선되어 산업용 로봇을 도입하고 스마트공장의 보급이 급증하는 등 생산성이 크게 향상되었다. 변화를 통해 중국 제조업의 노동생산성과 R&D 투자 규모는 지속적으로 상승하여 혁신형 경제로의 전환에 한 걸음 더 다가섰다.

핵심기술 자립의 성과는 분야별로 엇갈린다. [표4]에서 보듯이 반도체, 인공지능, 바이오의약과 같은 일부 첨단 분야에서는 아직도 해외 의존도가 높다. 국가적인 총력을 기울이고 있으나 어려움을 겪고 있다. 2018년 미중 전략경쟁을 시작한 미국의 집중적인 견제 요인이 크다. 2010년대 후반부터 첨단 칩 설계와 제조 기술 분야에서 미국이 대중국 반도체 수출 규제를 강화하면서 발전이 지연되고 있다. 그럼에도 불구하고 중국은 메모리, 소재 등 일부 분야에서 국산화 비중을 점차 높이며 부분적으로 성과를 거두고 있다. 2023년 화웨이가 5나노칩 생산에 성공한 것이 그 예다. 세계 생산의 70%를 차지하고 있는 실리콘 소재를 뒤흔들 새로운 소재를 개발 중이다. 차세대 반도체 소재인 질화 갈륨GaN은 중국이 2023년 현재 세계 생산량의 98%를 차지하고 있다. 그리고 역시 새로운 소재인 탄화규소 역시 세계 생산량의 50%를 차지한다.[151] 첨단 항공우주, 신에너지차, 고속철도, 태양광, 드론, 배터리

---

150) Farhad Gojayev, FEB 9, 2025. "Opinion – The Mixed Results of Made in China 2025": https://www.e-ir.info/2025/02/09/opinion-the-mixed-results-of-made-in-china-2025/
151) KOTRA, 2024.7.8. "무역통계로 보는 중국 반도체 공급망,": https://dream.kotra.or.kr/kotranews/cms/news/actionKotraBoardDetail.do?SITE_NO=3&MENU_ID=180&CONTENTS_NO=1&pNttSn=216881. 또한 『매일경제』 2023년 8월 6일. "미래반도체 필수소재인 '이것'… 98% 생산하는 중국이 틀어쥐었다" 참조

등의 영역에서는 세계적인 경쟁력을 갖추었다. 종합하면, '중국 제조 2025'는 중국 제조업의 질적 도약을 견인하여 상당 부분 목표를 달성했다. 그러나 미중 전략경쟁이 격렬해지는 상황에서 전면적인 기술자립까지는 여전히 난관이 남아 있다.

2 국제사회의 반응과 글로벌 시장 영향

중국의 이 같은 산업 전략은 글로벌 경제 질서와 경쟁 구도에도 큰 파장을 일으켰다. 선진국들은 첨단 산업에서 중국의 급부상을 경계하며 다양한 대응에 나섰다. 특히 미국은 노골적으로 반발하였는데, 트럼프 1기 행정부 시절 '중국 제조 2025'를 대중 무역제재의 주요 표적으로 삼았다.[152] 2018년 미중 무역전쟁 국면에서 미국은 중국의 첨단제품에 관세를 부과하고 중국 기업의 미국 기술 인수를 차단하였다. 그러자 중국 정부는 국영 언론에 '중국 제조 2025'라는 표현 사용을 삼가도록 지침을 내리는 등 마찰을 완화시키려는 모습을 보였다. 이후 미중 경쟁이 기술 분야로 확산되면서 첨단기술의 수출 통제와 투자 제한 조치 등이 이어졌다. 미국은 바이든 행정부 시절에도 CHIPS법(반도체 지원법) 제정, 대중국 첨단장비 수출 통제, 클린 네트워크 이니셔티브 등의 조치를 통해 중국의 기술굴기를 견제했다. 미국은 동맹국들과 반도체 공급망 협의체(이른바 '칩4')를 구축하는 등 중국을 배제한 기술 블록을 형성하여 핵심 부품 의존도를 낮추는 전략을 취했다. 다만 트럼프 2기 행정부에서는 미국 일방주의와 보호주의 정책을 강화하면서, 동맹들과의

---

152) Sidney Leng, June 26, 2018. "Beijing tries to play down 'Made in China 2025' as Trump escalates trade hostilities", *South China Morning Post*: https://www.politico.com/story/2018/06/26/beijing-made-in-china-2025-trump-trade-651852#:~:text=Beijing%20is%20attempting%20to%20play,his%20trade%20battle%20with%20China

연대는 약화되고 있다. 트럼프는 다자적인 방식보다는 양자적인 협상을 통해 자신의 정책 의지를 관철하려 하고 있다.

유럽연합EU 역시 중국의 산업 정책에 우려를 표하면서 자체적인 대응에 나섰다. EU는 유럽 산업 전략을 수립해 로봇, 배터리, 반도체 등 자국의 핵심 산업 경쟁력 강화를 추진하는 한편, 대중 투자심사 강화와 무역규제 수단을 통해 중국발 불공정 경쟁에 대비했다. 그러나 유럽은 미국에 비해 비교적 균형 잡힌 접근을 취하고 있다. 중국 시장의 기회를 완전히 포기하지는 않으면서도 전략산업의 기술주권을 지키려는 노선을 택했다. 일본, 대만, 한국 등도 중국의 제조업 급성장에 자극받아 자국의 주력 산업을 보호하고 경쟁력을 제고하는 정책을 강화했다. 세계 각국의 대응은 글로벌 차원에서 기술 패권 경쟁을 한층 가속화시켰으며 세계 무역 환경에도 변화를 가져왔다. 중국 제조 역량의 급속한 부상으로 일부 산업에서는 가격 경쟁과 공급과잉 현상이 나타나 세계 경제의 안정성을 위협하고 있다. 반면 개발도상국들은 값싸고 효율적인 중국산 설비와 기술을 이전받아 제조업의 현대화 기회를 얻는 효과도 있었다. 결과적으로 '중국 제조 2025'는 국제무대에서 논쟁적 이슈가 되었고 무역 분쟁과 보호무역주의 부상의 한 요인으로 작용하면서 현재 진행 중인 글로벌 공급망 재편에 막대한 영향을 미치고 있다.

CHINA HEGEMONY STRATEGY | 중국의 경제통상 전략

2 '중국 표준 2035'와 2050 세계 경제 전망

'중국 제조 2025'에 따른 중국의 제조업 고도화 전략은 세계 경제는 물론 한국 경제에도 중대한 파장을 끼쳤다. '중국 표준 2035' 전략은 이제 강력한 중국의 제조업 역량을 바탕으로 세계로의 영향력 확대 전략이다.

한국은 최근 10여 년 동안 중국의 최상위 교역국이었다. 그동안 중간재와 소재·부품을 수출해 왔는데 중국이 자체 공급망을 강화하고 수입 대체를 추진하면서 국내의 수출기업들의 입지가 크게 위축되고 있다. 실제로 한국무역협회KITA는 '중국 제조 2025' 보고서에서 중국의 기술자급 목표 달성 시나리오를 분석하며 한국의 대중 수출 축소와 시장 잠식 우려를 제기하였다.[153] 반도

---

153) KITA, February 14, 2019. "중국 제조 2025 추진성과와 시사점." Wikipedia, 2025. "Made in China 2025" 재인용: https://en.wikipedia.org/wiki/Made_in_China_2025#:~:text=A%20report%20by%20the%20Korea,improving%20Korean%20innovation%2C%20preventing%20brain

체, 디스플레이, 스마트폰, 자동차 등 한국의 주력 산업 분야에서 중국 업체들이 빠르게 성장하면서 글로벌 시장에서 한국을 추월하고 있다. 중국 내 수요도 자체 생산된 제품으로 대체되고 있다. 동 보고서는 중국의 산업구조 변화로 첨단장비·소재 수요가 증가하여 한국 기업에 새로운 기회가 생길 수 있다는 가능성도 지적하였다. 무역협회 등은 한국 산업의 혁신 역량 제고와 인재 유출 방지, 중국과의 초격차 유지, 핵심 부품의 국산화 등을 통해 중국의 성장에 대응하도록 촉구하였다.

한국 정부도 자체적인 제조업 혁신 전략을 추진해 왔다. 중국의 '중국 제조 2025'에 앞서 2014년 발표된 '제조업 혁신 3.0' 전략은 2024년까지 한국을 세계 4대 제조 강국으로 도약시키겠다는 목표 아래 스마트공장 보급, IT-제조 융합 등을 내세웠다. 그 지향점이 중국의 '중국 제조 2025'와 상당 부분 겹쳤다. 양국 모두 제조업+IT 융합을 통한 스마트 제조를 핵심으로 삼고 있어 향후 한중 산업 경쟁은 한층 치열해질 전망이다. 실제로 최근 몇 년 새 한국과 중국의 제조업 기술격차가 빠르게 좁혀지고 있어 한국으로서는 추격을 따돌릴 새로운 돌파구가 필요한 상황이다. 전문가들은 한국이 창의성과 융합을 통한 차별화 전략으로 승부를 걸지 않으면 제조 강국으로서 우위를 지키기 어렵다고 지적한다. 한국이 전통적으로 강점을 가져온 산업화 기술 제품화 능력을 살려 중국보다 한발 앞선 신제품 개발과 고부가가치화에 주력하는 동시에 상대적으로 취약한 소재·부품은 국내 기술로 확보하여 밸류체인 완결성을 높이는 노력이 필요하다고 주문한다.

현재 시점에서 판단하건대 한국은 경제적 여건, 정책의 문제점, 교육 체제의 구조적·인재적 요인 등으로 이미 이러한 기회를 거의 상실한 것이 아닌가 할 정도로 중국과의 경쟁에서 뒤처지고 있다. 따라서 '중국 제조 2025'는 한국에 위기이자 도전으로 다가온다. 한국은 정부과 기업의 새로운 전략, 기술

[표5] '중국 표준 2035'의 주요 산업[154]

8대 신산업	9대 신산업
차세대 정보 기술	메타버스
신재생에너지	뇌·기계 인터페이스
신소재	양자 데이터
고부가가치 장비	휴머노이드 로봇
신에너지 차량	생성형 인공지능
녹색 환경 보호	바이오
민간용 항공	미래 디스플레이
선박 및 해양 공학 장비	미래 네트워크
	신형 에너지 저장(배터리)

자료=중국 정부 '신산업 표준화 선도 사업 시행 계획(2023~2035)' 문건

혁신 가속화, 산업구조의 고도화로 대응함으로써 향후 한중 경제 관계의 새로운 균형을 모색해야 할 과제를 안게 되었다. 아마도 세계 거의 모든 나라들이 중국과의 관계에서 직면하게 될 과제라고 할 것이다.

'중국 제조 2025'의 실적에 대한 평가는 대체로 긍정과 보완의 필요성이 혼재한다. 외부 평가에 따르면 중국은 계획에서 설정한 세부 목표의 70~80% 가량을 달성한 것으로 추정된다. 배터리, AI, 로봇, 전기차, 신에너지, 통신 설비 등에서는 이미 세계를 선도하고 있다.[155] 중국이 양적 생산능력뿐 아니라 질적으로도 제조 최강국의 반열에 진입했음을 보여주는 지표다. 반면 초미세 반도체, 항공 엔진 등 일부 전략기술에서는 여전히 외국 기술에 의존

---

154) 新华社, 2021.3.13. 『中华人民共和国国民经济和社会发展第十四个五年规划和2035年远景目标纲要』. https://www.gov.cn/xinwen/2021-03/13/content_5592681.htm
155) Farhad Gojayev, FEB 9. 2025.

하거나 목표 대비 진전이 미흡하다. 이러한 한계는 미국을 비롯한 선진국의 견제와 글로벌 공급망 불안정 같은 대외적 제약 요인과 중국 내부의 기초과학 역량 부족, 지역 간 발전격차 등의 구조적 문제에 기인한다.

중국 정부는 제조업 강국화 전략을 지속적으로 추진할 의지가 강하다. 미·중 마찰 이후 공식적으로는 '중국 제조 2025'라는 표현을 자제하고 있지만, 핵심 취지인 첨단기술 자립과 산업현대화 목표는 [표5]에서 보듯이 14차 5개년 계획과 '중국 표준 2035' 구상 등에 계승되어 추진 중이다. 시진핑 지도부는 2035년까지 세계 기술 혁신 선도국이 되겠다는 목표를 설정하고 국가 차원에서 반도체, AI, 친환경기술 등 6대 분야에서 세계 최고가 되기 위한 투자를 아끼지 않고 있다. 그 핵심은 반도체의 자립이다. 향후 중국은 내수 중심의 '쌍순환' 전략과 연계하여 자국 제조업 생태계의 자립도를 높이고, 동시에 국제표준을 선점하고 일대일로를 통한 해외시장을 확장해 제조강국의 지위를 강화할 것으로 보인다.

2단계 2026~2035년 전략에서는 중국이 지금까지 축적한 기반 위에 질적 비약을 시도할 것이다. 첫 10년의 경험으로 중국 기업들은 기술개발 능력을 높였고 일부 분야에서 글로벌 리더로 부상했다. 중국은 고급 제조업의 완전한 자급자족과 자국 브랜드의 세계화를 한층 가속화할 것이다. 다만 대외적으로 미국 등과의 기술패권 경쟁이 지속되고 있어 첨단장비와 소프트웨어의 대외 의존을 얼마나 줄이느냐가 가장 큰 과제가 될 것이다. 만약 중국이 반도체 굴기 등 난제를 돌파하지 못한다면 2단계 계획에 제동이 걸릴 수 있다. 그러나 반대로 AI, 배터리 등 일부 분야에서 돌파구를 마련하면 그 분야부터 세계 시장을 중국 주도로 재편할 가능성이 높다. 중국 내부적으로 산업 과잉투자, 지방정부 간 중복사업 등의 비효율을 해소하고 중서부 등 취약 지역의 제조업 발전을 균형 있게 이루어야 목표 달성이 가능할 것이다. 긍정적인 측면은 시진핑 체제가 극심했던 지방 이기주의, 정책 결정에서 분절적이었던 체제적 특성을 상당 부분 극복했다는 점이다. 중국은 보다 융합적이고 숙의적인 결정을 내리는 위원회소조와 같은 조직이 발달되어 있다. 동시에 중국의 정치 지도자들은 이미 2002년부터 당의 최고 지도부인 정치국에서 거의 매달 학습회의를 개최하여 당과 정부에서 필요로 하는 다양한 분야의 융합적인 지식과 정보 공유를 추진하고 있다. 2022년 10월의 제20차 당대회 이후 2025년 6월 현재 벌써 20차례의 집단 학습회의가 개최되었다.[156]

종합적으로 볼 때, '중국 제조 2025'는 중국 제조업을 업그레이드하는 촉매제 역할을 톡톡히 수행했다고 할 수 있다. 이 정책으로 중국은 일부 첨단산업에서 두각을 나타내며 세계 제조업의 판도를 바꾸는 데 성공했다. 향후에도 중국은 이름만 바뀔 뿐 유사한 제조업 강화 전략을 지속적으로 전개할 것이다. 2035년 그리고 2045년의 최종 목표에 다가가기 위해 막대한 투자와 정책 지원을 멈추지 않을 것이다. 중국은 내부적으로도 제조업 분야에서 세계에서 가장 치열한 혁신과 생존의 각축장이 되고 있다. 중국의 제조 강국 전략이 얼마나 실효를 거둘지, 그리고 이에 따른 글로벌 산업 질서의 재편이 어떻게 전개될지는 미중 기술경쟁의 향배와 세계 각국의 대응도 큰 변수가 될 것이다. 향후 중국이 계획한 대로 '세계의 공장'에서 '세계의 혁신 공장'으로 거듭나기 위한 치열한 각축이 벌어질 것이다.

미중 전략경쟁 분야에서 중국의 접근은 더욱 정교하다. 인도·태평양 전략에서 미국의 바이든 정부가 가치동맹을 강화하려는 시도에 대해 역내 다자주의, 경제협력, 아세안 중심 강조로 대응하며 글로벌 남반구Global South와

---

156) 자세한 내용은 https://www.12371.cn/에 들어가 정치국집체학습 항목을 열면 볼 수 있다: https://www.12371.cn/special/lnzzjjtxx/index.shtml

의 협력을 통해 서방 중심의 질서에 대안적 선택지를 제공한다. 우주·사이버 영역에서는 신흥 안보 질서 형성을 놓고 기술·규범 경쟁을 벌이고, 홍콩 민주화나 신장·티베트 인권 문제에서는 발전권과 문화 다양성 논리로 서방식 인권 규범에 도전한다. 대만 문제에서는 장기적인 통일을 목표로 두고 군사·경제·외교·문화 등 다면 전략을 통해 미국 개입을 억제한다. 중국 군부와 지도자들은 최근 발생한 러시아-우크라이나 전쟁에서 양측의 군사적 취약성을 목도할 수 있었다. 중국은 지속 가능한 현대전 역량에서 세계 최강이라 자부한다. 2025년 5월, 인도-파키스탄 전쟁은 중국제 무기로 무장한 파키스탄 공군이 서방 무기로 무장한 인도 공군을 격퇴시켰다. 중국은 이제 질적으로도 서방제 무기에 뒤지지 않는다는 확신을 갖게 된 것이다. 대만에 대한 군사작전의 고려가 더 커질 것으로 전망된다.

중국은 남중국해·동중국해·한반도 핵 문제·러-우 전쟁·이스라엘-하마스·이란 관련 중동 분쟁 등 다양한 지역의 안보 분쟁에 대해서는 직접적인 군사개입보다는 비군사적 회색지대 전술, 다자협상 활용, 경제 원조 제공, 중개자 역할, 인도주의·평화담론 부각 등 복합전략을 구사한다.

러시아-우크라이나 전쟁에서 중국은 중재외교, 인도지원, 평화협상 촉구라는 명분과 서방의 제재에 대한 불참과 러시아와의 경제협력 강화라는 실리 사이를 교묘히 조율하였다. 이를 통해 군사개입 없이도 복합적 이익을 확보하며 유럽과 개도국에 대안적 파트너 상을 제시한다. 중동 문제에 있어서도 중국은 경제협력·다자포럼·균형적 어법을 통해 편향 질서에 대한 대안적 모델을 모색한다. 에너지 안보와 일대일로 연계를 통한 레버리지를 확보하며 아랍 포럼, 이란 핵합의 복원을 지지하고 팔레스타인 문제에 대한 균형적 방안제시와 지원 등을 활용한다.

중국은 핵전략에서 '최소 억지' 원칙을 여전히 표방하면서도, 최근 다탄두 독립재진입체MIRV, 잠수함발사탄도미사일SLBM, 사일로 건설 등 전력의 현대화를 통해 억지력과 신뢰성을 동시에 쌓아가고 있다. 미국 미사일 방어MD, 정밀타격 능력 진전에 대응해 안정적인 2차 공격 능력을 보장하고 장차 군축 협상에서 협상력을 강화하려는 장기적 포석이다. 중국은 여전히 책임 있는 핵보유국의 이미지, 비확산 원칙 수용을 강조한다. 그러나 미래의 불확실성 속에서 핵전력 확대를 정당화함으로써 미중 전략경쟁 시대 핵질서 재편의 핵심 행위자로 등장할 잠재력을 축적하고 있다.

국제경제 분야에서 중국의 '중국 제조 2025' 프로젝트, 다자 경제협력, 무역 불균형 문제, 공급망 재편디커플링-디리스킹 흐름, 에너지 안보, 위안화 국제화를 활용하는 방식에 주목한다. '중국 제조 2025'는 산업고도화와 기술자립을 위한 국가 주도 전략으로 지속가능한 경제전환과 제조업 질적 도약을 추구하는 핵심 정책이다. 다만 미국의 견제와 기술격차는 여전히 도전 과제로 남아 있다. 역내포괄적경제동반자협정RCEP이나 일대일로BRI, 아시아인프라투자은행AIIB 등을 통해 중국은 단순히 무역 확대를 넘어 역내의 가치사슬·규범·제도를 재편하고자 한다. 무역전쟁 속에서도 중국은 탄력적 대응으로 미국 의존도를 줄이고 제3국시장 개척과 비관세 조치 등 실용적 수단을 활용한다. 공급망 디커플링 움직임에 맞서 중국은 다양한 지역·기술 파트너 확보, 핵심기술 자립, 디지털 인증과 표준화 전략을 통해 중장기 자율성을 확보하려 한다. 에너지 안보 분야에서도 중국은 남남협력, 녹색전환, 재생에너지 투자, 인프라 연결성 제고로 석유·가스 의존도와 기후 리스크를 통합 관리하며 중장기적으로는 위안화 국제화를 통해 달러 패권에 도전하고 금융체계 다극화를 추진한다.

기술경쟁 분야에서 중국은 더욱 활발한 혁신과 새로운 시도를 보이고 있다. 과학기술 전략 측면에서 기초연구, R&D 투자, 인재정책, 혁신펀드 조성 등을 동원해 AI·반도체·양자기술·5G·6G 통신 등 미래 산업 핵심 영역에서 서방주도의 표준에 도전한다. 통신 네트워크 분야에서 중국은 5G 인프라와 디지털 실크로드를 매개로 글로벌 규범과 표준 전쟁을 벌이며, 데이터 안보 차원에서는 '사이버 주권'을 강조하는 법제·제도 정비로 기존 디지털 거버넌스에 대안적 모델을 제안한다. 반도체 분야에서는 자립화, 생산체계 확립, 중장기 국산화 전략으로 미국 제재를 극복하려 하고, 인공지능·양자컴퓨터 등 첨단기술 분야에서 대규모 투자와 전략적 기업 육성으로 미래 지형을 선점하려 한다.

종합하자면 본서는 미중 전략경쟁 시대 국제 질서가 단순한 이념 대립이나 군사력 경쟁이 아니라 경제·금융·통화·기술·안보·규범·가치 등 다면적 차원에서 복합적으로 재편되는 양상이 되고 있음을 관찰한다. 중국은 경제협력, 기술표준, 인프라투자, 다자기구·포럼 활용, 규범경합 등 다양한 수단을 통해 기존 서방 중심의 세계 질서에 균열을 내고, 장기적 대안 질서 형성을 위해 여건을 마련한다. 군사적 개입을 최소화하면서도 '비군사적 영향력 극대화' 전략을 펼치며, 이를 통해 중장기적으로 자율성과 교섭력을 확대한다. 결국 시진핑 지도부는 보편성-호혜성-포용성에 기반을 둔 새로운 다극화 국제 질서 구축 차원에서 브릭스 협의체BRICS와 글로벌 남반구 국가들과 연대를 강화해 나가며 국제 질서를 개편하려는 입장을 보여주고 있다. 중국은 미국의 달러 패권 문제를 지적하며 달러 헤게모니 약화를 위해 중·러 간 교역뿐만 아니라 BRICS, 상하이협력기구SCO, Shanghai Cooperation Organisation, 글로벌 남반구 국가들과의 강력한 협력을 토대로 BRICS 화폐 구축 등을 통한 탈달러화 추진을 가속화시키려는 구상을 하고 있다.

다극적이고 복합적인 질서 속에서 기존의 서방 동맹국, 역내의 중견국, 개도국 모두가 중국의 다면적 접근에 대응하기 위한 새로운 전략적 유연성을 모

실질 GDP 수준(2021) 추정치, USD trillion

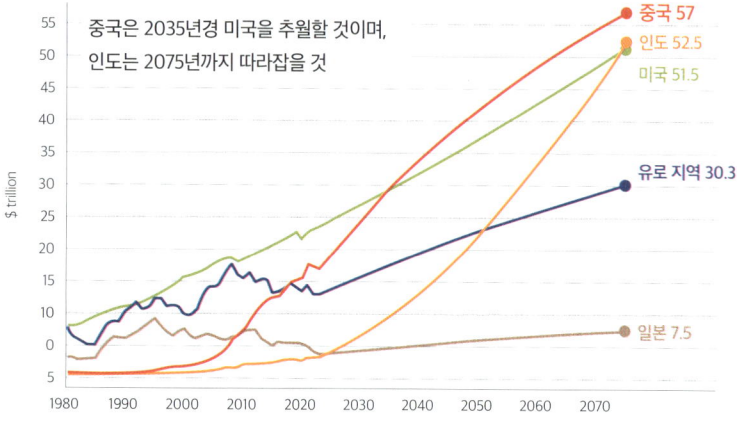

우리의 예측에 따르면 중국, 미국, 인도, 인도네시아, 독일이 2050년에는 세계 5대 경제 대국이 될 것으로 보인다.

세계 최대 경제 대국(달러 기준)

순위 정하기	1980	2000	2022	2050	2075
1	미국	미국	미국	중국	중국
2	일본	일본	중국	미국	인도
3	독일	독일	일본	인도	미국
4	프랑스	영국	독일	인도네시아	인도네시아
5	영국	프랑스	인도	독일	나이지리아
6	이탈리아	중국	영국	일본	파키스탄
7	중국	이탈리아	프랑스	영국	이집트
8	캐나다	캐나다	캐나다	브라질	브라질
9	아르헨티나	멕시코	러시아	프랑스	독일
10	스페인	브라질	이탈리아	러시아	영국
11	멕시코	스페인	브라질	멕시코	멕시코
12	네덜란드	한국	한국	이집트	일본
13	인도	인도	호주	사우디아라비아	러시아
14	사우디아라비아	네덜란드	멕시코	캐나다	필리핀
15	호주	호주	스페인	나이지리아	프랑스

출처: 골드만삭스 글로벌 투자 리서치

[그림8] Goldman Sachs 2070년까지의 세계 경제 전망[157]

색하고 있다. 이 전략에 따라 기존의 진영 논리나 이념적 일원화가 효용을 상실하고 각 국가가 상황별·이슈별 상이한 협력·경쟁 모델을 동원하는 시대가 도래했음을 의미한다.

향후 수십 년간 중국의 장기적 전략, 규범·기술·안보 거버넌스 경합, 불확실성 상존 속에서 국제 정치·경제 패러다임은 한층 더 다극적이고 역동적인 형태로 재구성될 것이다. 중국은 다극화 세계 속에서 가장 강력한 리더십을 지닌 국가로 자리매김할 것이다. [그림8]은 골드만삭스가 실질 GDP로 환산한 2050년 세계 경제 전망이다. 중국은 구매력 기준으로는 이미 2014년 미국을 능가하였지만 2030년대 중반에는 실질 GDP 규모도 미국을 능가할 것으로 전망된다.

본서는 이상과 같은 변화를 다각도로 살펴봄으로써 독자들에게 미중 전략경쟁이라는 거대 흐름 속에서 중국의 복합전략과 국제 질서 변화를 이해하는 데 필요한 통합적 시각을 제공하고자 한다. 이제 본문의 상세한 분석과 사례 연구를 통해 이 복잡한 세계 정치·경제 전환기의 실체를 좀 더 면밀하게 파악해나갈 수 있을 것이다.

---

157) https://www.goldmansachs.com/insights/articles/the-global-economy-in-2075-growth-slows-as-asia-rises. 전 세계은행 부총재였던 린이푸 역시 동일한 주장을 하고 있다. https://www.thestandard.com.hk/market/article/69365/China-still-on-track-to-become-the-largest-economy-by-2035

CHINA HEGEMONY STRATEGY | 중국의 경제통상 전략

3 다자 경제협력

| 배경 | 아시아 경제 질서 재편과 미중 전략경쟁

21세기에 들어 아시아 지역은 세계 경제성장의 핵심 동력으로 자리 잡았으며 이와 맞물려 전 지구적 가치사슬이 아시아를 중심으로 재편되고 있다. 전통적으로 동아시아는 제조업 기반의 수출주도형 성장모델을 통해 글로벌 생산 네트워크에서 핵심 허브로 부상하였다. 미국발 세계화에 부응하여 아세안을 비롯한 역내 국가들은 조립·가공 및 서비스업 확장을 통해 다층적 분업체계를 정착시켰다. 생산 네트워크는 저비용 노동력, 인프라 개선, 역내 기업 간 상호보완적 산업구조 등을 바탕으로 안정적으로 성장해 왔다. 그러나 미중 전략경쟁이 본격화하면서 새로운 변곡점을 맞이하고 있다.

미국은 기존의 세계화를 스스로 뒤바꾸려 한다. 기술·안보·규범 등 여러 차원

에서 중국의 부상을 견제하려 하고, 중국은 이에 대응해 다자협력을 통한 제도적·규범적 영향력 확대를 추구한다.[158] 역내 경제협력 플랫폼으로 부상한 RCEP는 단순한 무역협정을 넘어 아시아 지역 질서를 재구성하는 전략적 메커니즘으로 주목받고 있다.[159] RCEP는 아세안을 중심으로 중국, 일본, 한국, 호주, 뉴질랜드를 아우르는 거대 협정 체제로 무역·투자 장벽을 낮추고 서비스, 전자상거래, 지식재산권, 전자문서인증 등 신흥이슈 영역까지 포괄한다.

역내 제도화된 다자협력의 등장 배경에는 중국의 적극적 역할이 있었다. 중국은 이미 BRI와 AIIB를 통해 인프라·금융·디지털 영역에서 영향력을 확대해 왔으며, RCEP 발효로 다자 무역 체제 내에서 규범 형성과 제도 확립을 가속화하려는 태도를 보인다.[160] 일본이 주도하는 CPTPPComprehensive and Progressive Agreement for TPP, 포괄적·점진적 환태평양경제동반자협정나 미국이 바이든 시대에 제창한 IPEFIndo-Pacific Economic Framework, 인도·태평양 경제프레임워크와 충돌하거나 경쟁하는 양상을 띤다. 결국 아시아의 경제 질서 재편은 미중 전략경쟁의 하위 구도이며, 다자협력은 단순한 경제협력 이상으로 전략적 의미가 있다.

여기서는 RCEP 발효 이후 역내지역 경제협력의 현황을 분석하고 중국이 어떠한 전략 메커니즘을 통해 역내 경제규범을 형성하고자 하는지 살펴볼 것이다. 아울러 디지털·녹색경제 의제와 다자플랫폼에서의 담론 형성, 그에 따른 실제 정책집행 사례를 통해 중국이 구축하고자 하는 새로운 지역 경제

---

158) 中國政府, "新时代的中国国际发展合作" 白皮书, 中国政府网(2021년 1월 10일), https://www.gov.cn/zhengce/2021-01/10/content_5578617.htm

159) 中國政府, "关于高质量实施〈区域全面经济伙伴关系协定〉(RCEP)的指导意见," 中国政府网(2022년 1월 24일), https://www.gov.cn/zhengce/zhengceku/2022-01/26/content_5670518.htm

160) 中國政府, "共建'一带一路': 构建人类命运共同体的重大实践" 白皮书, 中国政府网(2023년 10월 10일), https://www.gov.cn/zhengce/zhengceku/2022-01/26/content_5670518.htm

질서의 윤곽을 파악한다. 그리고 이로부터 도출되는 국제정치적 함의를 종합적 관점에서 고찰할 것이다.

| 현황 | 역내 생산 네트워크, RCEP, 디지털·녹색 의제 부상

아시아는 이미 글로벌 가치사슬의 중심지로 자리매김했다. 동아시아 국가들이 핵심 부품·소재를 생산하고, 아세안이 조립·가공 공정을 맡는 분업구조를 통해 세계적 경쟁력을 확보해왔으며, 완성품은 전 세계로 수출되어 아시아-글로벌 경제 연결성을 구축했다. 그러나 미국과 중국의 전략경쟁이 심화하면서 공급망 재편이 가속화되고 첨단기술 분야에서 디커플링 움직임이 나타나자 역내 국가들은 새로운 대응전략을 모색하고 있다. 사실상 미중이 주도하는 공급망 재편이 가속화되는 중이다.

RCEP의 발효는 아시아 국가들이 상호 의존관계를 제도적으로 공고화하는 계기를 제공했다. RCEP은 아직 낮은 단계의 협력이지만 역내 다양한 양자 FTA를 하나의 대규모 플랫폼으로 통합함으로써 원산지 규정 단일화, 비관세장벽 완화, 서비스·투자 자유화, 지식재산권 보호, 전자상거래 규범 도입 등 포괄적 의제를 다룬다. 이 과정에서 역내 기업들은 단일화된 규범 아래 부품·원자재를 조달할 수 있게 되었다. 제조공정의 효율성은 높이고, 서비스기업들은 지역시장 접근성이 좋아졌으며, 디지털 기업들은 전자상거래와 관련된 제도적 뒷받침을 확보했다.

아울러 디지털 경제와 녹색성장이 글로벌 아젠다로 부상함에 따라 RCEP과 연계된 역내 협력도 기존에 형성된 제조업 중심 프레임을 넘어 확장 중이다. AI, 빅데이터, 클라우드, 5G 등 첨단기술이 생산·유통·소비의 전 과정을 재편하고 있다. 전자상거래 시장 확대와 데이터 흐름 활성화는 새로운 비즈니스 모델을 창출한다. 이와 함께 기후변화 대응 필요성이 커지며 녹색금융, 재생에너지, 스마트 전력망, 친환경 교통 등의 분야에서 공공과 민간의 투자도 증가하고 있다.

중국은 일대일로와 BRI를 통해 인프라 연결성을 강화하며, AIIB를 활용해 지속가능한 인프라 투자와 녹색기준 정착에 나서고 있다.[161] 단순한 경제협력이 아니라 미래지향적 경제 질서의 틀을 제공하는 것으로 해석할 수 있다. AIIB가 적용하는 ESG환경·사회·거버넌스 기준, BRI의 디지털 실크로드, 녹색 실크로드 구상은 모두 기존 개발모델을 한 단계 진화시키는 제도적 실험이라 할 수 있다.

현황은 복합적이다. 동아시아 역내 국가들은 미중 경쟁 속에서 안정적인 공급망을 유지하고 규범의 정합성 확보를 추구하며 RCEP라는 제도적 도구를 통해 상호 의존을 제도화하고 있다. 동시에 디지털·녹색 의제를 결합해 미래 경제 환경에 대응하려 한다. 이 과정에서 중국의 적극적 참여와 주도는 아시아 경제 질서를 새롭게 구성하는 핵심 변수다.

| **중국의 전략** | 제도 통합, 디지털·녹색 내재화, 다자포럼 담론 형성

중국은 다자 경제협력 전략을 세 가지 기제機制를 결합해 구사한다.

---

161) 中国日报网, "推动共建丝绸之路经济带和21世纪海上丝绸之路的愿景与行动,"(2015년 3월), https://language.chinadaily.com.cn/2015-03/30/content_19950951.htm
中国外交部, "亚洲基础设施投资银行协定,"(2015년 6월 29일), https://www.mfa.gov.cn/web/gjhdq_676201/gjhdqzz_681964/yzjcsstzyh_700178/gk_700180/

첫째, 제도 통합을 통해 역내 규범 형성에 관여한다. RCEP가 양자 FTA를 초월하는 범지역적 협정으로 자리 잡으면서 다양한 원산지 규칙·무역장벽·서비스 규정이 하나의 규범으로 묶여 정리됐다. 중국이 자신의 경제력과 시장규모를 바탕으로 협상력을 발휘해 자국의 정책을 선호하는 제도화의 장을 마련한 것이다. 과거 중국은 국제 규범을 수동적으로 받아들였으나 이제는 역내 국가들과의 협상에서 능동적으로 규범 형성에 참여한다. 이제 중국은 '규범 수용자'에서 '규범 형성자'로의 전환을 모색하고 있다.[162]

둘째, 디지털·녹색 요소를 제도에 내재화함으로써 미래 경제 질서의 방향성을 선점한다.[163] RCEP 전자상거래 챕터, AIIB의 지속가능 인프라 표준, BRI의 녹색 실크로드 이니셔티브 등은 모두 4차 산업혁명과 기후변화 시대에 대응하는 신흥 규범의 토대. 중국은 새로운 규범을 단순히 수익을 창출하는 수단으로 보지 않는다. 실제로는 자국 기업들에게도 역내 디지털·녹색 표준을 익히고 준수하도록 유도하며 이를 통해 장기적 경쟁 우위를 확보하려는 것이다. 역내 국가들도 디지털 전환·녹색경제로의 전환이 필요하다는 것을 인식하면서 중국의 인프라·기술·투자를 활용해 관련 역량을 제고할 수 있으므로 상호이익 구조가 형성될 수 있다.

셋째, 보아오 포럼·APEC·G20 등의 관련 다자포럼을 적극 활용하여 담론 형성과 국제 규범 창출 과정을 주도한다. 이들 무대에서 중국은 '개방성', '포용성', '상호이익', '지속가능성' 등 가치 담론을 제시하며 이를 RCEP나

---

162) 中國政府, "国家标准化发展纲要," 中国政府网 (2021년 10월 10일), https://www.gov.cn/zhengce/2021-10/10/content_5641727.htm
163) 中国国家发展改革委, "新时代的中国绿色发展" 白皮书, https://www.ndrc.gov.cn/fggz/dqjj/202302/content_5743484.html (2023년 1월 19일)
中國政府, "数字中国建设整体布局规划," https://www.gov.cn/zhengce/2023-02/27/content_5743484.htm (2023년 2월 27일)

BRI, AIIB 등 실질적 사업과 연계한다. 이를 통해 중국은 선언적 구호가 아닌 실행 가능한 정책대안을 제시하고 해당 담론을 역내 국가들이 공유하도록 했다.

중국의 전략 메커니즘은 규범 제정, 미래 과제 내재화, 다자포럼 담론 확산이라는 세 축을 통합하여 아시아의 경제 질서 재편에서 우위를 확보하려는 장기적 프로젝트다. 미중 전략경쟁 환경에서 중국이 군사력이나 단순한 시장개방을 넘어 제도·규범·미래 패러다임을 포괄하는 총체적 경제 전략을 구사하고 있음을 의미한다.

| 대표 사례 | 디지털 무역 규범 실천, AIIB의 ESG 정책, BRI 지식공유 네트워크 구축

중국의 다자 경제협력 전략을 구체적으로 살펴보면, 디지털 무역 규범 확립이 대표적 사례로 등장한다. RCEP 전자상거래 챕터를 통해 역내 국가들은 데이터 흐름의 자유화, 전자서명 인정, 온라인 소비자 보호, 사이버 보안 기본원칙, 지식재산 보호 강화를 제도화하고 있다. 중국은 이를 기반으로 아세안 국가들과 양자 또는 소다자 차원의 디지털무역 협력 양해각서를 체결하거나 공동 워크숍을 개최하고 상호 인증체계를 마련하고 있다. 이 과정에서 중국 기업들이 보유한 플랫폼 기술, 모바일 결제 인프라, 물류관리 노하우가 역내 디지털 생태계에 스며들며 점진적으로 중국이 주도하는 디지털 표준이 형성될 여지를 남긴다.

AIIB의 ESG 기반 투자도 주목할 만하다. 남아시아나 동남아 국가에서 진행되는 전력망 개선, 재생에너지 확대, 친환경 교통 인프라 구축 프로젝트는 단순한 자본투입에 그치지 않는다. 더 나아가 환경과 사회적 영향을 최소화하고 투명성을 제고하며 지역사회와 이익을 공유하는 등 새로운 개발규범을 실천하는 장이 된다. 기존의 개발은행이나 국제기구와 대비해 더 '유연하고 포용적'인 접근으로 홍보하며 정부와 지역 커뮤니티가 적극 참여하도록 유도한다. 이를 통해 중국이 주도하는 다자금융기구는 지속가능 발전 프레임을 전면에 내세워 국제개발 표준을 변화시키려 한다.

한편 디지털 금융 질서 확대와 강화 차원에서 첨단 디지털 분야 육성에도 모든 노력을 기울여 나가고 있다. 그동안 중국 정부의 지속적인 연구개발과 투자로 인해 2024년 반도체 공급망 분야에서 자체 기술 의존도가 크게 늘어났으며 자립 기술 차원에서도 우위를 점하고 있다.

BRI 참여국가와 공동연구센터, 정책협력 플랫폼을 구축하는 사례는 지식공유 네트워크를 통한 규범 확산을 보여준다. 예를 들어 중국은 특정 지역과 협력해 디지털무역, 스마트물류, 녹색금융 관련 정책세미나를 열어 파트너 국가의 공무원, 전문가, 기업인을 초청하고 정책보고서를 공동 작성하며 이를 기반으로 규범 형성에 필요한 아이디어를 제공한다. 교육·연구 협력 과정은 상호이해의 증진뿐 아니라 '공유된 담론'을 형성하는 역할을 한다. 이것은 규범 내재화 과정에서 매우 중요한 요소가 된다. 파트너 국가들은 중국이 제안하는 정책 아이디어를 함께 개발한 경험을 통해 자발적으로 수용할 가능성이 높아진다.

대표 사례들은 다자 경제협력이 관세철폐나 물류개선 같은 전통적 의제를 넘어 디지털 규범, 녹색기준, 지식공유를 통한 제도적·인지적 전환을 포함한다는 점을 잘 보여준다. 중국은 한편으로는 인프라 투자, 상호무역 확대, 기술 협력 같은 물적 기반을 제공하면서 다른 한편으로는 제도·규범·담론 차원에서 장기적 영향력 확대를 꾀한다.

| **정책 담론과 국제적 함의** | 규범 경쟁, 다자주의 재구성, 복합적 균형자 역할

중국이 다자 경제협력을 통해 구축하려는 질서는 미중 전략경쟁의 하위질서로 이해할 수 있다. 기존에는 미국이 주도하는 다자 무역 체제가 지배적이었다면 이제 중국은 RCEP나 BRI, AIIB 등을 통해 독자적 거버넌스 모델을 제안하며 규범 경쟁에 뛰어들고 있다. 아시아 지역 국가들에게 대안을 제공함으로써 미국이 제시하는 높은 기준의 규범 체제에 종속되지 않게 한다.

경쟁적 다극화 상황에서 아시아 국가들의 대응은 복잡하다. 이들은 중국이 주도하는 협력 체제를 활용해 인프라를 개선하고, 기술을 도입하며, 시장 접근성을 확대하는 등 실리를 추구하면서도 미국이나 일본, 호주, 인도 등이 참여하는 다른 협력 체제CPTPP, IPEF, 쿼드 이니셔티브 등와의 관계도 남겨둔다. 그런데 트럼프 시기 미국은 다자주의보다는 양자 협상을 선호할 것이므로 다자 무대에서 미국의 입지는 좁아질 전망이다. 트럼프 시기 IPEF, AUKUS 등 다자적인 협력체계의 전망은 밝지 않다. 다만 미국의 공백을 우려하는 일본 및 유럽 국가들은 여전히 다자적 접근을 추진할 것으로 보인다. 세계는 규범·제도·담론이 중첩되고 경합하는 '복합적 다자주의' 상황에 놓일 것이다.

이것이 뜻하는 국제적 함의는 다양하다.

첫째, 규범 형성 단계에서의 경쟁은 단순한 관세 인하 경쟁보다 훨씬 장기적이며 전략적이다. 디지털 경제와 녹색성장 시대에는 규범을 먼저 정립한 쪽이 향후 글로벌 기준을 선도할 가능성이 크기 때문에 이를 잘 알고 있는 중국은 역내 국가들과의 협력을 통해 규범 확산을 꾀한다.

둘째, '규범 수입자'였던 아시아 국가들이 '규범 실험장'으로 변모하는 과정을 의미한다. 역내 국가들은 중국식 규범과 서방식 규범 사이에서 선택을 할 수 있고 때로는 두 규범을 혼합하는 '하이브리드 모델'을 개발할 수도 있다.
셋째, 규범경합은 국제기구나 글로벌 포럼에서도 반영될 가능성이 있다. 디지털 거버넌스 문제, 사이버 안보, 기후금융, 데이터 거버넌스, AI 윤리기준 등 향후 부상할 새로운 글로벌 의제에서 아시아 지역에서 형성된 경험과 관행이 국제논의에 영향을 미친다면, 중국은 자신이 주도한 규범을 글로벌 스탠더드로 발전시킬 발판을 마련하게 된다.
넷째, 미국을 비롯한 서방 진영도 흐름에 대응해야 한다. 미국은 IPEF, CPTPP 복귀 검토, 디지털 무역 협정 제안 등으로 맞서고 있지만 트럼프 시기 이와 같은 노력은 크게 약화될 것이다. 트럼프가 다자주의에 대해 경시하는 이유도 있지만 RCEP나 BRI·AIIB가 이미 아시아 국가들의 협력관계에서 중요 위치를 점하고 있기 때문이다. 이제 미중 양강은 단순히 무역전쟁을 넘어 규범전쟁을 벌이는 상황이므로 역내 국가들은 다양한 협력체를 활용해 자율적 외교공간을 넓히는 전략을 펼칠 수 있다.
이처럼 정책 담론과 함의는 단순하지 않다. 중국이 제안하는 다자 경제협력 틀이 실제로 얼마나 지속가능하고 효과적인지, 역내 국가들이 이를 장기적으로 수용할지, 미국·유럽·일본 등과의 규범경합이 어떤 결과를 초래할지 모두 불확실하다. 그러나 분명한 점은, 아시아 지역이 규범경합의 전초전이자 실험무대가 되고 있으며 중국이 이 과정에서 적극적이고 주도적인 역할을 수행하고 있다는 사실이다.

| 결론 | 불확실성 속 장기적 전략과 복합질서의 미래

장기적으로 볼 때 아시아의 경제 질서 재편은 불확실하다. 미중 전략경쟁이 계속되는 한, 규범·제도·인프라·디지털·녹색 이슈가 서로 얽혀 역동적으로 변화할 것이다. 중국은 RCEP, BRI, AIIB를 연결고리 삼아 역내의 협력 체제를 심화하고 이를 통해 자국이 주도하는 규범을 확산시키려 한다. 미국은 다른 형태의 높은 수준의 규범 체제를 제안함으로써 중국의 영향력 확대를 제어하려 할 것이다. 트럼프의 미국 우선주의는 미중 간의 탈동조화 구조를 강화해 나가겠지만 아시아에서 미국의 경제 질서에 대한 영향력은 감소할 것으로 보인다.

미중 전략경쟁이 격화되는 상황에서 아시아는 단순 선택이나 이항대립이 아닌 '복합질서Complex order'의 수용을 택할 가능성이 크다. 각국은 상황별로 중국 또는 미국이 제안하는 협력 체제를 선택하거나 둘 다 활용하면서 자국의 이익과 발전 목표에 부합하는 다자협력을 조합할 것이다. 일정 기간 혼란스럽고 고르지 않은 규범 지형을 만들어낼 수 있으나 동시에 혁신적이고 융합적인 제도 실험을 촉진할 수도 있다.

디지털 전환 속도가 빨라지고 기후위기에 대한 대응 압력이 커질수록 경제 협력은 단순한 관세인하를 넘어 데이터 거래 규칙, 디지털 자산 관리, 친환경 공급망 구축, 녹색금융 표준 등 첨예한 이슈로 진화할 것이다. 이 영역에서 선점을 확보하는 국가나 협력체는 향후 수십 년간 국제경제 규범을 주도할 수 있는 계기를 마련할 수 있다. 중국은 이를 장기 전략 과제로 인식하고 다자협력 플랫폼을 십분 활용해 미래지향적 규범 구조를 구축하고자 한다.[164]

물론 불확실성은 당연히 있다. 역내 국가들이 중국 중심의 질서를 순순히

---

164) 中國政府, "中华人民共和国国民经济和社会发展第十四个五年规划和2035年远景目标纲要", https://www.gov.cn/xinwen/2021-03/13/content_5592681.htm (2021년 3월 13일)
中国外交部, "中国联合国合作立场文件", https://www.news.cn/world/2021-10/22/c_1127985925.htm (2021년 10월 22일)

받아들일지는 미지수이며 미국을 비롯한 서방 국가들 역시 이를 고분고분 인정하지 않을 것이다. 또 국제 위기 팬데믹, 지정학적 분쟁, 금융불안나 기술패권 경쟁 격화, 사이버 공격, 노동기준 갈등 등 예상치 못한 변수가 규범경합 속에서 튀어나올 수 있다. 그때마다 협력 체제의 안정성이 시험대에 오르게 될 것이다.

그럼에도 중국이 다자 경제협력을 통해 구축하는 전략적 메커니즘은 단순히 일회성 이벤트가 아닌 장기적 추세로 볼 수 있다. 디지털·녹색 의제 내재화, 제도적 통합을 통한 규범 형성, 다자포럼 담론 주도를 결합한 복합전략은 아시아의 경제 질서를 재편하는 본질적 동력으로 자리 잡을 것이다. 이 복합전략은 아시아를 세계 경제 질서를 재구성하는 중심 무대로 끌어올리며 향후 국제 정치·경제 패러다임이 어디로 향할지에 관해 중요한 단서를 제공한다.

궁극적으로 아시아 경제 질서를 둘러싼 다자협력과 규범 형성 경쟁은 미중 전략경쟁 시대에 '경제적 전략 공간 Economic Strategic Space'을 어떻게 다시 정의할 것인지, 그리고 누구의 규범과 가치가 미래 체제를 이끌어갈지 결정하는 과정이다. 중국이 제안하는 다자협력 방식과 표준은 역내 국가들에게 다양한 선택지를 주는 동시에 규범경합의 주도권을 놓고 벌어지는 바둑판을 깔고 있다. 이러한 양상은 단기적 안정보다 장기적 유동성을 특징으로 하며, 복합적 다자주의가 정착되는 가운데 아시아가 미래 글로벌 거버넌스의 핵심 무대가 될 것임을 시사한다.

4 무역 불균형과 관세전쟁

| 배경 | 미중 전략경쟁 시대의 무역 불균형 문제

미국의 트럼프 행정부가 등장한 후 2018년부터 본격화된 미중 무역전쟁은 양자 간 통상마찰을 넘어 국제 정치와 경제 질서 전반에 걸쳐 장기적이고 구조적인 변화를 야기하고 있다. 미국이 중국에 대규모 관세를 부과하며 시작된 이 갈등은 무역 불균형 문제를 전면에 드러냈다. 그 결과 세계 최대 경제대국 사이에 상호 불신과 보복 조치가 이어졌다. 미국이 오랜 기간 제기해온 중국의 불공정 무역행위, 기술 절취, 산업보조금 정책, 그리고 그로 인한 무역수지 적자 심화라는 문제의식이 가시화된 결과였다. 중국 역시 강력한 맞대응에 나서며 관세인상과 비관세장벽 강화 등 다양한 수단을 동원했다. 트럼프는 2025년 4월 현재 중국에 대해 기본관계를 포함하여 총 145%에 달하는 관세인상을 발표하였다. 중국 역시 미국의 압박에 굴복하지 않겠다는 의지를 분명히 하면서 모든 미국산 제품에 대해 125% 관세를 부과하였다. 중국은 트럼프 1기를 경험하면서 트럼프 2기의 무역전쟁에 대한 대비를 함으로써 '강대강'의 대결을 회피하지 않겠다는 의지를 분명히 하고 있다.

트럼프 시기 미중 무역 분쟁은 단순한 무역 불균형이 아니라 미중 전략경쟁이라는 거대한 패러다임 속에서 이해해야 한다. 즉 무역 갈등은 미중의 기술패권 대립, 디지털 규범 경쟁, 지역안보 구조 변화, 글로벌 공급망 재편 등 복합적인 국제 질서 주도권 이슈와 얽혀 있다. 미국은 중국의 부상과 구조적 도전에 대응해 자국의 경제·기술 기반을 강화하고자 하고 있다. 중국은 미국 의존도를 줄이고 주도적인 경제 강국으로 자리 잡으려 함으로써 양국 간 긴장이 고조되었다.[165] 이제 무역 불균형은 더 이상 무역수지의 적자·흑자라는 문제에 국한되지 않으며 경제정책이 국제전략 차원에서 재해석되는 상황을 초래하였다.

여기서는 미중 무역전쟁 이후 무역 불균형과 관세전쟁을 대하는 중국의 전략적 대응 메커니즘, 주요 사례, 정책담론, 국제적 함의를 체계적으로 분석하고자 한다. 이를 통해 단순한 통상마찰이 아닌 국제 질서 재편 과정에서 중국이 어떤 수단과 전략을 구사하는지, 그리고 이로 인해 국제 정치·경제 환경이 어떠한 형태로 변모하는지 살펴볼 것이다.

궁극적으로 미중 간의 무역 불균형 문제는 단기적 거래로 해결되는 것이 아니다. 이슈의 배경에는 장기적인 경제구조의 변화, 기술경쟁의 심화, 규범 갈

---

165) 中华人民共和国国务院新闻办公室, "中国与世界贸易组织," 中国政府网(2018년 6월 28일), http://www.scio.gov.cn/zfbps/32832/Document/1632161/1632161.htm
中华人民共和国外交部, "习近平在APEC CEO峰会上的主旨演讲"(2024년 11월 16일), https://www.mfa.gov.cn/eng/xw/zyxw/202411/t20241118_11528122.html

등, 지역·글로벌 차원의 다자협력 재편 등 광범위한 요소들이 있다. 복합성을 염두에 두고 현황을 살핌으로써 중국의 전략 메커니즘을 분석할 것이며, 대표 사례를 토대로 정책적 의미를 도출한 뒤 장기적 전망까지 제시할 것이다.

| 현황 | 관세전쟁과 비관세장벽이 초래한 복합적 긴장

미중 무역전쟁 초기에 미국은 중국산 제품에 고율 관세를 부과하며 대중 무역적자를 강조했다. 중국은 이에 즉각 보복관세를 통해 대응하였고 양국은 관세율 상향 조정을 거듭했다. 이전까지 미중 관계는 경쟁과 협력이 뒤섞인 상호의존 구조를 유지했으나 2018년 이후 관세전쟁은 균열을 심화시켰다. 이제 트럼프 2기는 더욱 격렬한 관세전쟁을 시작했다.

이로 인해 글로벌 무역환경은 불안정해졌고 기업들은 불확실성의 증가로 인해 공급망과 대체 생산기지 모색에 나섰다. 세계 가치사슬은 단순히 저비용 생산지 확보가 아닌, 지정학적 리스크가 없는 곳을 찾는 방향으로 움직였다. 특정 산업에서 중국 의존도를 축소시키거나, 중국의 경우 내부 자립도를 높여 외부 충격을 완화하려는 중장기적 경향을 촉진시켰다.

한편 2020년 초 양측은 1단계 무역협정을 맺고 일시적 휴전을 했으나 근본적인 해결책은 아니었다. 미국은 중국으로부터 추가적으로 미국산 제품과 서비스를 구매하겠다는 약속을 얻어냈지만 기술절취, 산업보조금, 지식재산권 같은 구조적 문제에 대한 포괄적 합의는 이루어지지 못했다. 더욱이 팬데믹으로 인해 글로벌 수요의 위축, 물류 차질, 양국의 상호 불신이 심화하면서 합의 이행은 미미했다.

이후 미국은 바이든 행정부로 교체되었음에도 대중 관세 철회나 대규모 정책 전환보다는 중국에 대한 압박을 더욱 강화하였다. 중국 역시 관세정책 변화나 미국에 대한 일방적 양보 대신 다양한 비관세조치 활용, 제3국시장으로의 다변화, 내부 소비 촉진 등으로 대응했다. 이로써 무역 불균형 문제는 협상 의제로 제한되지 않고 구조적 변화와 복합적 전략 대응을 필요로 하는 장기 과제로 남게 되었다.

미중 무역 갈등은 단순한 양국의 문제를 넘어 제3국과의 관계에도 변화를 일으켰다. 호주, 캐나다, 유럽연합 등 주요 경제권과 중국 사이에서도 무역보복과 제한 조치가 등장했다. 무역정책이 지정학적 갈등의 연장선상에서 활용되는 양상이 대두된 것이다. 무역이 경제논리에만 지배되지 않고 외교·안보적 긴장이 고조될 때 상대국 경제에 타격을 줄 수 있는 수단임이 증명된 것이다. 현황을 종합하면, 무역 불균형과 관세전쟁 이후 미중 관계는 장기적 불확실성을 내포하게 되었으며 관세 및 비관세장벽을 통한 상호 압박이 유효한 전략수단으로 남았다. 동시에 중국은 이 국면에서 자국의 경제구조를 근본적으로 개선하고 대체 시장을 확보하는 등 새로운 환경에 적응하려는 중장기 전략을 추진하는 흐름을 보인다. 중국의 변혁은 가속화되고 있다.

| 중국의 전략 | 다자 규범, 시장 다변화, 유연한 무역수단

중국은 무역 불균형과 관세전쟁 국면에서 세 가지 주요 전략을 구사한다.
첫째, 다자 규범 및 국제기구 활용을 통한 제도적 정당성 확보. 중국은 무역 분쟁에 있어 WTO 분쟁해결기구를 적극 활용하며 자신을 규범 준수자로 포지셔닝한다.[166] 이를 통해 미국의 일방적 관세인상이 국제 규범을 훼손한다는 명분을 내세운다. 다자무역제도의 개혁을 요구하며 글로벌 무역질서

의 안정적 개선 필요성을 제기하는 것도 이런 목적 때문이다.[167]

둘째, 제3국 시장 다변화 및 내부 소비촉진을 통한 구조적 대응이다. 중국은 아세안, 유럽, 아프리카, 중남미 등 다양한 지역과 무역·투자 관계를 강화하며 미국 의존도를 낮추고 있다. 동시에 '쌍순환 전략'과 같은 국내시장 강화 정책을 통해 수출 중심의 경제구조를 개선하고 안정적인 내수 기반을 확립하려 한다.[168] 그렇게 되면 미국이 관세인상을 반복하더라도 중국은 국내 소비 확대와 기술자립을 통해 무역 불균형 압박에 대응할 수 있는 장기적인 방어선을 구축하게 된다.

셋째, 관세 및 비관세조치를 탄력적으로 활용하는 전술적 대응이다. 중국은 필요할 경우 보복관세로 대응하며 특정 국가나 품목에 대해 위생·검역, 인증절차 강화, 기술표준 강화 등 비관세장벽을 도입해 상대국에 압박을 가할 것이다. 이와 동시에 협상국면에서는 특정 품목의 수입확대나 절차적 완화를 신호로 보내며 무역도구를 협상 레버리지로 활용한다. 중국은 상황에 따라 무역정책의 완급을 조절함으로써 협상에서 우위를 확보하거나, 최소한

---

166) 中华人民共和国商务部, "中国关于世贸组织改革的建议文件" (2019년 5월 14일), http://images.mofcom.gov.cn/sms/201905/20190514094326062.pdf
WTO 분쟁사건(DS610, DS611) 관련 중국 측 발언문: European Commission, "WTO Disputes: Cases Involving the EU," https://policy.trade.ec.europa.eu/enforcement-and-protection/dispute-settlement/wto-dispute-settlement/wto-disputes-cases-involving-eu/wtds610-china-measures-concerning-trade-goods-and-services_en
167) 中华人民共和国商务部, "中国关于世贸组织改革的立场文件"(2018년 11월 23일), http://rw.china-embassy.gov.cn/sgxw/201811/t20181129_6147168.htm
中华人民共和国国务院新闻办公室, "中国与WTO" 白皮书(2018년), http://english.www.gov.cn/archive/white_paper/2018/06/28/content_281476201898696.htm
168) 中华人民共和国国家发展和改革委员会, "中华人民共和国国民经济和社会发展第十四个五年规划和2035年远景目标纲要"(2021년 3월 23일), https://www.ndrc.gov.cn/xxgk/zcfb/ghwb/202103/t20210323_1270124.html
新华网, "习近平：推动形成以国内大循环为主体、国内国际双循环相互促进的新发展格局"(2021년 3월 8일), http://www.xinhuanet.com/english/2021-03/08/c_139795116.htm

불리한 국면으로 밀려나지 않도록 전략적 균형을 형성할 것이다.

중국이 채택한 대응책은 상호보완적으로 작동한다. 제도적 대응은 장기적 정당성을 부여한다. 시장 다변화와 내부 구조개편은 중장기적 리스크를 완화시킨다. 관세·비관세 수단은 단기적 협상력을 제공한다. 이로써 중국이 수동적으로 외부 충격에 휘말리는 대신 적극적으로 무역환경을 재설계하고 적응하는 전략적 행위자임을 보여준다.

중국이 공표하는 공식 담론 역시 이 대응책을 뒷받침한다. 중국은 공정성, 상호존중, 상호이익을 강조하며 다자주의를 수호하고 불공정 무역행위에 맞서겠다는 입장을 표명한다.[169] 표면적으로는 자유무역과 규범 준수를 강조하면서, 이면에서는 실용적 수단을 민첩하게 동원하는 것이다. 이처럼 제도와 레버리지를 결합한 전략 메커니즘은 미중 관세전쟁 국면에서 중국이 적극적 재편 의지를 가진 강대국임을 보여준다.

| 대표 사례 | **부분적 합의와 비관세장벽을 통한 압박**

대표 사례로 2020년 1단계 미중 무역 합의를 들 수 있다. 당시 중국은 농산물, 에너지, 공산품, 서비스 등 다양한 품목에서 미국에 대규모 수입 확대를 약속했다. 미국이 요구하던 무역적자 개선 요구에 즉각적으로 대응한 조치였지만 구조적 이슈를 건드리지 않고 목표를 '숫자'에만 초점을 맞추었으므

---

169) 中华人民共和国外交部, "共建'一带一路': 构建人类命运共同体的重大实践"(2023년 10월 10일), https://www.fmprc.gov.cn/web/zyxw/202310/t20231010_11158751.shtml
国务院新闻办公室, "新时代的中国与世界" 白皮书(2019년), http://english.www.gov.cn/archive/whitepaper/201909/27/content_WS5d8d80f9c6d0bcf8c4c142ef.html

로 근본적인 해법과는 거리가 있었다. 이후 이행 과정에서 팬데믹, 수요 변동, 양측의 불신 등으로 목표 달성이 어려워지자 이 합의는 근본적인 무역 불균형 해결방안이 아닌 임시방편에 불과한 것임이 드러났다.

유럽연합과의 마찰 상황도 주목할 필요가 있다. EU는 중국의 기술절취, 산업보조금 등을 문제 삼았고 중국은 EU에 시장 접근 개선을 약속하는 한편 포괄적 투자협정 협상을 진행하며 화해를 모색했다. 그러나 인권 문제, 지정학적 이슈 등 비경제적 요소가 협상을 복잡하게 만들면서 합의 이행이 지연되었다. 무역 불균형 문제가 단순히 관세인하나 수출입 확대 합의로 해결되는 것이 아니라 정치·가치·규범의 차원이 결합된 복잡한 현상임을 보여준다.

중국과 캐나다의 갈등은 비관세조치 활용의 예다. 2019년 10월, 세계 최대 통신장비 기업인 중국 화웨이의 최고재무책임자CFO 멍완저우가 미국 정부의 요청으로 캐나다 당국에 체포됐다. 이 사건 발생 이후 중국이 캐나다산 농산물 수입에 제한을 가하는 과정에서 검역기준 강화, 품질인증 절차 지연 같은 비관세장벽을 동원하였다. 공식 명분은 기술적 규정 준수였으나 실제로는 외교적 압박 성격이 짙었다. 중국이 무역을 정치외교의 카드로 활용하면서 무역 불균형 문제를 둘러싼 갈등이 전면에 드러나게 된 것이다.

호주와의 경우에도 비슷한 양상이 반복되었다. 중국과 호주관계는 2020년 말 당시 스콧 모리슨 호주 총리가 코로나19의 기원을 조사해야 한다고 공개적으로 요구한 후 악화일로에 빠졌다. 중국은 호주산 석탄, 와인, 보리에 대해 높은 관세나 수입제한을 가했는데 이것은 분명한 정치적 신호였다. 이 사례는 중국이 관세조치를 통해 상대국을 압박하고, 동시에 무역정책을 외교전략 수단으로 활용함으로써 정치적 쟁점을 해결하려는 모습이다.

위 사례들은 중국의 대응이 전형적인 무역조치에 국한되지 않고 지역·업종·국가별로 다양하고 정교하게 설계되었음을 보여준다. 단순히 미국과의 1단계 합의나 특정 품목 수입확대 같은 양자적 접근이 아닌, 다양한 국가와의 관계에서 무역도구를 조정하며 상황에 따라 유연하게 대응하는 전략을 확인할 수 있다.

| **정책 담론과 국제적 함의** | 다자주의, 규범, 산업 재편의 교차점

중국의 무역 불균형 대응은 다자주의, 규범 준수, 공정성, 상호이익이라는 키워드로 정리할 수 있다. 국제사회에서 중국이 지향하는 이미지 관리와 들어맞는 것이다. 즉 중국은 규범을 위반하는 수정주의 세력이 아니라 다자체제 수호와 공정한 무역환경 조성을 위해 노력하는 책임 있는 대국이라는 서사를 강조한다. 그 과정에서 비관세장벽 동원이나 제3국 압박과 같은 사례가 발생하더라도 이를 표면적으로는 정당한 규제 강화나 위생·안전 기준 준수라는 형태로 포장한다.

국제적 함의 측면에서, 무역 불균형 문제는 기존의 자유주의적 세계 경제 질서가 미중 전략경쟁 속에서 재구성되는 현상을 반영한다. 미국이 수십 년간 구축해온 자유무역 규범과 달러 중심의 통화 질서 속에서 중국은 부상하는 경제대국으로 자리매김했다. 이제 양측은 기존의 상호의존 모델에서 벗어나 디커플링을 모색한다. 여기서 중국은 무역 불균형 문제를 '새로운 질서' 구축을 위한 중간 과제로 받아들인다. 그럼으로써 제도 개혁, 기술역량 강화, 공급망 다변화 등 복합적 전술을 통해 궁극적으로 자율성과 안정성을 높이려 한다.[170]

아울러 이런 대응은 미중 양국의 관계를 넘어 중견국가, 유럽연합, 아세안 국가들에게도 영향을 미친다. 제3국들은 양대 경제대국의 긴장을 예의주시하면서 자국 산업의 경쟁력 보호와 시장 접근성을 담보해야 하는 과제를 안게 되었다. 중국이 비관세장벽을 활용해 특정 국가에 압박을 가할 때, 상대 국가는 공급망 재조정, 새로운 파트너십 확보를 통해 중국 의존도를 축소하려 한다. 이런 대응은 글로벌 생산네트워크 전반에서 구조적인 변화를 유발하여 장기적으로 국제무역의 지형이 재편될 수 있음을 의미한다.

또한 무역 불균형과 비관세전쟁은 기술표준, 디지털무역, 데이터관리 규범 등 21세기 신흥 통상 영역에서의 경쟁과 연계된다. 중국이 이 분야에서 주도권을 강화하고 비관세조치를 표준 형성과 시장 진입 장벽 설정에 활용할 경우, 앞으로 국가 간의 무역 갈등은 전통적인 상품무역을 넘어 지적재산권, 데이터 주권, 환경 규범 등 비전통적 영역으로 확장될 것이다. 결과적으로 국제 거버넌스 개편이 불가피함을 시사하며 기존 다자 체제가 변화해야 하는 상황에 직면했음을 의미한다.

| 결론 | 구조적 긴장 속 장기적 시나리오의 전개

장기적으로 미중 무역 불균형 문제는 단순히 관세인하나 수입확대 합의로 해소되지 않을 것이다. 트럼프의 의중도 미중 무역 불균형 시정에 머무르지 않을 것이 분명하다. 미중 전략경쟁이라는 거대한 구조 변동으로 일어난 현

---

170) 中华人民共和国商务部, "'十四五'对外贸易高质量发展规划"(2021년 11월 24일), https://www.gov.cn/zhengce/zhengceku/2021-11/24/content_5653009.htm
Georgetown University CSET, "China Manufacturing 2025" 영문 번역본, https://cset.georgetown.edu/wp-content/uploads/t0432_made_in_china_2025_EN.pdf

상이다. 기술력 격차, 산업보조금, 제도적 차이, 지정학적 충돌, 가치관 대립 등의 복합적 변수가 얽혀 있다. 중국은 이 복잡한 환경에서 단기·중기·장기 전략을 다층적으로 구사하기 위해 규범, 시장다변화, 비관세 수단 등 다양한 도구를 활용하고 있다.

그렇다면 향후 어떤 전개가 이어질지 가정해보자.

첫째, 미국이 다시 다자협상과 제도개혁을 주도할 경우다. 중국은 WTO 개혁 논의에 참여하고 규범 강화에 동의하는 척하면서 실무적 이행 단계에서 자국의 산업 구조조정과 기술자립을 가속화하여 궁극적으로 무역 불균형 이슈를 자국에 유리하게 전개할 수 있다. 가능성은 낮다.

둘째, 미국이 트럼프처럼 일방주의를 고수한다면 중국은 글로벌 남방과 같은 제3국시장 강화, 비관세장벽 커스터마이징, 대내 소비 진작을 통해 대미 의존도를 낮추고 미국이 관세를 무기화하기 어렵도록 거대한 내수·지역망을 구축할 것이다. 현재 적극 추진하고 있는 상황이다.

셋째, 트럼프의 대중 억제정책이 강화되면서 기술 디커플링이 심화되고 글로벌 공급망이 양극화한다면 무역 불균형은 이전과 다른 형태로 나타날 수 있다. 반도체, 희토류, 친환경 기술 분야에서 오히려 중국이 주도권을 갖게 될 개연성이 크다. 중국은 전통적 제조업 분야에서 무역흑자를 추구하는 대신 전략 물자 수출 통제나 핵심부품 독점으로 새로운 형태의 불균형과 레버리지를 창출할 수 있기 때문이다. 무역 불균형의 개념 자체가 전통적 재화 교환을 넘어 자원·기술·표준 확보 경쟁으로 확장됨을 의미한다. 이는 미래 진행형이다.

이에 따라 국제정치는 무역정책을 단순한 경제도구가 아닌 전략적 영역으로 재인식하게 되었다. 중국은 이런 환경 속에서 무역 불균형 문제를 필요에 따라 공세와 수세를 유연하게 전환하는 방편으로 삼을 것이다.[171] 동시에 다자주의와 규범을 수호하는 역할을 자처하면서, 정치·경제의 결합전략을 통해 규범적 우위와 실용적 이익의 확보 사이를 오가는 이중전략으로 국제사회의 지지를 얻을 것이다.[172]

미중 무역 불균형과 관세전쟁으로 표출된 문제는 국제 통상 체제가 전략경쟁으로 재편되는 징후다. 중국은 이 과정에서 제도적 정당성, 시장구조 개선, 무역도구 활용을 통해 적극적 재편을 시도하는 전략적 행위자로 등장한다. 미래에 기존 자유무역 규범이 수정되고 새로운 다극적 무역거버넌스가 구축된다면 무역 불균형 문제는 상시적 긴장요인이 될 것이다.

긴장 관계 속에서 중국이 보여주는 적응력과 전술적 유연성은 글로벌 경제질서가 완전히 단절되기보다 균열 속에서 새로운 상호의존 형태로 재구성될 수 있음을 시사한다. 궁극적으로 미중의 무역 불균형 문제는 단순한 흑자·적자 수치의 조정이 아닌 장기적 전략경쟁 속에 녹아든 구조 변동이며, 중국은 그 변동 속에서 다층적 메커니즘을 통해 자국의 이익 극대화를 추구할 것이다.

---

171) 中华人民共和国国务院办公厅, "国务院关于加快外贸转型升级 推进贸易高质量发展工作情况的报告" (2019년 10월 23일), http://www.npc.gov.cn/c2/c30834/201910/t20191023_301558.html
刘鹤 부총리 세계경제포럼(2018) 연설문(新华网), https://www.cs.com.cn/xwzx/201801/t20180125_5683648.html

172) Roberto S. Foa, Margot Mollat, Han Isha, Xavier Romero-Vidal, David Evans, & Andrew J. Klassen. 2022. A World Divided Russia, China and the West (The Center for the Future of Democracy, Cambrigde University); https://www.bennettinstitute.cam.ac.uk/wp-content/uploads/2023/01/A_World_Divided.pdf. 이 보고서는 우크라이나·러시아 전쟁에도 불구하고 미국이나 서방에 비해 중국이나 러시아가 더 국제적인 지지도가 강하다고 분석하였다.

CHINA HEGEMONY STRATEGY | 중국의 경제통상 전략

5 공급망 재편
디커플링de-coupling-디리스킹de-risking

| 배경 | 글로벌 경제 질서 변환의 문턱

글로벌 경제 질서는 지난 수십 년간 '효율성'과 '비용 절감'을 핵심 동력으로 삼아 발전해왔다. 세계 각국은 비교우위를 활용해 생산기지와 시장을 분산시키고, 기업들은 글로벌 가치사슬을 정교하게 조립하여 부품·중간재·완제품을 국경을 넘어 효율적으로 이동시켜왔다. 이 과정에서 중국은 전 세계의 공장 역할을 수행하며 수많은 제조업 분야에서 중심 허브로 떠올랐다. 저비용 생산능력, 풍부한 노동력, 인프라 구축 노력, 정책 지원은 중국을 글로벌 가치사슬의 핵심 축으로 자리매김하게 했다. 중국은 지난 20여 년간 세계 공급망의 재편과정에서 미국을 제치고 세계 최고의 무역대상국으로 떠올랐다. 로위연구소가 최근 2025년 발간한 자료에 의하면 세계 145개국에서 중국은

미국보다 더 중요한 무역대상국이 되었다. 그리고 2023년 기준으로 중국은 60개국의 제1무역상대국으로 미국의 33개국에 비해 두 배가량 많다.[173]

최근 누적된 지정학적·경제적 변동은 질서의 변화로 인해 충격을 안겨주고 있다. 미중 전략경쟁 심화, 팬데믹 전염병 대유행, 지역 분쟁, 지정학적 갈등, 기술패권 다툼은 글로벌 공급망의 안정성이나 신뢰성에 대한 의문을 제기했다. 선진국과 신흥국 모두 '안보'를 경제 영역에 도입하며 특정 국가나 지역에 대한 과도한 의존을 우려하고 있다. 그 결과 '디커플링 de-coupling'과 '디리스킹 de-risking'이라는 개념이 부상하며 글로벌 공급망이 재편되고 있다.

사실상 디커플링은 특정 국가나 블록 간 경제와 기술의 연계 구조를 분리하거나 약화시키려는 전략적 움직임을 의미한다. 주로 미국과 일부 서방 국가들이 중국에 대한 기술과 산업 의존도를 줄이기 위해 거론한 개념이다. 반면 중국은 완전한 단절이 초래할 비용을 강조하며 '디리스킹'이라는 표현을 통해 공급망 안정화와 위험 분산을 내세우고 있다.[174] 바이든 행정부도 중반 이후 전면적인 단절 대신 리스크 관리 중심의 협력을 추구함으로써 중국이 여전히 불가피한 무역 파트너임을 보여주었다.

여기서는 미중 전략경쟁 시대를 배경으로 글로벌 공급망의 재편을 다룰 것이다. 특히 디커플링과 디리스킹 논쟁 속에서 중국이 취하는 대응 양상과 전략을 심층 분석하고자 한다. 이를 통해 중국이 공급망 구조 변화 과정에서 능동적으로 자신에게 유리한 환경을 조성하며, 나아가 미래 국제 경제

---

173) 이에 대한 최신 자료는 Roland Rajah, Ahmed Albayrak, January 2025. "China versus America on global trade", Lowy Institute: https://interactives.lowyinstitute.org/features/china-versus-america-on-global-trade/
174) Qin Gang, "연설문," 주로스앤젤레스 중국총영사관(2023년 5월 11일), http://losangeles.china-consulate.gov.cn/eng/topnews/202305/t20230511_11075089.htm

질서 형성에 주도적 역할을 하려는 의도가 있음을 파악할 수 있을 것이다. 궁극적으로 이러한 움직임은 장기적으로 아시아를 포함한 전 세계 경제 지형도와 규범 질서에 큰 의미가 있으며 국가 간 협력과 갈등, 규범 형성, 제도 구축 과정에 지대한 영향을 미칠 것으로 전망된다.

| **현황** | **디커플링·디리스킹 논쟁과 공급망 재편 동향**

냉전 종식 이후 대체로 자유로운 무역·투자 흐름을 바탕으로 글로벌화가 진행되었고 많은 기업들은 효율성 극대화를 위해 국가별 비교우위를 활용했다. 이 과정에서 중국이 세계 제조의 중심으로 떠올랐으며 서방 국가들은 중국을 통한 저비용 생산·조달체계를 구축하면서 서로 돕는 성장을 추구했다. 그러나 미중 경쟁이 격화되고 특정 분야에서 중국이 기술과 시장에 대한 주도권을 갖게 되자 미국을 비롯한 서방 국가들은 이 관계를 재평가하기 시작했다.

우선 반도체, 통신장비, 배터리, 희토류 등 전략적 자원을 둘러싼 경쟁이 치열해지면서 공급망 확보가 안보 이슈로 부상했다. 미국은 중국에 대해 고도의 기술은 수출을 제한하고 동맹·우방국들과 협력해 대중 의존도를 줄이도록 했다. 이를 '디커플링'으로 표현할 수 있는데, 민감 기술 분야에서 중국을 고립시키거나 최소한 미국 중심의 기술에코시스템을 지키기 위함이다.

유럽연합 역시 공급망 재편에 나섰다. 러시아-우크라이나 전쟁과 팬데믹 충격은 유럽에 전략적 자율의 필요성을 각인시켰다. 유럽 국가들은 중국에 대한 특정 핵심품목예: 의약품 원료, 배터리 소재, 희토류에 대한 의존이 과도하다고 인식하고 역내 생산능력 강화와 공급선 다변화를 모색하고 있다. 미국식 디커플링과 다소 결은 다르지만 궁극적으로는 안전판 확보와 리스크 분산이라는 점에서 유사한 동기다.

일본, 한국, 호주 등 미국 동맹국들도 공급망 재조정을 적극 논의 중이며 핵심 광물 확보, 첨단부품 수급의 안정화, 특정 지역의 리스크 경감 등에 초점을 맞추고 있다. 이들은 미국이 추진하는 '프렌드쇼어링friend-shoring' 개념을 통해, 가치 공유국 간 안정적인 공급망 구축을 꾀한다. 특정 정치와 안보적 가치를 공유하는 국가들끼리 핵심 산업분야에서의 협력을 강화해 중국 중심의 가치사슬 편향을 완화하려는 전략이다.

한편 중국은 이 같은 흐름을 '디커플링' 압력으로 인식하지만, 동시에 완전한 단절은 비현실적이며 서로에게 피해를 준다는 논리를 강조한다. 중국은 '디리스킹'이라는 개념을 공개적으로는 비판하지만 사실상 수용함으로써 국제사회가 완전한 분리를 추구하기보다는 공급망 안정화와 협력에 초점을 맞추도록 유도한다.[175] 중국이 적극적으로 담론을 형성하고 전략을 구사하는 주체로 나섰음을 시사한다.

전반적인 현황을 살펴보면, 글로벌 공급망의 재편은 특정 국가나 블록에 대한 의존을 줄이는 대신 더 복잡하고 다원화된 형태로 변모하는 중이다. 이 과정에서 기술패권을 둘러싼 규제·수출통제·보조금 정책이 등장하고 RCEP, BRI 등 지역협력체나 대체 파트너 국가 발굴을 통한 공급선의 다각화 노력이 활발해지고 있다.

글로벌 공급망은 효율성 중심의 이전 모델에서 안보·리스크 관리·전략적 자율성을 중시하는 시대로 전환되고 있다. 디커플링은 극단적 단절을 상징

---

[175] 习近平, "G20 정상회의 기조연설문," 中国政府网(2024년 11월 18일), https://english.www.gov.cn/news/202411/19/content_WS673bcfd9c6d0868f4e8ed26b.html

하지만 실제로는 높은 비용과 복잡한 상호의존 구조 때문에 완전한 분리를 이루기 어렵다. 이 점을 인식한 각국, 특히 중국은 디리스킹이라는 대안을 수용하면서 공급망 안정화 과정에서 여전히 필수적 역할을 수행하려 한다. 이 상황은 향후 국제 정치·경제 구도 변화의 핵심 변수로 주목받고 있다.

| **중국의 전략** | **자급화, 파트너 다변화, 디지털 표준화**

중국의 대응전략은 체계적이고 다층적인 메커니즘을 통해 구현된다. 이것은 크게 세 가지 축으로 나눌 수 있다. 핵심 분야의 자급화와 산업정책 강화, 파트너 다변화를 통한 지정학적 리스크 분산, 디지털 기술 발전과 표준화 전략을 통한 신뢰 확보와 미래 규범 형성이다.

1 핵심기술·자원의 자급화

중국은 반도체, 통신장비, 배터리, 희토류 등 전략 분야에서 대외 의존도를 줄이기 위해 대규모 산업정책을 시행하고 있다.[176] 정부 주도 펀드 조성, R&D 투자 확대, 관련 기업 인수·합병, 인력 양성 등을 통해 장기적으로 필수적인 기술과 부품을 자국 내에서 확보하고자 한다. 수출 통제나 제재가 강화되더라도 타격을 입지 않도록 산업 생태계를 재편하는 시도다.

그 목표를 위해 반도체 분야에서 중국은 저가 범용 칩 생산능력을 높이는

---

176) 中华人民共和国国家发展和改革委员会(NDRC), 《中华人民共和国国民经济和社会发展第十四个五年规划和2035年远景目标纲要》(2021년 3월), https://www.gov.cn/xinwen/2021-03/13/content_5592681.htm

동시에 장비·소재 분야 국산화 비율을 꾸준히 끌어올리고 있다. 희토류 산업에서도 광산 합리화, 기업 재편, 환경 규제 강화 등을 통해 공급망을 체계적으로 관리함으로써 향후 협상력 강화를 모색한다. 이처럼 자급화를 통한 자체 역량 강화는 디커플링 압력에 대한 근본적인 대응책이 된다.

2 파트너 다변화 통한 공급망 다극화

중국은 특정 국가나 지역에 과도하게 공급하던 구조를 바꾸어 아시아·아프리카·중동·남미 등 전 세계로 파트너를 확장하고 있다. 이를 위해 RCEP 발효를 활용하여 아세안 국가들과의 생산 네트워크를 고도화하고 일대일로 이니셔티브를 통해 신흥시장과 인프라·물류 협력을 강화한다.[177]

이 과정에서 중국은 남남협력, 개발금융지원, 현지 산업단지 설립, 인력교육 프로그램 등을 통해 단순한 수입처 다변화를 넘어 장기적인 파트너십을 형성한다. 예를 들어 아프리카 국가들과 희토류·광물 개발 협력을 확대하고, 중동국가들과 에너지 협력 범위를 청정에너지까지 넓히며, 중남미와 농산물·광물·부품 분야 연계를 강화하고 있다. 다극화 노력은 단일 시장이 봉쇄되는 시나리오에 대비한 전략적 방어벽을 만들기 위함이다.

3 디지털 기술 및 표준화·인증 통한 신뢰 제고

공급망에서 중요한 것은 가격 경쟁력뿐 아니라 추적 가능성, 투명성, 품질 보증 등이다. 중국은 블록체인, 사물인터넷IoT, 클라우드 컴퓨팅 등 디지털

---

177) 中华人民共和国商务部 등 6개 부문, "关于高质量实施〈区域全面经济伙伴关系协定〉(RCEP)的指导意见" (2022년 1월 28일), 中国政府网; 中华人民共和国外交部,《共建"一带一路"：构建人类命运共同体的重大实践》백서(2023년 10월 10일)

기술을 활용해 공급망 관리 프로세스를 개선하고 글로벌 파트너가 중국산 제품과 부품을 신뢰하도록 한다. 이를 통해 비관세장벽을 낮추고, 거래 비용을 절감하며, 잠재적 파트너들에게 안정된 협력환경을 제공한다.

또한 표준화·인증 분야에서 중국 기업과 기관들은 국제기구 활동을 적극적으로 전개하며 미래 글로벌 표준을 형성하는 데 주도적으로 참여한다.[178] 단순히 공급망 안정화 차원을 넘어 글로벌 거버넌스 구축 과정에서 중국이 적극적으로 규칙설정자로 나서고자 하는 의지를 반영한다. 데이터, 디지털 무역, 친환경 생산 기준, 사회적 책임 관련 규범까지 확장 가능한 이 전략은 향후 국제 경제 질서 속에서 중국의 영향력을 한층 강화할 수 있다.[179]

이 세 가지 메커니즘은 상호보완적이다. 자급화를 통해 기술 주권을 확보하고, 파트너 다변화를 통해 지정학적 리스크를 분산하며, 디지털 표준화를 통해 글로벌 신뢰도와 제도적 영향력을 높이기 위한 종합적 패키지 전략이다. 이를 통해 중국은 완전한 단절을 불가능하게 만들고, 디리스킹 기조에서는 중국이 필수적이며 협상 가능한 파트너임을 한 번 더 확인시킨다.

| 대표 사례 | 반도체·배터리·인증체계 활용

앞서 언급한 전략 메커니즘을 구체적으로 확인하기 위해 몇 가지 대표 사례를 살펴보자. 반도체, 배터리, 인증체계는 중국이 어떤 식으로 디커플링 압

---

178) 国家标准化管理委员会(SAC), "中国标准化发展年度报告(2023年)"(2024년 3월 27일), SAC 공식 웹사이트 참조.
179) 《数字商务三年行动计划(2024－2026年)》《关于构建数据基础制度更好发挥数据要素作用的意见》, 生态环境部 환경표준, 기업사회책임(CSR) 매뉴얼 등 관련 중국 정부 정책문서 및 고시.

력에 대응하고, 디리스킹 구도를 형성하는지 잘 보여주는 영역이다.

1 반도체 산업 국산화 노력

미국 주도의 대중 반도체 수출통제와 첨단장비 수출 제한은 중국에 치명적일 수 있었다. 그러나 중국은 이에 맞서 중저가 범용 칩 분야에서 서서히 국산화율을 높이고, 반도체 설계·장비·소재 개발을 적극 지원하고 있다. 완전한 첨단 노드 칩 생산능력을 단기에 확보하기 어렵더라도 특정 시장 세그먼트가전용 범용칩, IoT 디바이스용 칩, 자동차 전장용 반도체에서 자급도를 높이면, 서방의 제재 효과를 상당 부분 상쇄할 수 있다. 이미 중국은 상당한 연구투자와 지원으로 반도체 국산화에 의미 있는 진전을 이루었다.

중국은 동시에 반도체 생태계 전반에 걸쳐 인재 양성, 특허 취득, 기업 간 협력 강화 등 장기적 기반을 다지고 있다. 지정학적 갈등이 지속되는 동안에도 반도체 가치사슬을 완전히 중국 밖으로 옮기지 못하게 할 것이다.

2 전기차 배터리 공급망 구축

전기차 배터리는 미래 이동수단 및 에너지 전환에 필수적이며 리튬·니켈·코발트 등 핵심 광물 수급이 안정적이어야 한다. 중국 배터리 기업들은 동남아, 아프리카, 남미 광물자원지에 진출해 장기 공급계약을 맺고 정련·가공 역량을 확보함으로써 서방 기업이 단기간에 대체하기 힘든 소재 공급망을 구축했다.

글로벌 완성차 업체나 전기차 제조사들이 중국산 부품·소재에 상당 부분 의존할 수밖에 없도록 하여 디커플링 시도를 힘들게 한다. 결과적으로 중국의 배터리 공급망 장악력은 디리스킹 논리를 앞세우더라도 현실적 대안을 제한한다.

3 **디지털 인증체계 통한 농수산물 추적**

중국은 식품·농산물 무역에서도 블록체인 기반 추적 시스템, 전자 인증, 품질관리 플랫폼을 도입해 파트너 국가들이 생산·가공·물류 전 과정을 실시간으로 파악할 수 있게 했다. 이 시스템은 수입국 정부의 불안감을 줄이며 수출 파트너에게 안정적 공급체계를 약속하는 효과를 낳았다.

이 과정에서 중국이 제공하는 디지털 인증체계는 글로벌 시장에서 중국산 제품이 단순히 저가·대량 생산을 넘어 투명성과 신뢰성도 갖추고 있음을 보여주었다. 이처럼 디지털 기술을 공급망 관리에 접목함으로써, 중국은 디커플링 담론 속에서도 가치·신뢰·안정이라는 새로운 경쟁요소를 확보했다. 이들 사례는 각기 다른 산업 분야에서 중국이 어떻게 맞춤 전략을 전개하는지 보여준다. 반도체 국산화는 기술내재화, 배터리 공급망 확보는 자원력 극대화, 디지털 인증은 신뢰 기반 구축으로 요약할 수 있다. 세 가지 모두 궁극적으로는 세계 가치사슬 속 중국의 필수적 위치를 재확인시키고 디커플링보다는 디리스킹, 즉 상호 관리 가능한 협력관계를 선택하도록 국제사회를 유도하고 있다.

| 정책 담론과 국제적 함의 | 국제 규범·지역 질서·가치 경쟁 연결고리

미국과 중국 사이 디커플링-디리스킹 논쟁은 단순히 경제·기술만의 문제를 넘어 국제정치, 지역 질서, 거버넌스 구조, 가치 경쟁 측면에서 큰 의미가 있다. 중국의 전략은 다층적 맥락에서 더욱 의미심장하다.

먼저 국제 규범형성 과정에 중국이 더 적극적으로 개입하고자 한다는 점이다. 과거 글로벌화는 주로 서구의 주도로 무역 자유화, 투자 개방, 다자주의 규범을 확립해왔다. 그러나 이제는 기술패권, 데이터 규범, ESG 기준, 친환경 전환 등 신흥 의제들이 전면에 떠올랐다. 중국은 이 과정에서 표준화, 인증, 데이터 거버넌스 분야에서 자신의 목소리를 강화함으로써 미래 질서의 규칙 설계에 참여하고자 한다.[180]

이런 흐름은 지역 질서 재구성에도 영향을 미친다. RCEP과 같은 역내 협정, 일대일로 경제회랑을 통한 지역 연결성 강화는 아시아를 중심으로 새로운 가치사슬 클러스터를 만들었다. 미중 경쟁에서 아시아 국가들이 단일 진영에 편향되기보다 다양한 파트너를 활용해 복합적 경제 관계를 유지하는 중간지대를 형성할 수 있게 되었음을 시사한다. 중국의 전략은 아시아 지역 국가들에게 선택지를 제공하며, 미국이 주도하는 가치나 공급망 동맹 외에 경제적으로도 실용적인 협력 경로를 유지하도록 이끈다. 미국의 'America First'로는 중장기적인 대안이 될 수 없다.

정책 담론 차원에서 중국은 디리스킹 프레임을 통해 국제사회의 불안감을 완화하고, 동시에 전면적 대립보다는 협력적 관리가 실용적이라는 메시지를 전달한다. 국제정치에서 경쟁적 구도가 심화될수록 경제 영역에서는 상호 의존을 유지하는 하이브리드 형태의 질서가 등장할 가능성을 암시한다. 즉 안보·군사 영역에서는 긴장과 억제전략이 지속되더라도, 경제·기술 영역에서는 완전한 단절 대신 위험관리형 협력이 이루어지는 복합체제가 형성될 수 있다.

가치 경쟁 측면에서도 디커플링 담론은 단순히 민주주의와 권위주의의 구

---

180) 《国家标准化发展纲要》(2021년), 《数据治理标准化白皮书(2021年)》, 《信息技术 大数据 数据治理实施指南(GB/T 44109-2024)》 등에서 중국의 표준화·데이터 거버넌스 강화 의지 확인 가능. 中国通信标准化协会(CCSA) 발표 자료 및 '十四五' 정보화 계획 참고.

도가 아니라 어떤 방식으로 지속가능한 성장과 안정된 공급체인을 구축할 것인지에 대한 대안 경쟁을 의미한다. 서방은 가치동맹, 규범에 기반한 질서를 강조하는 데 반해 중국은 실용적 안정, 상호 이익, 개발금융을 통한 파트너십 등을 제시한다. 이런 차이는 국제무대에서 규범 형성과 제도 설계의 다원성을 심화시키며 향후 거버넌스 경쟁이 더욱 복잡해지는 배경이 된다.
결국 디커플링-디리스킹 논쟁과 공급망 재편은 국제 정치·경제의 복잡한 전환기를 상징한다. 중국은 이 과정을 수동적으로 수용하지 않고 다양한 전략수단을 통해 공급망의 필수성을 재확인시키고, 장기적으로 글로벌 규범 형성에 영향을 미치는 진화적 행보를 펼치고 있다. 국제사회가 직면한 불확실성 속에서 각국이 최적화된 공급망 포지션을 찾으려 고군분투하는 가운데 중국은 전략적 유연성과 제도적 상상력을 발휘하고 있다.

| 결론 | 장기 시나리오와 전략적 유연성

장기적으로 디커플링-디리스킹 논쟁은 단순한 유행어를 넘어 글로벌 경제 질서 변동의 구조적 현상으로 자리 잡을 가능성이 높다. 트럼프가 지향하는 바는 디리스킹을 넘어 디커플링일 것이다. 물론 중국은 이에 대해 강대강의 원칙 아래 유연하게 디리스킹으로 나간다는 입장이다. 미중 경쟁이 지속되고, 새로운 기술과 산업의 패러다임이 등장하며, 지정학적 리스크가 상존하는 환경에서, 국가들은 공급망 안정성을 위해 리스크 분산, 자급화 노력, 다자적 협력틀 활용, 표준화 경쟁 등 다각적 전략을 모색할 것이다.
중국은 이 전환기에 맞추어 핵심기술과 자원의 자급화를 추구하고, 다양한 지역파트너와 우호적인 관계를 구축하며, 디지털 기술과 표준화 전략을 통해 새로운 신뢰 기반을 마련하려 한다. 이를 통해 중국은 완전한 디커플링이 사실은 비효율적이고 비현실적임을 증명하고, 오히려 디리스킹 패러다임 속에서 중국이 핵심축으로 남아 있을 수 있도록 환경을 조성한다. 단지 현재의 경제·기술 협력 패턴을 유지하는 데 그치지 않고 향후 10년, 20년 뒤의 국제경제 규범과 질서 형성에 있어 중국이 일정한 발언권을 가지기 위한 포석이다.

향후 시나리오는 몇 가지로 나뉠 수 있다.

첫째, 미중 경쟁이 심화되고 다자 제도마저 양극화되며 사실상 이중적 공급망 블록이 형성되는 경우다. 그때 중국은 아시아·남반구 국가들과 경제 네트워크를 강화해 대안적 가치사슬 체계를 견고히 할 것이다. 이 경우 양측 블록 간 제한적 상호보완이 이뤄지며 디커플링 수준은 부분적·선택적 범위에 머무른다.

둘째, 갈등이 완화되고 국제 규범 합의를 통해 보편적 표준과 제도가 자리 잡는 경우다. 이럴 경우에 중국은 디지털 인증과 표준화를 활용해 새로운 질서 형성에 적극 참여할 것이다. 디리스킹이 협력을 위한 관리도구로 정착할 것이며, 중국과 서방 간에는 상호 검증과 모니터링을 바탕으로 안정적 무역·투자 체제가 복원될 여지가 있다.

셋째, 특정 핵심 분야예: 반도체, AI, 양자기술에서 극단적 디커플링이 일어나지만, 다른 분야에서는 여전히 상호의존 구조가 유지되는 혼합형 시나리오도 가능하다. 이 경우 세계 경제는 분야별로 상이한 규범과 제도가 혼재하는 다중질서multi-order로 운영될 것이며 중국은 각 분야별로 전략적 선택을 달리 적용해 유연성을 극대화할 것이다. 현재 상황에 가장 근접한 시나리오다. 미국 바이든 행정부의 디리스킹 선언을 계기로 재개된 미중 고위급 대화들은 미국과 중국 모두 대화와 소통으로 위기관리를 해야 한다는 점에 동의

하고 있음을 시사한다. 현실적으로 미국조차 디커플링 정책의 집행이 어려운 것이다. 따라서 트럼프 행정부의 디커플링 정책은 많은 난관이 예상된다. 갈등-타협-부분적인 디리스킹-갈등 재발의 패턴이 당분간 지속될 개연성이 크다. 중장기적인 차원에서는 미중의 무력 충돌 가능성을 배제할 수 없으나 중단기적인 차원에서 볼 때 직접적인 충돌 가능성은 매우 낮을 것으로 보인다. 바이든 행정부의 대중 전략은 트럼프 1기 시대와 근본적으로 달라지지 않았다. 트럼프 시기 대중정책은 글로벌 산업 공급망, 차세대 첨단기술, 군사-안보 영역 등에서 중국의 영향력을 억제하고자 하는 노력을 배가하고 있다. 아울러 미국이 표방하는 디리스킹 전략의 주된 목적이 중국의 경제-기술적 발전을 억제하는 것뿐만 아니라 미국의 경제 피해를 최소화하고, 제조업-과학기술 역량의 재건에 있으므로 주요 외교-경제 전문가들은 미중 관계가 가까운 시일 내에 개선되기는 쉽지 않을 것으로 본다.

다시 말해 중국은 미국이 주장하는 디커플링과 디리스킹 정책 모두 자국의 경제-기술의 발전을 억제하기 위한 정치 무기이자 진영화의 도구로 사용된다고 지적한다. 특히 미중 관계 권위자이자 원로학자인 왕지쓰王緝思 베이징대학 국제전략연구원장은 미국은 중국을 국가안보뿐만 아니라 정치-경제-기술 등 모든 측면에서 최대의 위협이자 도전 세력으로 인식하고 있다고 말한다. 때문에 미국의 대중국 정책 변화 가능성은 낮으며 미중 간 지속적인 경쟁과 대결 국면이 이어질 것이라 예측한다.[181]

불확실성과 복합성 속에서 중국의 대응은 단순히 '방어'가 아니라 '창조적 재구성'에 가깝다. 중국은 기존 질서가 흔들리는 상황을 '장기적 기회'로 삼

---

181) 王缉思, 2025.4.25. 特朗普第二任期的美国内政外交前景 — 王缉思教授专访: https://www.sohu.com/a/887041886_121118979

아 미래 지향적 산업생태계 구축, 파트너의 다변화, 디지털 기반 거버넌스 형성을 통해 스스로 설계자이자 전략가가 되려 한다. 국제사회가 디커플링을 선언하더라도 실제로는 중국을 완전히 배제하거나 대체하기 어렵다는 현실을 다시금 보여주는 장면이다.

결론적으로, 디커플링-디리스킹 구도에서 중국의 전략은 공급망 재편 과정의 필수적 행위자로 남기 위한 다면적 접근을 하는 것이다. 국제통상과 안보, 기술과 규범, 지역 협력과 글로벌 거버넌스가 복잡하게 얽힌 21세기 국제 정치·경제 무대에서 국가전략 수립의 새로운 패러다임이다. 장기적으로 어떤 시나리오가 펼쳐지든 중국이 구축하는 대응 메커니즘과 담론 전개 방식은 글로벌 공급망과 세계 경제 질서의 재편에 준거점을 제공할 것이다.

| CHINA HEGEMONY STRATEGY | 중국의 경제통상 전략

6 | 에너지 안보

| 배경 | **복합위기 속 에너지 안보의 재정의**

전 세계 에너지 환경은 최근 수년간 급격한 변동과 구조적 전환을 경험하고 있다. 과거 에너지 안보는 주로 석유나 천연가스와 같은 화석연료의 안정적 공급을 보장하는 문제로 인식되었다. 오늘날의 상황은 훨씬 복잡해졌다. 국제경제가 팬데믹 이후 수요의 회복과 둔화를 반복하는 가운데 지정학적 긴장 고조, 기후변화 대응을 위한 탈탄소화 압박, 기술 혁신과 산업구조 재편, 그리고 세계 각 지역에서의 무역·물류 병목현상 등이 복합적으로 맞물려 나타나고 있다.

에너지 안보는 이제 한두 가지 자원 확보의 차원이 아니라 국가 전략의 전반을 관통하는 종합적 이슈가 되었다. 안정적인 연료 조달은 물론이고, 장기

지속가능성을 담보하는 에너지 전환, 탄소중립 목표 달성, 첨단기술 개발, 재생에너지 기반 산업 육성, 국제협력과 규범 형성까지 에너지 안보의 범주가 크게 확장되고 있다. 단순히 저렴하고 안정적인 공급망을 확보하는 문제를 넘어 에너지가 외교, 경제, 환경, 기술, 가치 경쟁의 모든 측면과 결합하는 전략적 자산으로 떠올랐음을 뜻한다.

중국은 세계 최대의 에너지 소비국이자 온실가스 배출국, 그리고 재생에너지와 청정기술 분야의 선도적 투자국가로서 새로운 에너지 질서를 재편하는 핵심적 위치에 놓여 있다. 과거 중국은 빠른 경제성장과 산업화 과정에서 석탄, 석유 등 전통적 화석연료에 대한 막대한 수요를 바탕으로 성장했다. 그 과정에서 대기오염, 탄소배출 증가, 기후압력 등의 부작용도 겪었다. 이제 중국은 '지속가능한 발전'과 '에너지안보 강화'를 동시에 추구하기 위해 청정에너지 확대, 에너지 효율 향상, 국제 파트너십 다변화, 관련 기술혁신에 본격적으로 뛰어들고 있다.

미중 전략경쟁이 심화하고 글로벌 공급망이 재편되는 전환기적 상황에서 중국의 에너지 안보 전략은 단순히 내부 수요관리에 머무르지 않는다. 오히려 해외 인프라 투자, 다자협력, 녹색금융 활용, 규범 형성 참여 등을 통해 국제적 영향력을 확대하는 방향으로 진화하고 있다.[182]

중국은 탈탄소화라는 국제적 공감대에 부응하면서 국가정책으로 '녹색환경'과 '지속가능한 성장'을 강조하고 있다. 구체적으로 2060년까지 순탄소 배출 제로에 도달한다는 명확한 목표치를 제시하였다. 이에 따라 중국내 에

---

[182] Ministry of Ecology and Environment(生态环境部), 2020.12.22. "Energy in China's New Era"; 中华人民共和国外交部, 시진핑 주석 제2회 일대일로 국제협력 정상포럼(2019년 4월 27일) 연설문, BRF 공식 문서 "Building an Open, Inclusive and Interconnected World for Common Development"(2023년 10월 18일)

너지 구성도 급격한 변화를 보일 것으로 추정된다. 이 정책은 현재 화석연료의 사용 확대를 추진하는 트럼프의 정책에 비해 중국의 국제적인 소프트 파워를 증진시키는 데도 크게 기여할 것으로 보인다.

여기서는 변화하는 국제 에너지 환경 속에서 중국이 어떠한 메커니즘과 정책수단을 통해 에너지 안보를 재정의하는지 살펴보고, 그 대표 사례와 국제적 함의를 분석하며, 장기적 전망을 제시하고자 한다. 궁극적으로 에너지 안보가 전통적 개념을 넘어 경제안보, 환경안보, 기술경쟁, 규범 형성까지 아우르는 복합적이고 전략적인 과제로 떠오르는 현 시점에서 중국의 행보와 전략은 세계 각국, 나아가 지역 질서, 국제 협력의 형태까지 재편하는 중요한 변수로 작용할 것이다.

| 현황 | 세계 에너지 지형 변화와 중국의 대응

최근 글로벌 에너지 시장은 수요와 공급이 불안정한 전환기를 겪고 있다. 팬데믹 이후 경제활동 재개로 인해 일시적인 수요 급등, 해상 물류 병목현상, 지정학적 갈등으로 인한 특정 지역 자원 차단, 기후 이상 현상으로 재생에너지 생산량 변동성 확대 등 다층적 요인이 겹치면서 가격 변동성이 크다. 특히 전통적인 산유국과 소비국 간의 단순한 구도는 약화되고 천연가스, LNG, 원자력, 재생에너지, 에너지 저장장치, 전기차 배터리까지 포함한 복합적인 에너지 가치사슬이 등장했다.

중국은 세계 최대 에너지 수요국인 만큼 남다른 영향력을 행사한다. 석탄 기반 산업화로 성장했던 중국은 석탄 비중을 점차 줄이며 천연가스, 풍력, 태양광, 수력, 원자력 등 다양한 에너지원을 모색하고 있다. 단순한 연료 대체가 아니라 국가경제 구조의 전환, 산업고도화, 기술 혁신 촉진, 대기오염 저감, 2060년 탄소중립 목표 달성 등 복합적 목표를 달성하기 위함이다.

얼마 전까지만 해도 중국의 온실가스 배출량은 계속 증가하고 있었다. 중국은 현재 세계 온실가스GHG 배출량의 33%를, 미국은 15%를 차지하고 있다. 2030년까지 중국의 탄소배출량은 증가하겠지만 그 이후부터는 단호한 저감 목표를 세우고 있다. 중국은 탄소 중립을 실현하기 위해 급속도로 재생에너지 활용을 높이고 있다.[183] 중국의 미래 에너지는 수소에너지, 신재생에너지를 중심으로 재구성될 전망이다.

중국은 에너지 수입 경로를 다양화하기 위해 중동, 러시아, 중앙아시아, 아프리카, 남미 등 여러 지역과 장기적 공급계약, 인프라 투자, 파이프라인 건설을 추진한다.[184] 과거에는 특정 지역에 대한 의존이 컸다면 이제는 다양한 파트너와 협력해 안정적이고 예측 가능한 공급체인을 형성하려 한다. 동시에 재생에너지 투자 확대를 통해 전력 구조를 개편하고 국내 기술기업 육성으로 전기차, 배터리, 스마트그리드, 에너지저장장치 등 신기술 분야를 적극 선도하려 한다.

중국의 정책은 글로벌 에너지 거버넌스에도 파장을 미친다. 전 세계의 재생에너지 설비 확대, 녹색금융 강화, 탄소 배출 거래제 도입, 에너지 효율 표준 강화 등이 한 국가의 정책이 아니라 다자적 협력 프레임 속에서 논의될 때, 중국은 중요한 의제 설정자 역할을 할 수 있다.[185] 중국이 전력망 연결,

---

183) 이유선. 2024.5.7. 중국, 신재생에너지 2050년까지 88%로 비중 확대 (AI타임스): https://www.aitimes.com/news/articleView.html?idxno=159387
184) 中国能源新闻网, "一带一路"能源国际合作报告(2023); 中华人民共和国商务部(MOFCOM), 国家发展和改革委员会(NDRC) 발표문 및 BRI 프로젝트 리스트 참조.
185) IRENA(International Renewable Energy Agency)-중국 협력 MOU(2021년 6월), UNFCCC 제출문서, G20 에너지 회의 결과문서에서 중국의 적극적 참여 확인 가능.

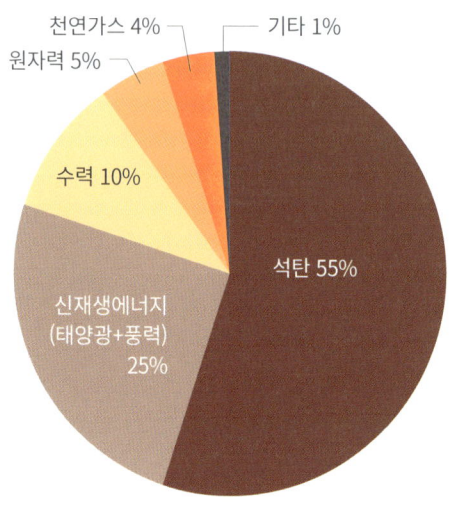

[그림9] 중국의 에너지 구성도(2024년 추정)[186]

출처:https://www.linkedin.com/posts/ben-tan_2024-chinas-energys-mix-seems-like-they-activity-7289175558012256256-uebu/

녹색인프라 개발, 국제기구 협력 등을 통해 에너지 전환을 가속하면 이를 둘러싼 다른 국가들의 전략적 선택지도 변화한다.

현재 글로벌 에너지 지형은 탈탄소화와 지정학적 갈등, 기술경쟁이 얽힌 복잡한 다면체이며 중국은 이 다면체 내부에서 핵심 축으로 자리매김하고 있다. 중국의 에너지 안보 전략은 단순히 원료 확보 차원을 넘어 환경정책, 산업정책, 외교전략, 금융 메커니즘을 포괄하는 통합적 접근을 보여주고 있다.

---

186) 그 평가 자료로는 EMBER, 9 Apr 2025. "China: China accounted for more than half of the global increase in wind and solar power in 2024": https://ember-energy.org/countries-and-regions/china/

| 중국의 전략 | **다각화·혁신·거버넌스 연결**

중국이 에너지 안보를 강화하는 전략 메커니즘은 크게 세 측면에서 관찰할 수 있다.

첫째, 내부적으로 청정에너지 확대와 기술 혁신을 통한 구조적 자립도를 제고한다.

둘째, 외부적으로 수입선 다변화와 인프라 네트워크 확장을 통한 공급 안전판을 확보한다.

셋째, 녹색금융·규범 형성·다자협력 등 제도적 수단을 통한 국제적 영향력을 증대한다.[187]

1 청정에너지 확대와 기술 혁신

중국은 석탄 중심 에너지 구조에서 벗어나기 위해 태양광, 풍력, 수력, 원자력 등 다양한 대체 에너지원 비중을 확대하고 있다. 단순히 탄소 배출 감축을 위한 환경조치가 아니다. 장기적으로 화석연료 수입 의존을 줄이고 안정적이고 지속가능한 국내 에너지 생산 기반을 마련함으로써 안보 측면에서 유리한 구조를 만들기 위한 전략이다. 전기차 배터리, 에너지저장장치, 스마트그리드, 수소에너지 등 첨단기술 분야에 집중 투자함으로써 미래 에너지 산업 생태계를 선점할 수 있다. 기술 혁신을 통해 중국은 글로벌 시장에서 핵심 부품·장비·소재 공급자로 부상하고, 이를 기반으로 에너지 주도권을 확보하려 한다.

---

187) 中国银行保险监督管理委员会(CBIRC), "银行业保险业绿色金融指引" (2022년 6월 1일, 中国政府网), 中国人民银行(PBoC) 녹색금융 가이드라인, '十四五' 금융표준화 계획, AIIB·CDB 등의 녹색금융 프로젝트 등 참조.

2 수입선 다변화와 인프라 연결성 강화

중국은 여전히 석유와 천연가스를 상당 부분 수입해야 하는 입장이다. 이에 특정 지역에 대한 과도한 의존을 피하기 위해 다원적 협력관계를 구축하고 파이프라인 건설, LNG 터미널 확보, 장기계약 체결, 해상·육상 물류 경로 보강 등 다각적 수단을 활용한다. 러시아, 중앙아시아, 중동, 아프리카, 남미 각 지역과 에너지 파트너십을 강화하여 혹시 어느 한 곳에서 문제가 발생하더라도 다른 경로로 대체할 수 있는 '에너지 공급 네트워크'를 형성한다. 이와 함께 일대일로 이니셔티브를 활용해 해외 에너지 인프라에 투자하고, 송전망 구축, 재생에너지 프로젝트 지원 등을 통해 해외 생산기지를 확대함으로써 글로벌 에너지 안보 체계에서 주도적 지위를 강화하고 있다.[188]

3 녹색금융·제도협력·규범 형성으로 국제 영향력 확대

중국은 에너지 안보를 금융·거버넌스 측면에서도 접근한다. 녹색금융 제도 도입, 국제개발은행을 통한 친환경 프로젝트 지원, 기술표준 제안, 다자협력포럼 활성화 등을 통해 국제 에너지 정책의 방향성을 형성하는 데 기여하고 있다.[189] 에너지 문제를 국제정치, 무역, 기후협상, 기술규범 등과 결합시킴으로써 단순한 수요-공급 관계를 넘어 제도와 규범을 주도하는 전략이다. 중국이 제안하는 규범과 표준은 재생에너지 인프라, 전기차 배터리 재활용, 스마트그리드 운영 프로토콜 등 다양한 분야에 걸쳐 있으며 이를 통해 중국

---

188) 中国能源新闻网, "一带一路"能源国际合作报告(2023), "共建'一带一路'绿色能源合作报告(2024), BRF 공식 문서 'The Belt and Road Initiative: A Key Pillar of the Global Community' (2023년 10월 10일), MOFCOM·AIIB 발표문, 중국-파키스탄 마티아리-라호르 송전 프로젝트 등 사례.

189) 中国人民银行(PBoC) 등 4개 부처, "关于发挥绿色金融作用 服务美丽中国建设的意见" (2024년 10월 12일, 中国政府网), CDB 해외 녹색 융자 프로젝트, PBoC·MEE(生态环境部)·CSRC(中国证监会) 발표문, AIIB 지속가능인프라 투자 방향성 등 참조.

은 향후 글로벌 에너지 거버넌스 질서에서 '룰 메이커' 역할을 노린다.[190]

이 세 가지 축은 상호보완적이다. 내부 혁신으로 자립도를 높이고, 외부 다변화로 공급 위기에 대비하며, 제도·금융·규범 경쟁을 통해 글로벌 영향력을 확대한다. 이를 통해 중국은 수요 대응자에서 정책과 규범 형성자로 도약하려는 야심찬 전략을 수행 중이다.

| 대표 사례 | 실천적 접근 통한 영향력 확대

중국이 추구하는 에너지 안보 전략의 대표적인 사례를 살펴보면 이 전략이 어떻게 현실에서 구현되는지 확인할 수 있다.

1 러시아와의 파이프라인 가스 협력

중국은 러시아와 천연가스 파이프라인 프로젝트를 진행하며 육로를 통한 안정적 가스 공급원을 확보했다. 이로써 해상운송에 대한 의존도를 줄이고, 지정학적 변동에도 비교적 안정적인 공급선을 갖추게 되었다. 유럽이 러시아 가스 의존을 줄이는 상황에서 중국은 오히려 러시아와 협력해 장기계약으로 안정적인 가스 확보에 성공했다. 중국이 특정 국제정치 상황을 활용해 에너지 안보를 강화한 전략적 유연성의 표본이다.

---

190) IEC(International Electrotechnical Commission) 대회(2021년 10월 11일, 新华网), ISO 제45차 총회(2023년 9월, 国家市场监督管理总局) 중국 대표단 활동; 또한 中国政府网 발표 백서 "中国的能源转型"(2024년 8월 29일) 참조.

2 중동 산유국과 장기계약, 정유·저장시설 투자

중국은 중동 지역 산유국들과 장기 석유공급 계약을 맺고, 일부 지역의 경우 정유, 석유화학 시설에 투자함으로써 안정적인 오일 체인을 형성했다. 이를 통해 국제 유가 변동성이나 특정 지역의 공급이 어려울 때도 가격협상력을 갖추며 안정성을 높인다. 중동 국가들과의 협력 강화는 단순히 석유공급을 넘어 향후 수소·암모니아 등 대체연료 협력 가능성까지 열어두는 것이다.

3 아프리카 재생에너지 프로젝트 투자

중국은 아프리카 여러 국가에 풍력, 태양광, 수력 등 청정에너지 프로젝트를 지원함으로써 해외 녹색인프라 구축을 적극 돕는다. 이를 통해 현지의 전력망 안정화, 저탄소 발전 모델 정착, 중국의 장비와 기술 수출이 동시에 이루어졌고 장기적으로 중국 중심의 녹색 글로벌 공급망을 형성했다. 개도국의 에너지 접근성을 높이는 데 기여하면서도 향후 녹색기술 표준화, 탄소 크레딧 거래 등 새로운 거버넌스에서의 발언권도 강화할 수 있다.

4 국내 태양광·풍력 산업 육성과 해외 진출

중국의 태양광 패널 생산량 증대, 풍력터빈 제조기술 개발, 전기차 배터리 소재 확보 등은 이미 글로벌 시장에서 중국의 지위를 공고히 했다. 전기차, 배터리, 태양광 패널, 희토류 가공 역량 등 핵심 부품·소재 산업에서 중국은 단기간에 전 세계에서 선도적 위치에 올랐으며 이를 바탕으로 해외 수요국에 대한 가격 및 공급력 우위를 확보했다. 이것은 단순한 수출 확대가 아닌 전 세계가 탈탄소화로 나아가는 흐름 속에서 중국이 필수불가결한 파트너가 되게끔 하는 전략적 포지셔닝이다.

이들 사례는 중국이 에너지 안보 전략을 체계적이고 다차원적으로 구현하고 있음을 보여준다. 전통적 화석연료 분야석유, 가스에서 안정적 수입선을 확보하는 동시에 신재생에너지 및 녹색기술 분야에서 글로벌 공급망을 장악하거나 주도함으로써, 중국은 향후 어떤 형태의 에너지 질서 변화에도 대응 가능한 유연하고 광범위한 전략적 자산을 축적했다.

| 정책 담론과 국제적 함의 | 새로운 에너지 패러다임 등장

중국이 에너지 안보 전략을 적극적으로 재편하는 과정은 국제정치, 지역질서, 경제·금융 시스템, 가치 경쟁 측면에서 다양한 의미가 포함되어 있다.

먼저 에너지 안보 개념 자체가 확장되고 복잡해지면서 각국은 단순히 에너지원을 싸게 조달하는 수준을 넘어 에너지를 장기적인 기술·환경·안보 전략과 연계시키게 되었다. 중국이 보여주는 모델은 에너지 안보를 기후변화 대응, 산업정책, 외교정책, 기술경쟁, 거버넌스 재구축과 결합하는 통합적 접근이다. 이로 인해 국제사회는 에너지 분야에서 기존 패권국, 신흥국, 중견국 모두가 녹색전환과 기술표준 경쟁을 통해 새로운 위상을 찾게 된다.

둘째, 중국의 행보는 미국, 유럽연합, 일본, 인도, 러시아, 중동, 아세안 등 다수국가의 전략적 선택에 영향을 미친다. 예를 들어, 유럽이 재생에너지 확대와 러시아 의존 축소를 가속화할수록 중국산 태양광 모듈, 배터리 소재 수요가 증가할 수 있고 중국이 녹색 공급망에서 영향력을 키우는 결과를 낳는다. 미국은 이에 대응해 자국 내 청정에너지 제조 기반을 강화하고 동맹국과의 기술협력을 통해 중국 의존도를 낮추려는 대책을 모색할 것이다.

셋째, 개발도상국 입장에서는 중국이 제공하는 녹색인프라 투자, 기술 지원,

파이낸싱으로 에너지 접근성이 개선되고 전력 안정화도 높일 수 있다. 다만 중국 중심의 공급망에 종속될 위험도 수반한다. 개도국은 중국의 파이낸싱이 매력적일 수 있지만 향후 기술 표준, 가격 협상력, 데이터 공유, 사이버 안보 등 다양한 이슈에서 중국에 대한 의존도가 높아질 것이다. 이에 대응해 국제기구나 지역 금융기관들은 균형 잡힌 파트너십 모색, 투명한 금융조건 제시, 다양한 파트너 참여를 통한 공급망 다변화를 지원할 필요가 있다.

넷째, 에너지 안보와 기후협상 간 상호작용이 강화되며, 중국의 역할이 더욱 중요해진다. 탄소중립 목표 달성과 에너지 안보 강화는 상충하기보다는 상호보완적으로 작동할 수 있다. 중국이 전 세계 재생에너지 기술의 가격 하락을 주도하고 전기차 확산과 ESS 혁신을 가속한다면 글로벌 온실가스 감축 속도가 빨라지면서 기후협상에서 중국이 주도권을 가질 수도 있다. 이에 대해 다른 주요국은 기술 혁신 및 다양한 조달처 개발, 신규 가치사슬 형성 등을 통해 대응하려 할 것이다.

마지막으로, 에너지 안보를 둘러싼 가치 경쟁 측면도 부각된다. 청정에너지와 녹색성장, ESG 경영, 책임 있는 투자, 투명한 거버넌스라는 가치가 강조되면서 중국은 이 분야에서 규범 및 표준 수립 과정에 적극 개입할 가능성이 높다. 향후 국제 무역 규범, 환경규제, 기술표준, 인증제도, 공급망 투명성 기준 등 다양한 영역에서 중국이 제안하거나 지지하는 규범이 국제사회에서 수용될 환경을 만들어 줄 것이다. 그렇지만 다른 강대국과 중견국들이 자기들의 이해관계에 맞는 규범을 제안한다면 일종의 가치·규범 경쟁이 펼쳐질 것이고, 이 과정에서 협력과 갈등이 교차하며 새로운 국제정치 역학관계가 형성될 수 있다.

| 결론 | 불확실성 시대의 에너지 자율성 확립

전통적 의미의 에너지 안보는 특정 자원의 안정적 공급이 보장되는 개념이었다. 그러나 오늘날 전 세계가 경험하는 복합위기, 즉 지정학적 갈등, 경제·금융 변동성, 기후위기, 기술패권 경쟁, 팬데믹 후유증 등이 얽히며 에너지 안보는 훨씬 넓고 심층적인 개념으로 새롭게 정의되고 있다. 중국은 에너지 안보를 경제·환경·기술·금융·외교가 결합된 종합전략으로 바라본다. 그런 이유로 내부 혁신과 외부 파트너십, 제도·규범 형성을 통한 영향력 확대까지 포함하여 다면적으로 접근한다.

장기적으로 중국의 행보는 국제에너지 질서 재편에 큰 변화를 가져올 가능성이 높다. 향후 10~20년간 탄소중립 목표를 달성해야 하기 때문에 각국이 화석연료에서 벗어나 재생에너지·수소·ESS·전기차 등 새로운 에너지생태계를 구축하는 과정에서 중국의 기술력, 제조 능력, 금융 수단, 외교 역량은 다른 국가들에게도 기회이자 도전이 될 것이다. 세계 각국은 중국 의존도를 줄이거나 반대로 중국과 협력을 강화하는 등 다양한 전략을 모색할 것이며 글로벌 공급망 재편, 지역별 블록화, 다자협력 포맷 다양화로 이어질 것이다. 불확실성이 심화하는 가운데, 국제사회는 기존의 일극적 또는 양극적 질서가 아닌 다극적·다원적 역동성dynamics 속에서 에너지 안보를 재구성할 필요가 있다. 중국이 핵심 행위자로 등장한 이 시대에 단일한 해법은 존재하지 않는다. 각국은 탄소배출 감축 의무, 경제성장 필요, 국민 생활수준 개선, 산업경쟁력 강화, 지정학적 리스크 관리 등 여러 목표를 동시에 달성해야 한다. 이 과정에서 중국이 구축하는 에너지 인프라, 녹색금융 프레임, 기술 표준 제안은 독자적인 선택을 어렵게 만들겠지만 한편으로는 새로운 협력의 기회를 열어주기도 한다.

전망하건대 에너지 안보는 미래 국제정치와 세계경제, 기후정책, 기술혁신, 규범경쟁의 핵심 축이 될 것이다. 중국의 지속적인 청정에너지 확대와 공급망 다변화, 녹색금융과 제도적 영향력 행사 전략은 이 축의 중심이다. 다른 국가와 국제기구는 중국의 동향을 면밀히 주시하며, 자국의 이익을 극대화하고, 균형 잡힌 파트너십을 구축하며, 다자협력을 통해 공생 가능한 질서를 만들어낼 방안을 모색해야 한다.

결국 에너지 안보란 과거처럼 '한정된 자원 확보' 문제가 아닌, '복합적 상호의존' 체제에서 기술·환경·금융·규범이 얽혀 있는 복잡한 퍼즐을 푸는 작업에 가깝다. 중국은 이 복잡한 퍼즐을 풀어가는 과정에서 성장판을 마련하고, 전략적 자율성을 극대화하며, 나아가 국제 질서 변동의 키를 쥐고자 한다. 앞으로 전개될 시나리오에서 중국이 어떤 성공과 좌절을 겪든 국제사회가 에너지 안보를 바라보는 관점은 이미 근본적으로 변하고 있으며 이 변화를 주도하는 한 축으로서 중국의 존재감은 더욱 부각될 것이다.

7 위안화의 국제화

| 배경 | 미중 전략경쟁 시대의 통화 질서 재편

달러 중심의 국제 통화 질서는 1944년 미국 뉴헴프셔 주에 있는 브레튼 우즈Bretton Woods에 44개국의 대표들이 모여서 달러를 기축통화로 공식 인정하면서 시작되었다. 이후 달러화는 국제결제, 외환보유자산, 국제대출, 무역금융 등에 걸쳐 사실상 기축통화의 지위를 누리며 글로벌 금융 인프라를 장악하고 있다. 유로화, 엔화, 파운드화, 스위스의 프랑 등 일부 다른 선진통화도 일정 부분 국제적 역할을 수행하지만 달러화에 맞먹는 수준에 도달한 통화는 부재한 실정이다. 이런 상황은 탈냉전 이후 경제·금융 글로벌화가 심화되면서도 동시에 특정 통화에 대한 과도한 의존이 초래할 수 있는 금융 불안정성과 지정학적 리스크를 불러 일으켰다.

2000년대 들어 중국은 자국 통화인 위안화RMB를 국제화하고자 하는 목표를 서서히 추진하고 있다.[191] 단순히 글로벌 금융에서의 위상을 높이는 문제가 아니라 달러화 중심 질서에 대한 대안을 마련하고자 하는 것이다. 이것은 지역 금융안전망을 구축하고, 디지털 금융혁신을 주도하며, 역내 경제통합을 촉진함으로써, 제도·규범 형성 과정에서의 주도력을 확보하는 등 복합적 동기가 결합한 전략적 과제다.[192] 중국은 역외 위안화 시장 육성, 무역결제 다변화를 시작으로 특수인출권SDR 바스켓 편입, 국제결제시스템 구축, 통화스와프 협정 확산, 일대일로 이니셔티브와 연계한 위안화 활용 장려, 디지털위안화 도입 시도 등 여러 다양한 수단을 동원하고 있다.[193]

다만 이 과정은 단기적인 목표가 아니다. 중국은 기존 달러 체제의 가장 중요한 수혜자이기도 하다. 2024년 말 현재, 세계에서 두 번째의 달러 채권국이기도 하다. 장기적으로 볼 때 이 과정은 아직 초기 단계에 머물러 있지만 글로벌 금융구조의 다극화를 촉진하고 달러 중심 국제 금융 질서에 새로운 균형점을 마련할 가능성을 시사한다.

변화는 중국 내부의 정책 변화로 끝나지 않는다. 주변국과 신흥국이 위안화 기반 무역결제와 금융협력 체계에 편입될 경우, 아시아 및 글로벌 금융 질서는 점진적으로 재편될 수 있다. 미중 전략경쟁이라는 세계정치의 거대한 구조적 변화 속에서 통화·금융 영역에도 지정학적 긴장과 전략적 계산이 투영되고 있음을 보여준다. 이미 중국은 미국의 달러 패권 문제를 지적하며 달러 헤게모니 약화를 위해 중·러 간 교역뿐만 아니라 BRICS, SCO, 글로벌 남반구 국가들과 강력한 협력을 토대로 새로운 BRICS 화폐 구축 등을 통한 탈달러화 추진과 상품 교역 결제를 확대시켜 나갈 구상을 추진하고 있다.

여기에서는 위안화의 국제화 흐름을 구조적·전략적 관점에서 접근한다. 우선 현재 진행 중인 위안화의 국제화 현황을 살펴본 뒤, 중국이 활용하는 전략을 검토한다. 이어 대표적인 사례를 통해 이 전략이 실제로 어떻게 구현되는지 살펴보고 국제정치적 의미와 정책 담론을 종합적으로 고찰한 뒤 결론적으로 장기적 전망과 불확실성을 점검한다. 이를 통해 위안화의 국제화가 단순히 금융 현상을 넘어 글로벌 권력구조 변동, 기술 혁신, 제도 정비, 가치 경쟁 등 다양한 차원에 미치는 파장을 파악하고자 한다.

| 현황 | 글로벌 금융 질서 속 위안화 위상 변화

현재 세계 통화 질서에서 위안화는 여전히 달러화나 유로화에 비해 활용도가 제한적이다. 그러나 2025년 3월 SWIFT 사용기준으로 중국 인민폐 비중은 미국의 달러화, 유로화, 영국의 파운드화 다음으로 세계 4강 화폐 안에 들었다. 현재 4.13%로 홍콩의 달러화를 합하면 6% 선이다. 세계 49.08%를 차지하고 있는 미국의 달러화에 비하면 턱없이 작은 규모다.[194] 그렇지만 인민폐는 2013년 세계 8위에서 2015년 세계 5위로 올라섰다. 지난 10여 년 동

---

191) 중국인민은행(2023),《2023年人民币国际化报告》, http://www.pbc.gov.cn/goutongjiaoliu/113456/113469/5114765/2023102720175126516.pdf. 또한 중국인민은행의 2022년, 2024년 RMB 국제화 보고서에서 장기적 추진목표 확인 가능.
192) 중국인민은행 등 7개 부처(2024),《推动数字金融高质量发展行动方案》, 中国政府网(https://www.gov.cn/lianbo/bumen/202411/content_6989645.htm)
193) 중국인민은행·발전개혁위원회·상무부 등(2020),《关于进一步优化跨境人民币政策 支持稳外贸稳外资的通知》, 中国政府网(http://www.gov.cn/zhengce/zhengceku/2021-01/04/content_5576937.htm); 또한 중국인민은행,《中国数字人民币的研发进展》백서(2021년 7월 16일, 中国政府网: https://www.gov.cn/xinwen/2021-07/16/content_5625569.htm)에서 디지털위안화 도입전략 언급.
194) 이에 대해서는 Wikipedia, 2025. "Currency": https://en.wikipedia.org/wiki/Currency 그 밖에, Bloomberg, What are the top 10 most traded currencies in the world?: https://www.ig.com/en/trading-strategies/what-are-the-top-10-most-traded-currencies-in-the-world-200115

안 위안화의 사용 범위와 규모는 꾸준히 확대되는 추세다.

중국이 역외 위안화 시장을 본격적으로 추진한 것은 2009년 홍콩을 기점으로 한 무역결제용 위안화의 사용을 허용한 때부터였다. 이후 상하이, 선전 등 금융허브를 통한 실험적 조치를 거쳐 중국 기업들이 수출입 대금을 위안화로 결제하는 일이 늘어나기 시작했다. 실무적 변화를 뒷받침한 것은 중국의 경제력 신장, 무역 파트너의 다양화, 아시아 지역에서의 무역량 증가, 그리고 중국 금융당국의 단계적 개방정책이었다.

2016년에는 위안화가 IMF SDR 바스켓에 편입되면서 국제사회의 상징적 인정을 받았다. 이것은 위안화를 공식적으로 국제준비자산으로 간주하는 제도적 계기로 작용했고, 위안화는 국제 금융 거버넌스 영역에서 정식 통화로 참여하는 첫발을 내딛었다. 이후 중국은 통화스와프 협정 확대, 중국 국제결제시스템CIPS 개발을 통해 국제결제 인프라를 개선하고 역내 및 개도국을 대상으로 인프라 투자, 공급망 재편 과정에서 위안화 활용을 장려했다.

디지털위안화e-CNY의 등장은 새로운 변화를 예고한다. 중국 국무원은 2017년부터 모바일 결제를 실용화하기 시작하였다. 현재 모바일 결제가 광범위하게 정착된 중국 내수 시장에서 e-CNY의 시범 운영은 소비자에게 편의성을 제공하고, 기업에게는 저비용 결제 환경을 조성하고 있다. 나아가 중국 당국은 디지털위안화를 국경 간 거래에 활용할 가능성을 모색 중이다.[195]

2023년에는 최초로 석유 거래대금을 모바일 위안화로 결제하였다. 동시에 중국과 가까운 BRICS, SCO 국가들에도 점차 중국의 모바일 위안화 결제가

---

195) 중국인민은행(PBOC)(2021), Progress of Research & Development of E-CNY in China, http://www.pbc.gov.cn/en/3688110/3688172/4157443/4293696/2021071614584691871.pdf

확대되고 있다. 아직 달러를 대체할 수준은 아니지만 중국의 경제성장이나 국제적 위상의 강화로 중국의 모바일 화폐는 점차 국제 통화로서의 영향력이 크게 증대할 것으로 보인다.[196] 기술 혁신을 통한 통화 국제화의 새로운 경로를 제시하며 디지털 금융시대에 위안화가 선도적 위치를 점하는 시나리오도 가능하다.

다만 위안화의 국제화를 가로막는 난관도 만만치 않다. 중국 금융시장의 자본통제, 법적·제도적 투명성 부족, 정치적 리스크, 외환시장의 변동성 등은 글로벌 투자자들로 하여금 위안화를 보유하는 것을 주저하게 만든다. 또한 달러화, 유로화 등 기존 기축통화의 안정성과 신뢰도에 비해 위안화는 아직 상대적 약점이 있다. 중국 역시 달러통화 체제의 수혜자로서 그 스스로도 세계에서 두 번째로 미국 달러 채권을 많이 보유하고 있다. 따라서 위안화의 국제화는 더 오랜 시간이 걸릴 것이다.

그럼에도 불구하고 아시아 역내 통화협력, 일대일로 프로젝트와 연계한 금융 네트워크 형성, 디지털 금융혁신 등은 위안화가 특정 지역이나 영역에서는 국제 통화로 기능하도록 뒷받침하고 있다. 이로써 위안화는 '달러 대체'라기보다는 '다극 통화 체제'의 한 축으로서 존재감을 키우는 중이라고 볼 수 있다. 향후 수십 년간 위안화의 국제적 지위가 어떻게 변모할지는 중국 내부의 개혁 속도, 글로벌 경제구조의 변화, 미중 관계 동향, 기술패권 경쟁 추이 등에 따라 결정될 것이다.

---

[196] 모바일 인민폐에 대해서는 Wikipedia, 2025. https://en.wikipedia.org/wiki/Digital_renminbi

| 중국의 전략 | 무역결제, 금융안전망, 디지털 혁신

위안화의 국제화를 추진하는 과정에서 중국이 활용하는 전략은 다층적이다. 단순히 무역결제 통화를 늘리는 차원을 넘어 통화스와프, 결제인프라 구축, 디지털화폐의 도입, 제도나 규범의 형성 등 다양한 수단이 동원된다. 복합적 접근은 중국이 금융안정, 경제 영향력 확대, 기술표준 확보, 지역 협력 강화라는 목표를 동시에 추구하기 때문이다.

첫째로, 무역 및 투자 결제에서 위안화 활용을 장려하는 전략이다. 중국 기업들이 수출입 거래를 위안화로 결제하면 환율변동의 위험이 줄어들고, 거래비용도 절감할 수 있다. 특히 아시아 역내 무역량이 커지고 RCEP 등 지역무역협정이 활성화되면 역내 공급망을 위안화 결제로 보완하는 흐름이 가속화될 수 있다. 이렇게 실물부문에서 위안화 사용 기반을 다지는 것은 통화국제화의 출발점이다.

둘째, 통화스와프 협정 확대를 통해 역내·글로벌 금융안전망을 구축하는 전략이다.[197] 중국은 다수의 국가와 위안화 스와프 계약을 체결함으로써, 필요할 경우 상대국의 중앙은행이 위안화를 조달해 금융위기에 대응하도록 돕는다. 위기가 닥쳤을 때 중국이 독자적으로 유동성을 공급하는 기반을 갖춤으로써 달러 기반의 국제 금융 지원 체제에 대한 대안적 수단을 마련하는 효과가 있다.

셋째, CIPS를 통한 결제인프라 강화는 핵심적인 기술·제도적 메커니즘이

---

197) 중국인민은행(2024), 《2024年人民币国际化报告》, http://www.pbc.gov.cn/huobizhengceersi/214481/3871621/5472873/index.html. 또한 "中国人民银行 : 截至8月末双边本币互换协议规模超过4.1万亿元人民币"(2024년 10월 6일), http://www.ts.cn/xwzx/gnxw/202410/t20241006_24213059.shtml 보도.

다. 국제결제망에서 독자적 결제시스템을 구축하면, 중국은 달러 중심의 결제망 의존도를 줄이고 위안화 거래를 간소화하고 효율화할 수 있다. 단순하게 결제 수단만을 늘리는 것이 아니라 국제 금융 질서에서 새로운 '인프라 제공자'로 부상하는 것이다.

넷째, 디지털위안화 도입과 핀테크 역량 활용도 중요한 수단이다. e-CNY는 국경 간 결제, 다국적 CBDC 협력 프로젝트 등에서 새로운 결제 모델을 제시한다. 디지털화폐 활용은 전통적인 금융중개기관을 우회하거나 비용을 절감함으로써 위안화의 국제적 접근성을 확대할 수 있다. 향후 디지털금융 시대를 맞아 규칙을 설정하는 과정에서 중국이 적극 나설 수 있는 발판이 된다.

다섯째, 정책담론 주도 및 제도 정비를 통해 국제적 신뢰를 확보하려는 노력도 필수적이다. 외국인 투자자가 안심하고 위안화 자산을 보유하고 거래하려면 법적·제도적 안정성, 회계·감사 규정의 글로벌 표준화, 정보공개 투명성 제고가 뒤따라야 한다. 따라서 중국은 국제기구나 다자포럼에서 위안화의 국제화를 지지하는 담론을 형성하고, 협력국과 제도적 장치를 마련함으로써, 위안화의 국제화를 뒷받침하는 규범적 기반을 조성하고 있다.[198]

위안화의 국제화는 단순히 '중국 통화 사용 확대'를 넘어 경제·금융·기술·제도·외교 영역을 모두 포함하는 종합전략임을 보여준다. 국제 정치·경제적 지형 변화 속에서 중국이 통화 도구를 활용해 국제 질서 판도를 뒤집을 기회를 모색하는 과정이라고 해석할 수 있다.

---

198) 중국증권감독관리위원회(2023), 《证监会修订发布两项财务信息披露规则》(2023년 12월 22일, http://www.csrc.gov.cn/csrc/c100028/c7451372/content.shtml); 中央·国务院办公厅(2023), 《关于进一步加强财会监督工作的意见》(2023년 2월 15일, https://www.gov.cn/zhengce/2023-02/15/content_5741628.htm); 中国证券监督管理委员会(2021), 《上市公司信息披露管理办法》(2021년 3월 18일, http://www.csrc.gov.cn/csrc/c101864/c2ee1a791fddc4f5ebeeb70aa8e2399cf/content.shtml)

| **대표 사례** | 스와프 협정, 디지털 결제 실험, 자원·인프라 투자

위안화의 국제화 추진을 구체적으로 살펴보면 중국은 다양한 지역과 분야에서 사례를 축적하고 있다. 통화스와프 협정 확산, 디지털위안화_{중국의 중앙은행인 인민은행이 개발 중인 디지털화폐} 국제결제 실험, 일대일로 연계 금융지원, 중동 산유국과의 위안화 결제 시도 등이 그 예다. 예컨대 파키스탄 등 일부 아시아 신흥국과 맺은 스와프 협정은 필요한 경우 이들 국가가 위안화를 확보해 외환위기에 대응할 수 있도록 도와주는 역할을 한다. 해당 국가들이 미국 달러화 스와프 라인에 접근하기 어려운 상황에서 대안적 금융지원망을 갖추게 한다. 중국 입장에서는 자국 통화의 활용도를 높이는 실질적 지렛대가 된다. 중국은 BRICS 화폐도 적극 추진한다는 구상이며 본격적으로 논의 중이다.

디지털위안화 국제결제 프로젝트는 또 다른 주목할 만한 사례다. 홍콩, 동남아 일부 국가와 진행하는 CBDC 협력 파일럿은 국경 간 결제를 단순화하고 비용을 절감하는 기술적 혁신을 시도하고 있다. 만약 이 모델이 성공하면 위안화는 디지털시대의 국제 통화 경쟁에서 유리한 위치를 점할 수 있으며, 다양한 국가들이 e-CNY 기반 결제 생태계에 참여하게 될 것이다.

에너지·자원 분야에서도 위안화의 결제 사례가 있다. 중동 산유국과 원유 거래 일부를 위안화로 결제하는 협상을 추진하거나, AIIB_{아시아인프라투자은행} 대출 일부를 위안화로 제공하는 등이 그것이다. 기존 달러화가 장악하던 에너지·금융 분야에 위안화를 서서히 침투시키려는 전략적 시도로 해석된다.[199] 위의 사례들은 아직 규모가 작고 상징적 의미가 강하지만, 장기적으로 축적되면 국제 금융 행위자들이 위안화를 자연스럽게 받아들이게 될 수 있다.

위안화의 국제화는 특정 분야나 지역에 국한되지 않고 무역, 금융안전망, 디지털혁신, 에너지거래, 지역개발금융 등 다양한 영역에서 전개되고 있다. 통화국제화가 단순히 환율정책이나 금리정책과는 달리 훨씬 광범위한 전략적 차원에서 진행되어야 함을 나타내는 것이다.

| 정책 담론 및 국제적 함의 | 다극 통화 체제와 지정학적 균형

위안화의 국제화가 갖는 의미는 단순한 통화다변화가 아니라 국제 통화 체제와 금융거버넌스 구조가 전반적으로 재조정될 가능성이 있다는 것이다. 기존의 달러화 중심의 질서가 안정성과 신뢰를 기반으로 오랫동안 유지되어 왔지만 지정학적 긴장이 심화되고 기술 혁신, 신흥국들의 경제성장 등으로 다극화 흐름이 형성되면 국제 통화 질서 역시 변화의 압력을 받을 수 있다.

위안화의 국제화는 달러 체제에 대한 직접적인 '공격'이라기보다는, 신흥경제권에 대안적 선택지를 제공함으로써 달러화의 독점성을 완화시키는 방향으로 작동할 가능성이 크다. 개발도상국이 금융위기를 맞아 달러 공급을 받기 어려울 때 위안화 스와프 라인으로부터 지원을 받는 방식을 의미한다. 다자금융기구와의 협력, 일대일로 인프라 금융, 디지털 결제표준 선도를 통

---

199) "中伊25年全面合作协议" 관련 보고(2021년 4월 6일, https://user.guancha.cn/main/content?id=490650)에서 이란과의 RMB 결제 언급; 또한 "国内首单原油跨境数字人民币交易完成结算"(2023년 10월 27일, 新华网: https://www.news.cn/fortune/2023-10/27/c_1129944767.htm)에서 원유거래 RMB 결제 시도 확인; AIIB RMB 채권 관련: 亚洲基础设施投资银行(2023年人民币债券发行公告)(2023년 4월 20일, 中国货币网: https://www.chinamoney.com.cn/dqs/cm-s-notice-query/fileDownLoad.do?mode=open&contentId=2604082&priority=0)

해 중국은 자신이 책임 있는 행위자, 더 나아가 '국제 금융 공공재'를 제공하는 세력으로 자리매김하려 한다.

물론 이를 우려하는 시각도 만만치 않다. 우선 위안화에 대한 의존도가 높아진 국가들이 중국의 경제정책 변동이나 지정학적 압박에 노출될 가능성이 있다. 그리고 자본 유출입 관리나 금융위기가 발생했을 때 중국의 정책적 판단에 영향을 받을 수도 있다. 이로써 금융·외교적 종속성을 야기할 수 있다. 또한 법치와 투명성이 미흡한 환경에서 대규모의 위안화 거래는 국제 투자자의 신뢰를 계속 유지하기 어려울 수 있다.

상반된 평가에도 불구하고 위안화의 국제화는 글로벌 금융 질서가 미국 달러 중심의 단극 체제에서 벗어나 점진적 다극화를 향하는 흐름으로 자리 잡을 가능성이 높다. 미국과 중국 간 전략경쟁 양상, 유럽연합의 통화전략, 아시아 역내통화협력 등 다양한 변수와 맞물려 복합적인 동태를 보일 것이다. 국가 정책결정자와 국제기구는 더 투명하고 공정한 금융거버넌스를 구축해야 한다. 위안화가 제공하는 대안적 경로를 무조건 반기거나 거부하기보다 제도의 투명성·법적인 안정성·기술 표준·데이터 보호 등 다양한 규범을 수립하고, 위기 대응 메커니즘을 확충하여 모든 행위자가 상호이익을 얻도록 하는 제도 설계가 필요하다.

위안화의 국제화는 개별 국가의 통화·금융정책, 역내 협력 전략, 글로벌 금융 질서 개혁 논의, 가치 경쟁 구도, 심지어 군비통제나 제재 메커니즘에도 간접적으로 영향을 미칠 수 있다. 통화 질서의 변화는 곧 국제적 정치·경제 질서의 변동과 맞물려 있으며, 미중 양강 체제하에서 국제 관계 전반에 영향을 미칠 전망이다.

| 결론 | 장기적 시나리오와 불확실성 관리

위안화의 국제화는 아직 완성된 프로젝트가 아니며 중장기적 관점에서 상당한 불확실성을 내포한다. 자본계정의 개방 속도, 외환시장의 유연성, 금융시장의 심화, 디지털 인프라의 표준화, 대외 신뢰 확보 여부, 미중 관계 방향, 기술경쟁 결과 등 많은 요인이 위안화의 국제화 향방을 결정할 것이다.

첫째, 위안화의 국제화가 가속화될 경우이다. 아시아를 비롯한 일부 지역에서는 위안화가 유력한 결제통화, 투자통화, 안전자산 통화로 자리 잡을 수 있다. 이로써 아시아 금융협력의 제도화, 지역 통화안전망 강화, 신흥국 개발금융 활성화를 통해 역내 경제통합을 심화시킬 수도 있다.

둘째, 위안화의 국제화가 부분적으로 정체되거나 속도가 둔화될 경우이다. 글로벌 금융 질서는 기존 달러화 중심 구조를 유지하되, 일부 주변 영역에서 위안화가 보조적 역할을 하는 '부분 다극화' 상태에 머무를 수 있다. 이 경우 미국 달러화의 헤게모니는 크게 훼손되지 않고 중국이 역내 통화 질서 재편에 일정 부분 영향력을 행사하는 양상이 될 것이다.

셋째, 기술패권 경쟁과 디지털금융혁신이 새로운 방향으로 전개되어 디지털위안화가 국제결제 인프라 표준을 선점할 경우이다. 이때는 통화국제화의 정의 자체가 달라질 가능성도 있다. 더 이상 기존 형태의 기축통화 지위 획득에 그치는 것이 아니라 디지털 환경에서의 상호운용성과 편의성을 기반으로 한 새로운 '디지털 통화네트워크' 경쟁으로 초점이 이동할 수 있다.

향후 중국은 BRICS, 글로벌 남반구 국가들을 대상으로 원유, 교역 물품 등에 대해 점진적으로 달러 대신 위안화 혹은 새로운 BRICS 화폐 등을 적극 사용하며 탈달러화를 본격화할 것이다. 현재 중국의 정책 초점은 이 방향이다.

다만 지정학적 갈등이나 금융위기, 세계경기 침체, 보호주의 강화 등 돌발적 사건들이 위안화의 국제화 경로를 예측하기 어렵게 만든다. 미중 관계가 극단적 대립으로 향하면, 위안화의 국제화는 큰 제약을 받을 것이다. 반대로 중국이 제도·법치 개혁에 성과를 내고 협력국들이 위안화 결제의 인프라를 적극 활용한다면 예상보다 빨리 위안화의 영향력이 확대될 수도 있다.

종합하자면 위안화의 국제화는 금융·통화만의 문제가 아니라 국제 정치·경제의 변동, 기술 혁신, 제도 정비, 가치 경쟁, 지역 협력, 그리고 장기적으로는 세계 질서의 재편과 연결된 복합 현상이다. 국제 통화 질서가 고정불변이 아니라 환경의 변화에 따라 재구성될 수 있음을 시사한다. 세계는 앞으로 달러화 중심 체제가 완고하게 지속될지, 아니면 위안화·유로화·디지털 통화 등이 어우러진 다층적 통화 체제로 이행할지 지켜보게 될 것이다.

이 과정에서 위안화의 국제화는 중요한 변수가 되어 중국이 수혜자나 도전자의 위치에서 벗어나 통화·금융 거버넌스를 형성하도록 기여할 것이다. 미중 전략경쟁 시대에 통화·금융 영역에서도 지각변동이 일어날 수 있음을 보여주며 지역 국가와 국제기구, 시장참여자 모두가 상황 변화에 대비하고 적응해야 함을 시사한다.

CHINA

V | 중국의 과학기술 전략

HEGEMONY STRATEGY

CHINA HEGEMONY STRATEGY | 중국의 과학기술 전략

1 과학기술굴기

| 배경 | **혁신 전환과 미중 경쟁 속 전략적 자율성 모색**

21세기 국제정치는 거대한 권력 이동과 구조적 변환을 겪고 있다. 특히 미중 전략경쟁이 심화되는 과정에서 과학기술 패권과 경제안보가 국가전략의 핵심축으로 부상하였다. 과거에는 군사력이나 이념 대립이 국제 질서 재편의 주요 변수였다면, 이제는 반도체·인공지능·바이오·양자기술 등 첨단기술 분야에서 누가 표준을 제시하고 규범을 형성하느냐가 패권을 쥐는 핵심 요소가 되었다. 중국의 2025년 새로운 국가안보보고서는 이를 잘 지적하고 있다.[200]

---

200) 国务院新闻办公室. 2025.5.12. 『新时代的中国国家安全』. https://www.gov.cn/zhengce/202505/content_7023405.htm

새로운 과학기술 혁명의 양날의 검 효과가 더욱 두드러지고 있습니다. 인공지능, 양자 기술, 생명공학 등 첨단 기술의 급속한 발전은 인간이 세상을 이해하고 변화시킬 수 있도록 하는 동시에, 예측 불가능한 위험과 도전을 초래하여 각국의 국가 안보와 사회 안정에 심대한 영향을 미치고, 나아가 세계 안보 지형을 재편할 것입니다.

중국은 선진국 기술을 추격하고 모방하던 과거 전략에서 벗어나, 독자적 혁신역량을 통해 '선도형先導型 혁신국가'로 도약하려는 시도를 하고 있다.[201] 변화는 결코 단기간에 이뤄진 것이 아니다. 중국은 오랜 기간 '세계의 공장'으로서 저비용 제조경쟁력을 바탕으로 세계 산업사슬의 하위·중위 단계를 점유해왔다. 이를 통해 경제성장과 산업화에는 성공했지만 첨단기술의 핵심영역에서는 외국 기술, 특히 미국과 서구 선진국의 R&D에 의존해야 했다. 이제 미중의 전략경쟁 격화와 공급망 재편이 본격화하면서 중국은 기술 종속에서 벗어나야 하는 절박한 과제에 직면했다. 나아가 기술 자립을 넘어, 미래 글로벌 가치사슬과 표준을 이끌 수 있는 '규칙 제정자rule-setter'로 거듭나기 위해 본격적으로 과학기술 전략을 전환하고 있다.[202]

중국은 글로벌 기술 거버넌스 형성에 적극적으로 참여하고, 개발도상국을 비롯한 다양한 파트너들과 협력하면서, 자체 기술모델을 국제적으로 확산시키려 한다.[203] 인공지능 윤리, 데이터 주권, 반도체 공급망 안정화, 바이오

---

201) 中共中央 国务院, 『中华人民共和国国民经济和社会发展第十四个五年规划和2035年远景目标纲要』(2021년 3월). 한양대 백서인 교수는 추격자에서 전략적 설계자로 변신하고 있다고 표현했다. 백서인, 2025.6.13. 「[인터뷰]중국은 왜 기술패권을 노리는가?」『MIT 테크놀로지 리뷰』
202) 中共中央 国务院, 『国家标准化发展纲要』(2021년 10월 10일).
203) 中共中央 国务院(2021년 3월), 상게서.

안보 등 다양한 영역에서 중국은 과학기술 전략의 전환을 지렛대로 삼아, 국제 규범과 제도 설계에 영향력을 행사하고자 한다.[204] 2025년 중국은 내부 소비 진작과 디지털 경제 활성화 차원에서 디지털 위안화Digital Yuan 경제를 연계시켜 나간다는 정책을 밝혔다. 인공지능AI, 반도체 분야가 디지털 경제와 결합하면 중국 주도의 첨단 디지털 기술-경제 분야의 지속적인 발전 가능성도 높아 보인다.

여기서는 미중 전략경쟁 시대를 배경으로, 중국이 과학기술 분야에서 어떤 전략적 전환을 모색하고 있는지, 그리고 이를 통해 국제 정치·경제 질서의 변화에 어떤 의미를 제공하는지 면밀히 분석한다. 중국은 중국국가안보전략〈国家安全战略2021-2025年〉 보고서에서 미국이 동맹과 함께 중국 배제를 위한 포위망을 형성 중이라는 인식을 공개했다. 이 미중 전략경쟁은 기술·경제 중심의 '新지구전'이라 규정하였다. 이는 장기적 기술·자원 소모전으로 중국의 과학기술 자립의 필요성을 절대적으로 강조하고 있다.

본 장에서는 우선 중국이 과학기술 전략을 어떻게 전환하는지 전반적 현황을 살펴본다. 다음으로는 중국이 활용하는 전략적 메커니즘을 집중적으로 해부한다. 사례를 통해 전환이 실제 정책과 프로젝트 차원에서 어떻게 구현되는지 고찰하고 이 이슈가 국제 정치·지역 질서·거버넌스·가치 경쟁 측면에서 어떤 파급효과를 갖는지 논의한다.

결론적으로 중국의 과학기술 전략이 단순한 기술발전 정책이 아니라 지정학적·지경학적·제도적 차원을 포괄하는 국가적 차원의 '종합전략'임을 보

---

204) 中华人民共和国国务院新闻办公室, 『新时代的中国国际发展合作』 백서(2021년 1월 10일); 中华人民共和国国务院新闻办公室, 『共建"一带一路"：构建人类命运共同体的重大实践』 백서(2023년 10월 10일).

여줄 것이다. 그리고 국제 질서 변화와 미중 경쟁 구도에서 중견국을 포함한 다양한 행위자들은 어떤 대응방식을 모색해야 하는지 제시할 것이다.

| 현황 | 추격형에서 선도형으로의 패러다임 재정립

중국의 과학기술 정책은 수십 년간 추격형 모델을 근간으로 성장해 왔다. 개혁개방 이후 중국은 해외 선진기술을 도입·개량해 제조업의 경쟁력을 높이고 이를 통해 세계 제조 중심지로 부상했다. 하지만 핵심기술과 원천특허, R&D 능력은 여전히 선진국에 의존하는 구조적 한계가 있었다.

최근 수년간 중국 정부와 당국은 이를 극복하기 위한 정책 전환을 가속화하고 있다. 14·5계획＋四五 2021~2025과 2035년 장기목표는 혁신형 국가 건설을 명시하며 기초연구 강화, 핵심기술 자립화, 혁신 생태계 조성, 지식재산권 보호, 인재양성 등 전방위적 조치를 추진 중이다.[205] 국가중점 실험실 재편, 하이테크 산업단지 육성, 연구평가 제도 개선, 대형 혁신펀드 조성 등 다양한 제도적·재정적 수단을 총동원한다.

중국은 세계 제4차 산업혁명의 주요 영역에서 이미 미국보다 앞선 세계 선도그룹의 수가 많다. 백서인 교수에 따르면 중국은 AI, 반도체, 에너지라는 세 축 위에 기술군cluster들을 유기적으로 구성하는 중이다.[206]

---

[205] 中国政府网,『国家人工智能产业综合标准化体系建设指南(2024版)』, (2024년 6월 5일); 中华人民共和国全国人民代表大会,『中华人民共和国数据安全法』(2021년 9월 1일), 全国人大网; 中华人民共和国全国人民代表大会,『中华人民共和国生物安全法』, (2021년), 中国人大网.
[206] 백서인 2025.

첫째, 인공지능 분야에서 중국은 논문 수, 특허 수, 연구기관 수, 국가투자 규모 등 모든 지표에서 미국과 유사하거나 앞서고 있다. 칭화대, 북경대, 중국과기대는 이미 세계 10%의 AI 논문생산기관으로 자리잡았고 글로벌 LLM대형 언어모델 경쟁에서도 바이트댄스, 알리바바, 화웨이, 텐센트 등 주요 기업들이 독자모델들을 연이어 내놓고 있다. 알고리즘 개발, 응용서비스 분야에서도 존재감을 강하게 드러냈다. 2025년 딥시크DeepSeek가 그 예다.

다음으로는 반도체다. 미국은 1990년에 세계 시장점유율 37%에서 2019년에는 약 12%로 감소하였다. 2021년에는 반도체 부족으로 1100억불의 손실과 400만대 차 생산에 차질을 가져온 것으로 추정된다출처: 백악관 100 Days Reviews.[207] 중국은 반도체 분야에서는 미국과 기술격차가 여전히 존재하지만, 대규모 투자와 엔지니어의 역량 축적을 통해 국산화율을 10~30%까지 높이고 있다. 지난 10년간 신설된 반도체 기업은 12만 개에 달하고 있다.[208] 2014년 이후 세 차례에 걸쳐 거의 1000억불에 달하는 반도체 기금을 조성하여 대규모로 투자 중이다. 그 결과로 CXMT와 YMTC로 대표되는 중국의 반도체 기업은 각기 D램과 낸드에서 한국의 삼성을 거의 추격하였거나 이미 기술적으로 우위를 점했다.

세번째 축은 에너지다. 백서인 교수에 따르면 그 핵심은 핵융합과 원자력인데, 중국은 세계에서 가장 먼저 신규 원자력 발전소를 건설중이다. 그리고 수소에너지를 미래 핵심에너지원으로 공표하고 생산-저장-수송-활용-폐기에 이른 전 주기를 통합하는 표준을 제시하고 있다. 시진핑 주석은 2020년

---

207) 이는 이병철 박사의 아주대 특강 내용. 2025.6.6. 「미중 기술패권 경쟁과 한국의 생존 전략: 삼성 반도체 중심으로」
208) Ibid.

9월, 제75차 UN총회 연설을 통해 2030년까지 탄소배출의 정점에 도달하고 2060년까지 탄소중립을 달성한다는 중장기 기후변화, 에너지 정책 목표를 공식발표한 바 있다. 이후 중국은 2022년 3월, 〈수소에너지 산업 발전 중장기 계획〉을 발표하였다. 중국은 이 분야에서 기술의 질과 규모에서 세계를 선도하고 있다. 중국은 이러한 에너지 전략을 기술외교, 기후외교, 제3국 진출 등의 수단으로 적극 활용하고 있다. 중국은 중장기적으로 에너지 자립과 중국 중심의 글로벌 에너지 질서 재편까지도 노리고 있다고 보여진다.[209]

그 밖에 바이오기술, 신에너지, 양자통신 등 미래기술 영역에서도 중국은 글로벌 표준경쟁에 적극 가담하며 지적재산권 확보와 산업화 속도를 높이고 있다.

중국의 과학기술분야에서 강점은 일단 인력 규모에 있다. 2024년 현재 1200만명의 대학생이 2038년에는 1800만명으로 증가할 예정이다. 이 가운데 이공계가 40%에 달한다.

중국에서 가장 경쟁이 치열한 대학 학과는 의대나 법대 계열이 아니라 이공계가 상위 순위를 차지한다. 2025년 1월, 과학학술지 네이처가 세계 대학연구기관의 역량 순위를 발표했다. 하버드대를 제외한 나머지 2위에서 11위를 모두 중국 대학이 차지했다. 세계적으로 명성이 자자한 스탠퍼드, MIT, 옥스퍼드, 도쿄대 등은 그 다음 순위였다. 딥시크의 창업자 량원펑의 모교인 저장대는 3위에 올랐다.[210] 세계 연구역량 부문에서 중국의 상승은 그토록 가파르다.

---

209) 이에 대해서는 서대옥, 2025. 『시진핑 시기 중국의 수소에너지 정책』, 아주대 박사학위 논문 초안
210) https://www.nature.com/nature-index/institution-outputs/generate/all/global/all

현 상황에서 주목할 점은 중국이 미중 갈등을 기술자립을 추구하는 동인으로 활용하고 있다는 사실이다. 소위 말하는 레드 테크Red-Tech의 약진이다. 미국 제재는 중국에 위협인 동시에 기술 업그레이드의 계기가 되고 있다. 중국은 '기술 디커플링de-coupling' 흐름 속에서 핵심 소재·장비·부품의 자급률을 확대하고, 시스템 반도체 디자인 역량을 끌어올리며, 자생적 혁신 생태계를 구축함으로써 대외 의존도를 낮추려 한다. 중국의 과학기술은 이미 이륙take-off 단계에 접어들었다. 하이테크 기술과 중국의 정치가 결합한 디지털 권위주의 체제가 뿌리를 내렸다.[211]

현재의 중국이 추구하는 과학기술 전략의 전환은 추격형 모델이 가진 한계 극복과 국제정치적 압박에 대한 대응, 미래기술 패권을 선점하기 위한 선도형 전략 확립을 동시에 추구하는 이중목적성을 지닌다. 이와 같은 변화는 단기적으로는 기술 확보의 경쟁 심화, 중기적으로는 중국 내 혁신 역량 고도화, 장기적으로는 글로벌 기술 질서 재편에까지 파급될 것이다.

| 중국의 전략 | 국가혁신체제, 자주창신, 제도개혁

중국이 과학기술 전략의 전환을 추진하기 위해 활용하는 전략은 다층적이며 국가 주도와 시장원리, 국제 협력과 자립화 노력 등이 복합적으로 작동한다.

---

211) 중앙일보 차이나랩의 한우덕 소장과의 인터뷰 내용(2025.4.25.)

1 국가 혁신 체제 재편

국가 혁신 체제는 정부가 주도하는 정책 프레임 워크와 자금지원, 산업정책을 통해 민간기업, 대학·연구기관, 창업생태계를 연결하는 구조다. 과거에는 국유기업을 중심으로 한 산업정책이 주도적이었으나, 최근 들어서는 정부뿐만 아니라 민간부문을 포함한 개방형 혁신 모델을 강조한다. 국가중점실험실 체계를 개선하고, 과학기술 프로젝트 관리를 개혁하며, 성과를 평가하는 방식의 개선 등 제도개혁을 통해 뒷받침된다.

중국은 국가 R&D 예산 확대와 함께 인프라, 연구 장비, 인력양성에 집중 투자하면서 전략적 핵심기술 분야 반도체 장비, EUV 노광장비, 고성능 AI칩, 차세대 통신기술, 고효율 배터리 등에 집중적으로 자원을 배치한다. 정부는 이를 위해 국가연구기관, 주요 대학, 대형기업 R&D센터, 벤처캐피털이 참여하는 협력 플랫폼을 조성한다.

2 자주창신 중심 전략

자주창신 自主創新은 우리의 '혁신'에 해당하는 개념으로 외부의 기술 의존도를 낮추고 원천기술 개발에 집중하는 전략적 기조다. 이를 위해 기초과학에 대한 장기투자를 강화하고, 수입에 의존하던 핵심 부품·소재·장비를 국산화하는 노력을 병행한다. 이 과정에서 기업이 주도하는 상용화 역량과 연구소·대학의 기초연구 역량을 결합해 핵심기술력을 높이고자 한다.

3 제도개혁과 인재정책

과학기술 성과평가 제도는 단순한 지표 중심의 평가에서 벗어나 실질적인 산업화에의 기여도, 글로벌 경쟁력 확보, 핵심기술 자립을 평가하는 질적 지표로 전환 중이다. 또한 지식재산권 보호 강화, 반독점 규제, 공정경쟁 환경 조성, 재정·세제 인센티브 부여 등 제도개혁을 통해 혁신 활동을 뒷받침한다. 과학기술 인재정책 측면에서는 해외의 우수 인력 유치, STEM 분야 교육 강화, 청년 과학인재 지원 확대 등을 시행함으로써, 혁신 생태계를 인적자본 측면에서 강건하게 만든다. 현재 중국에서 입학 커트라인이 가장 높은 곳은 의대나 법대가 아닌 공과대학이다.

4 혁신펀드와 금융지원

2006년경부터 시작한 국가 주도의 혁신펀드, 지방정부의 하이테크 지원금, 국유기업·민간기업 합작펀드 등이 전략기술 분야에 집중 투입되었다. 방식은 중국이 혁신분야와 기업에 자금을 조달하여 집중 육성하는 새로운 방식이다. 과거와 같이 세제 혜택이나 정부의 단순 재정지원을 넘어 초기 연구단계의 위험을 분담하고, 스케일을 키우는 과정에서 필요한 자금을 장기적인 계획에 따라 안정적으로 공급한다. 반도체 산업기금, AI 연구지원펀드, 바이오벤처 지원기금 등이 대표적인 사례다.

5 데이터 거버넌스와 표준전략

데이터는 21세기의 '원유'로 불리며, AI와 디지털 경제 발전의 핵심 자원이다. 중국은 데이터 보안법, 개인정보보호법 제정 등을 통해 데이터 주권 개념을 확립하고, 자국 내 데이터 활용 생태계를 통제·관리하는 동시에 디지털 무역과 데이터 표준 형성에도 적극적이다. 이를 통해 글로벌 디지털 질서 형성에 참여하면서 자국 업체들이 국제시장에서 안정적으로 경쟁할 수 있도록 제도적 기반을 갖추었다.

이처럼 중국의 전략 메커니즘은 한두 개의 정책수단을 세우는 데에 그치는 것이 아니라 혁신 체계 전반을 재구조화하는 종합정책이다. 국가 차원의 기획과 시장 메커니즘을 접목하고, 인재·자본·제도·인프라를 융합하는 복합체계 구축을 통해 중국은 선도형 혁신국가로 가는 길을 단단히 닦고 있다.

| 대표 사례 | AI·반도체·바이오 기술전략의 구체적 구현

중국의 과학기술 전략의 전환을 명확히 보여주는 대표 사례를 들자면 AI, 반도체, 바이오 세 분야가 눈에 띈다.

1 AI 분야 사례

중국은 AI 분야에서 대규모 데이터 확보의 용이성막대한 인구, 광범위한 인터넷·모바일 결제 확산, 국영·민간기업의 활발한 투자, 정부의 전략적 육성정책 덕분에 이미 세계적으로 선도적 지위를 확보하였다. 지난 2025년 1월, 중국의 소규모 AI 개발회사인 딥시크DeepSeek가 추론형 인공지능 R1 모델을 발표하여 고성능과 저비용 구조로 세계를 뒤흔들었다. 이렇듯 중국은 AI 대중화를 선도하고 있고, 중국내 AI 시장은 세계에서 가장 치열한 경쟁의 장이다. 중국은 정보처리, 컴퓨터 공학 등 AI와 연관된 학과 대졸자를 매년 30만 명씩 배출한다. 곧 50만 명으로 늘릴 계획이다. 딥시크의 창업자인 량원펑은 그중 한 명일 뿐이다.

AI와 관련한 인공지능 알고리즘, 음성인식, 영상인식, 자율주행 등 다양한 응용 분야에서 중국 기업들이 탁월한 성능을 보이며 글로벌 시장에 진출하고 있다. 국가는 지정한 AI 개방혁신플랫폼 구축, AI 파일럿 존Pilot Zone 설정 등을 통해 R&D 단계부터 상용화까지 전 주기적 지원을 제공한다. 또한 도시 관리, 헬스 케어, 금융 리스크 관리, 농업 자동화 등 공공서비스와 제조 현장에서 AI 활용을 확대하도록 함으로써, 빅데이터 활용 역량과 알고리즘 정교화를 가속화하고 있다.

2 반도체 분야 사례

중국의 반도체 발전를 위한 본격적인 투자는 이미 2014년에 시작되었다. 중국은 세계의 반도체 소재 공급망에서 중요한 역할을 하며, 일부 핵심 소재를 독점하거나 높은 생산량을 차지하고 있다. 갈륨, 텅스텐, 마그네슘 등의 경우 중국이 세계 생산량의 상당 부분을 차지하고 있고 실리콘은 70%를 생산할 정도다. 실제로 중국은 세계 반도체소비시장의 1/3을 차지하고 있다. 하지만 이 분야는 여전히 상대적으로 취약한 분야다. 최근 미중 전략경쟁에 직면하여 중국이 가장 집중적으로 견제를 당하면서 자원을 투입하고 있는 전략영역 중 하나다. 미국의 수출제한 조치에 이어, 핵심 장비나 특허 의존도가 높다는 약점을 인식한 중국은 파운드리·디자인·장비·소재·설계 툴 등 반도체 가치사슬 전반에 걸쳐 자립도를 높이기 위해 노력하고 있다.

화웨이는 중국 정부의 지원을 받으면서 현재 5나노 칩 생산이 가능한 것으로 보인다. 화웨이에서 주목할 부분은 전체 직원 20만 7천 명 중 55%가 연구 인력이라는 점이다. 일반 동종 회사의 3배에 달하는 비율이다. 중국의 메모리 반도체 회사인 창신메모리CXMT는 2020년부터 DDRDouble Date Rate4의 양산에 들어갔고, 2023년에는 DDR5의 생산에 성공하였다. 중국의 저비용 생산능력은 2024년 현재 세계 4위로 기존의 빅3인 삼성전자, SK하이닉스, 마이크론을 크게 압박하고 있다.

[표6] 한국과 중국의 반도체 역량 격차[212]

		2019	2021	2023	2024
D램	삼성전자	18nm	14nm DDR5	12nm DDR5	HBM3, 3D Dram R&D
	CXMT	시험생산	19nm DDR4	17nm	16nm DDR5 양산
	매체 평가	삼성과 5년 이상 격차	3~4년 격차, 양산 본격화	2~3년 격차 DDR5 성공(FT)	DDR 5 1~2세대 격차
낸드	삼성전자	96단 양산	176단 양산	236단 양산	236단 양산 (하이닉스 321단)
	YMTC	64단 양산	128단 양산	232단 양산	294단 양산 발표
	매체 평가	2~3년 격차, 초기 양산	2년 이내 격차	기술은 유사, 제재로 양산 차질	층수 기준 삼성 추월 (Bizpost)

중국은 CXMT, YMTC가 한국 기업 급속 추격 중

반도체와 같은 전략산업들은 국유펀드와 지방정부가 협력하여 반도체 산업단지를 조성함으로써 유망 스타트업에 대한 자금을 지원하고 해외 전문가 영입과 장비개발 지원도 적극 추진한다. 일부 DUV 노광장비 시제품 개발, DRAM·NAND 생산능력의 확대, 7nm 이하 공정 기술 고도화는 아직 서구 기업과 격차가 있지만 이를 추적하는 것은 시간문제로 보인다. 아울러 중국은 단기적 목표중간 수준 칩 생산 안정화와 장기적 목표첨단공정 분야 독자기술 확보를 병행한다.

---

212) 이병철, 2025.

3 바이오 분야 사례

바이오는 의료·보건 안보, 식량안보, 환경까지 아우르는 광범위한 분야다. 중국은 백신, 단백질치료제, 유전자편집기술, 합성생물학, 정밀의료 등 혁신 분야에 적극 투자하며 국영 제약사, 민간 바이오테크 기업, 대학·병원 연구소 협업을 통해 신약개발의 속도를 높이고 있다.

특히 중국이 2020년대 초반 글로벌 팬데믹 상황에서 백신의 개발과 공급을 가속한 경험은 바이오기술 역량 강화의 단면을 보여준다. 백신을 생산하고 배포하는 인프라를 확충했고, 임상시험 능력을 향상시켰으며, 바이오안전 기준 마련을 통해 바이오산업 전반의 경쟁력을 높였다. 이와 함께 바이오경제 발전 전략을 수립하고, 의약품 승인 프로세스 개선, 규제 완화, 지식재산 보호의 강화 등을 통해 바이오 분야의 혁신을 앞당겼다.

이들 세 분야의 사례는 중국 과학기술 전략의 전환이 추상적 구호나 장기계획에만 머무르지 않고 구체적 정책, 프로젝트, 투자, 제도개혁을 통해 실제적인 성과를 창출하려는 모습임을 상징적으로 보여준다.

| 정책 담론 및 국제적 함의 | 글로벌 기술 질서 재편과 가치 경쟁

중국의 과학기술 전략 전환은 국제 정치·경제 구도에 다양한 의미를 내포한다. 미중 전략경쟁 속에서 이 문제는 단순히 양국의 기술 분쟁을 넘어 글로벌 차원의 기술·규범·거버넌스 경쟁 양상으로 확산된다.

1 국제 기술표준 경쟁 심화

미래기술 시대에 국제 표준 선점은 시장 장악력 및 제도적 영향력 확보의 핵심이다. 중국이 AI, 5G, 반도체, 바이오 분야에서 자체 기술, 특허, 표준제안을 확대할수록 기존 서구 중심의 표준체계에 대한 도전이 된다.[213] 국제기구, 산업협의체, 지역 협력 플랫폼에서 표준 관련 협상이 복잡해지고 다양한 이해관계자가 경쟁적으로 규칙 형성에 나서는 상황을 만든다.

2 가치 경쟁과 규범 형성

디지털 거버넌스, AI 윤리, 데이터 주권, 개인정보 보호 등 신흥 이슈에서 중국은 국익의 극대화뿐만 아니라 발전도상국을 포섭하여 대안적 거버넌스 모델을 제안할 수 있다. 서구가 강조하는 자유·개방·투명성 가치와 중국이 내세우는 주권·안정·개발 권리가 대립하거나 절충되는 장을 만든다. 국제 규범과 제도설계 과정에서 중국의 발언권 강화는 향후 글로벌 가치 경쟁 구도를 재편할 것이다.

3 지역 질서 변화와 파트너십 재구축

중국이 과학기술 역량을 바탕으로 일대일로—带—路 정책, 남남협력, 지역 디지털 경제협력 등 다양한 채널을 통해 기술협력 패키지를 제안한다면, 아시아·아프리카·라틴아메리카 국가들은 기존의 서구 모델과 중국 모델 사이에서 선택·조합·절충할 여지가 생긴다. 이렇게 되면 지역 질서를 단순한 미국 동맹 체계나 서구 개발원조 모델이 아닌, 다원적이고 복합적인 협력 네트워크로 변형시킬 수 있다.

---

213) 中共中央 国务院 (2021년 10월 10일), 상게서; 国家标准化管理委员会, 상게서.

4 안보 차원의 재고찰

반도체, AI, 바이오 기술은 군사와 민간이 겸용할 수 있으며 사이버전쟁, 정보전쟁, 생물안보 문제와도 연관 지을 수 있다. 중국의 기술전략 전환은 군사적 혁신 능력에도 직결되어 정보우세 확보, 무인체계 고도화, 신기술 기반 방어역량 강화 등 안보 면에서 파급효과를 가진다. 기존의 군비통제 논의나 전략안정성 개념을 재검토하게 하며, 기술군비경쟁이 새로운 형태로 등장할 가능성을 시사한다.

5 글로벌 공공재 제공자 역할 모색

중국이 과학 기술력을 강화하며 개발도상국에 대한 저비용 백신, 진단키트, 디지털 인프라, 교육훈련 프로그램 등을 제공한다면 국제개발협력 분야에서도 영향력을 확대할 수 있다. 그럴 경우 선진국 주도 국제개발 모델에 대한 대안적 노선을 제공하는 동시에 글로벌 보건위기·기후변화 대응에서도 기술적 해결책과 인프라를 제안하는 공공재 제공자로 부상하게 될 것이다.

종합적으로, 중국 과학기술 전략의 전환은 기술자립을 넘어 새로운 규범, 가치, 제도 질서를 구축함으로써 글로벌 무대에서 제도적·사상적 영향력을 확대하려는 것이다. 그렇게 될 경우 기존 자유주의 국제 질서 모델과의 경쟁은 심화되고, 다양한 지역에서 국제행위자들의 전략적 계산을 복잡하게 만들 것이다.[214]

---

214) 中华人民共和国国务院新闻办公室, 『共建"一带一路"：构建人类命运共同体的重大实践』백서 (2023년 10월 10일), 상게서; 中华人民共和国国务院新闻办公室, 『新时代的中国国际发展合作』백서 (2021년 1월 10일), 상게서; 中国一带一路网, 『中国—拉丁美洲和加勒比国家 共建"一带一路"发展报告』 (2023년 12월 15일).

| **결론** | **장기적인 시나리오와 불확실성, 복합적 대응전략 필요성**

중국의 과학기술 전략 전환은 이미 상당한 진전을 보이고 있으나 장기적으로 어떤 결과를 낳을지는 여전히 불확실하다. 전통적인 추격형 모델을 벗어나 선도형 혁신국가로 안착하기 위해서는 기초과학 역량을 강화하고, 연구환경을 개선하며, 인재를 확보해야 한다. 또한 민관 협력과 지식재산 보호, 국제적인 신뢰 구축 등 해결해야 할 수많은 과제가 있다. 특히 기술 집약 산업에서 단순한 양적 투자 확대만으로는 한계를 넘기 어렵고 창의성, 개방성, 다양성이 결합되어야 한다는 점이 관건이다.

또한 미중 전략경쟁 구도에서 미국과 서구 선진국은 첨단기술 분야에서 중국과 디커플링de-coupling하거나 기술수출 제한과 제재를 강화할 수 있다. 그러한 경우 중국은 독자적 생태계 구축에 박차를 가하겠지만 완전한 기술자립은 장기적인 도전이며 글로벌 기술분업 체계의 효율성을 훼손할 위험도 있다. 따라서 중국이 선도형 혁신국가로 도약하려는 과정은 시련과 시행착오를 동반할 가능성이 크다.

그럼에도 중국은 거대한 내수 시장, 풍부한 인적자원을 바탕으로 적극적인 국가전략과 인프라 투자 역량을 기반으로 하여 일부 기술 분야에서 세계 선두권에 진입하거나 표준경쟁에서 유리한 고지를 점할 잠재력을 갖추고 있다. 장기적으로 반도체와 AI, 바이오 분야에서 어느 정도 기술격차를 줄이고 독자적 혁신 모델을 제시한다면 글로벌 기술 질서에서 중국의 비중은 계속 확대될 것이다.

이런 맥락에서 국제사회와 다른 국가들은 중국 과학기술 전략이 바뀌는 의미를 심층적으로 이해하고 복합적인 대응전략을 모색할 필요가 있다. 특정 국가들은 중국의 기술 굴기에 대응해 자국의 혁신역량을 강화하고, 핵심 파트너와 협력하며, 제도적 장벽을 구축하는 등의 방안을 모색할 것이다. 또 다른 국가들은 중국이 제공하는 기술협력 패키지를 자국 산업의 발전 기회로 삼을 수도 있다. 중견국가들은 가치·안보·경제이익 사이에서 균형을 잡으며 중국과 서구에 모두 협력 가능성을 열어두는 전략적 유연성을 발휘할 것이다. 즉 글로벌 거버넌스 차원에서는 국제기구 개혁, 표준화 기구 내 권력 재편, 개발협력 모델 다양화를 통해 새로운 질서를 조정할 필요성이 대두된다. 즉 중국의 과학기술 전략 전환은 양국 경쟁을 넘어 국제사회 전체가 공유하는 규범, 제도, 거버넌스 틀을 다시 설계하는 계기가 될 수 있다.

현재 시진핑 지도부는 첨단기술 분야에서 자국 기업을 육성하며 미국과 첨단기술 경쟁에서 우위를 선점하기 위해 반도체, AI, 양자컴퓨터 등을 주요 핵심 육성 분야로 설정했다. 이에 따라 매년 전체 GDP의 약 2.4%를 첨단과학기술 분야에 집중 투자하여 첨단기술 자립화를 시도하는 중이다. 특히 중국은 전기차, 배터리, 반도체 등과 같은 첨단기술 제품을 저렴한 가격에 양산함으로써 아세안, 중동, 아프리카, 남미, 유럽 등으로 시장을 확대시키고 있으며 특히 아세안에 대한 투자 규모는 전년 대비 34% 이상 증가하였고 교역 규모도 17% 이상 늘어났다.

한편 중국은 첨단기술 분야에서 사용되는 핵심 광물과 자원의 수출을 통제함으로써 전 세계의 첨단기술 분야에서 주도권을 확보하고 있다. 나아가 서방 기업들과의 경쟁에서 우위를 차지하기 위해 각종 대응 방안을 마련하고 있다. 중국의 막대한 첨단과학기술 투자와 공급망 재편은 단기적 대응이 아닌 중장기적 구상이다. 그러므로 앞으로 자국의 경제 안정과 발전을 위한 중국산 첨단과학기술 제품의 수출은 더욱 확대될 것이다. 특히 중국은 미중 간 전략경쟁에서 첨단기술 확보를 핵심 요인으로 인식하고 있어 〈중국 제조 2025〉 발표와 14차 5개년 계획에서 첨단 과학기술 육성을 국가 핵심 전략으로 공표하였다. 더욱이 중국은 반도체, 인공지능AI, 5G 초고속 네트워크 등 핵심기술 분야에서 우위를 선점하기 위해 지속적인 투자를 이어오고 있으며 2025년까지 자체 제조한 반도체 비율을 30% 이상 올린다는 구상이다.

현재 중국 정부는 첨단과학기술 분야의 인재를 양성하기 위해 대규모 연구개발R&D 투자를 확대해 나가고 있다. 그리고 베이징, 선전, 상하이 등 주요 도시를 혁신 과학기술도시로 지정하여 글로벌기업 육성과 신흥 스타트업 벤처 기업에 대한 물밑 지원을 아끼지 않아 첨단 과학기술 능력이 매우 빠른 속도로 발전하고 있다. 특히 일대일로 전략 확대 차원에서 글로벌 남반구와 BRICS 국가들과 첨단기술 협력을 확대함으로써 아프리카, 아세안, 남미 등에서 화웨이 5G 네트워크와 디지털 인프라 시설을 구축하고 있다.

끝으로 중국의 과학기술 전략 전환이 역사적인 흐름, 내부의 발전 전략, 외부 환경의 변화, 국제 체제의 재편이라는 다층적 요인이 결합한 결과물임을 강조하려 한다. 이 전환 과정에서 중국이 선도형 혁신국가로 안착할지, 구조적 제약과 외부의 견제로 한계를 드러낼지는 불확실하다. 그러나 분명한 점은 이 과정이 글로벌 기술경쟁 구도를 뒤흔들고, 미중 전략경쟁 시대의 국제 질서에 장기적 파동을 일으킴으로써 다양한 국가들에게 전략적 선택지를 재구성한다는 사실이다.

국제정치 행위자들은 불확실성 속에서 다층적 대응전략을 마련해야 하며 규범 경쟁, 기술표준 전쟁, 가치사슬 재편 등 복잡한 도전에 직면하게 된다. 중국 과학기술 전략의 전환은 곧 기술경제 시대의 새로운 질서 창출을 위한 거대한 실험장이며, 이 실험의 결과는 향후 수십 년간 국제 정치·경제의 판도를 가르는 핵심 변수가 될 것이다.

CHINA HEGEMONY STRATEGY | 중국의 과학기술 전략

2 통신 네트워크

| 배경 | 복합적 디지털 패권 경쟁 속 통신 네트워크 전략 부상

오늘날 국제 정치·경제 질서는 디지털 전환digital transformation에 따른 패러다임 변화를 경험하고 있다. 인공지능AI, 사물인터넷IoT, 빅데이터, 클라우드 컴퓨팅, 사이버보안, 블록체인 등 다양한 신기술이 국가 간 경쟁구도를 재편하고 있다. 미중 전략경쟁 역시 전통적 군사·안보 영역을 넘어 기술표준, 디지털 인프라, 데이터 거버넌스 등 비전통적 안보·경제 분야로 확장되고 있다. 이 과정에서 통신 네트워크 인프라는 단순히 데이터 전송 통로나 기술 플랫폼을 넘어 미래 산업 생태계, 디지털 경제 질서, 정보 주권, 가치사슬 재편을 결정짓는 핵심 자산으로 부상하고 있다.

특히 5G와 향후 도래할 6G 기술은 초고속·초저지연·초연결성을 바탕으로

기존 통신 개념을 근본적으로 혁신함으로써 자율주행차, 스마트시티, 원격의료, 산업자동화, 초고화질 미디어, 실감형 콘텐츠 등 신산업 분야를 활성화하는 엔진 역할을 할 전망이다. 차세대 통신기술은 국가 경쟁력의 핵심 동력일 뿐 아니라 표준경쟁standards competition, 특허전쟁, 글로벌 공급망 재편, 데이터 주권 확립, 디지털 가치갈등 등 복합적인 안보·경제 이슈와 맞물려 있다.

이런 상황에서 중국은 통신 네트워크 분야를 전략적으로 재구성하려는 움직임을 보이고 있다. 과거 선진기술 진영에 비해 '추격자follower' 또는 '수동적 수용자rule-taker' 위치에 머물렀던 중국은 5G를 계기로 자신만의 기술 표준·특허·장비·인프라를 전 세계로 확산시키는 '공세적 전략가proactive strategist'로 변신하고 있다.[215] 이를 통해 중국은 단순한 제조 대국을 넘어 글로벌 기술 질서의 '규칙설정자rule-maker' 또는 최소한 강력한 '영향력 행사자rule-shaper'로 도약하고자 한다.[216]

여기서는 중국이 통신 네트워크 재구성을 어떤 방식으로 추진하고 있으며, 이 전략이 국제정치와 경제 환경에 어떤 의미가 있는지 분석하고자 한다. 우선 통신 네트워크 분야를 둘러싼 현황과 추세를 점검한다. 또, 중국이 어떠한 메커니즘과 수단을 활용해 자국이 주도하는 기술생태계와 표준체계를 확립하려 하는지 살펴본다. 이어 몇 가지 대표적 사례를 통해 이 전략의 구체적 실행 양상을 파악한다. 이를 바탕으로 국제정치적·제도적 의미, 정책

---

215) 工业和信息化部 등 10개 부처, 『5G应用"扬帆"行动计划(2021-2023年)』(2021년 7월 5일), 中国政府网.
216) 国务院, 『中国制造2025』(2015년 5월 8일), 中国政府网; 中共中央, 国务院, 『国家标准化发展纲要』(2021년 10월 10일), 中国政府网.

담론 상의 의미를 논의한 뒤, 장기적 전망과 불확실성, 그리고 향후 시나리오를 제시한다. 이를 통해 중국이 통신 네트워크 재구성을 통해 노리는 전략적 목표와 영향력을 종합적으로 이해할 수 있을 것이다.

| 현황 | 5G·6G 전환과 국제표준·특허 경쟁 심화

통신 네트워크 분야는 최근 수년간 급격한 기술 진화를 경험하고 있다. 4G LTE 시대를 거치며 이동통신의 대역폭, 속도, 커버리지가 크게 확대됐고 스마트폰 중심의 모바일 생태계가 확립되었다. 5G는 이를 한 차원 더 진전시켰다. 초고속 최대 몇십 기가비트, 초저지연 1ms 수준, 초연결 수십억 기기 동시접속의 특징은 기존 인터넷·모바일 서비스의 패러다임을 바꾸었다. 이에 따라 5G 인프라를 선점하고 표준을 주도하는 국가나 기업은 미래 산업의 지형을 재편하는 데에서 우월한 위치를 확보할 수 있다.

중국은 현실을 인식하고 가장 빠르게 5G 상용화에 나선 국가 중 하나다. 대규모 통신사들이 5G 라이선스를 획득하고 전국적으로 커버리지를 확장하면서 중국은 세계에서 가장 많은 5G 기지국과 가입자 수를 확보했다. 그것은 화웨이, ZTE 등 자국 통신장비 기업을 글로벌 시장에 진출시키는 발판이 되었다. 동북아 한국, 일본와 미국·유럽이 5G 기술 선도국으로 평가되지만, 중국의 신속한 인프라 구축과 저렴한 장비·솔루션 공급 능력은 개발도상국 시장 공략에 훨씬 유리하다.

표준 경쟁은 5G에서 특히 치열하다. 국제이동통신 표준은 3GPP와 ITU 등의 국제기구에서 결정되는데, 중국은 여기에 적극적으로 참여하며 수많은 특허 표준필수특허, SEPs를 확보하려 한다. SEPs를 많이 보유하면 시장지배력,

특허 로열티, 협상력, 생태계 형성에서 우위를 점할 수 있다. 화웨이, ZTE, 차이나모바일 등 중국 기업과 기관은 5G 핵심 기술코드 제안, 네트워크 구조, 채널코딩 방식 등 다양한 영역에서 영향력을 확대해 왔다.

동시에 미국, 유럽, 일본, 한국 등의 기업과 기관 역시 5G 표준경쟁에 적극적이며 데이터 보안, 사이버안보, 반도체 공급망, 소프트웨어 생태계 등 다양한 차원을 통해 중국의 부상에 대응한다. 미국은 '클린 네트워크' 구상을 발표했고, 유럽 일부 국가들은 화웨이 장비 배제를 검토하는 등 지정학적 갈등이 기술표준 경쟁과 얽히고 있다.

더 나아가 6G 시대를 대비하는 움직임이 본격화되고 있다. 6G는 2030년 전후 상용화를 목표로 하고 있는데 현재보다 수십 배 빠른 속도, 지상과 위성의 통합망, 테라헤르츠 주파수대 활용, 양자통신 요소 도입, 초연결 스마트 환경 등을 예고한다. 아직 6G 표준화 논의는 초기 단계이지만 중국은 이미 R&D 투자, 국가 차원의 로드맵 수립, 국제협력 플랫폼 구축 등을 통해 앞서 나가려고 한다. 6G 초기부터 주도권을 확보함으로써 미래 기술 질서의 규칙 설정에 깊이 관여하기 위함이다.

요약하자면, 현 상황은 5G가 본격적인 상용화 단계에 진입했으며 중국도 적극적으로 표준·특허전쟁에 뛰어들고 있다. 그리고 디지털 실크로드를 통한 인프라 수출로 개발도상국 시장을 장악하려는 전략을 펼치고 있다. 이에 대응해 미국·유럽 등 기존의 기술패권 세력들은 중국을 견제하거나 동맹국이나 국가적 파트너와 연계해 대체 네트워크 구축, 사이버보안 강화, 반도체·부품 공급망 안정화 등 다양한 대응을 모색한다. 통신 네트워크 분야가 기술경쟁을 넘어 복합적 패권경쟁의 축으로 부상하고 있음을 의미한다.

| 중국의 전략 | 표준 선점, 특허 포트폴리오, 디지털 실크로드

중국의 통신 네트워크 전략은 단순히 기업 경쟁력 강화나 R&D 투자 확대 차원이 아니다. 다차원적 메커니즘을 활용해 국제표준기구 참여, 특허전략, 인프라 수출, 데이터 거버넌스 논의 참여, 남남협력 강화 등의 종합적 전략을 펼친다.[217]

첫째, 국제표준 선점이다. 중국은 3GPP, ITU 등 표준 결정기구에서 적극적인 로비와 기술 제안을 통해 자국이 주도하는 기술 요소를 표준안에 반영하려 한다.[218] 이를 위해 기업·정부·연구기관이 긴밀히 협력하고, 기술특허 포트폴리오를 구축하며, 해외 파트너와 연대한다. 표준을 선점하면 글로벌 시장에서 중국의 장비와 솔루션이 쉽게 수용되므로 장기적 기술생태계 장악력을 높이는 기반이 된다.

둘째, 특허전략이다. 5G 시대에 중국 기업들은 SEPs 확보에 주력하여 국제특허 포트폴리오를 강화했다. 앞으로 특허에 대한 로열티의 협상력을 높이고 경쟁 기업에 대한 레버리지 확보, 글로벌 기술 흐름의 주도 등 복합적 이익을 얻을 수 있다. 특허는 단순한 법률문제가 아니라 기술표준과 시장지배력, 그리고 생태계 통제력과 연결되는 중요한 전략 도구다.

셋째, 디지털 실크로드다. '일대일로' 구상을 디지털 영역으로 확장한 디지털 실크로드DSR를 통해 중국은 아시아, 아프리카, 중남미 국가에 통신 인프라, 광케이블, 데이터센터, 위성지상국, 5G 네트워크 등 핵심 디지털 인프라

---

217) 工业和信息化部, 「"十四五"信息通信行业发展规划」(2021년 11월 16일), 中国政府网.
218) 中国电信, "中国电信助力3GPP 5G新空口首个国际标准顺利完成,"(2017년 12월 27일); 中国电信, "中国电信两项标准成为国际标准," 澎湃新闻 (2023년 9월 4일).

를 수출한다.[219] 이를 통해 해당 지역 국가들이 초기부터 중국의 장비와 표준에 익숙해지고, 향후 6G 시대에도 자연스럽게 중국이 주도하는 기술생태계에 편입되도록 유인하는 것이다. 단순한 무역이나 투자를 넘어 '기술외교 tool of diplomacy'의 차원에 해당한다.

넷째, 국제 규범 형성에의 참여. 중국은 데이터 안보, 사이버보안, 디지털 무역, 전자상거래, 개인정보 보호, 인공지능 윤리 등 첨단기술과 관련한 규범이나 제도 형성 과정에도 적극 뛰어들고 있다.[220] 이렇게 함으로써 중국식 통신기술을 활용한 모델, 데이터 관리 방식, 국가 주권 강조 등 '자국 친화적' 규범 패키지를 제안한다. 통신 네트워크뿐 아니라 전반적인 디지털 경제 질서에서 중국의 영향력을 강화하는 장치다.[221]

중국의 전략 메커니즘은 이처럼 다양하고 입체적이다. 표준기구 참여, 특허 확보, 디지털 인프라 수출, 다자협력 플랫폼 활용, 개발도상국과의 연대, 국제 규범 경쟁 등의 복합적 전략을 통해 미래 디지털시대의 제도적 환경 자체를 중국의 이익에 부합하도록 재편하려 한다.

| 대표 사례 | 글로벌 5G 시장 장악과 동남아·아프리카 통신 인프라 구축

중국의 통신 네트워크 전략을 구체적 사례로 살펴보면, 화웨이Huawei와

---

219) 国务院新闻办公室, 「共建"一带一路": 构建人类运命共同体的重大实践」 백서(2023년 10월 10일), 中国政府网.
220) 全国人大常委会, 「中华人民共和国个人信息保护法」(2021년 8월 20일 통과, 11월 1일 시행), 中国政府网; 中共中央办公厅、国务院办公厅, 「关于加强科技伦理治理的意见」(2022년 3월 20일), 中国政府网.
221) 中共中央、国务院, 「数字中国建设整体布局规划」(2023년), 中国政府网; 工业和信息化部, 「"十四五"信息通信行业发展规划」(2021년 11월 16일), 中国政府网.

ZTE와 같은 기업들이 대표적 사례로 꼽힌다. 이들 기업은 3G와 4G 시대부터 축적한 R&D 역량과 정부 지원을 결합해 5G 기술경쟁에서 두각을 나타냈다. 특히 화웨이 5G 특허출원, 표준활동, 장비 공급을 통해 단기간 만에 글로벌 시장 점유율을 크게 높였다.

화웨이의 사례를 보면, 3GPP 표준화 과정에서 핵심 코딩기술예: Polar Code 채택에 성공하여 5G 표준 형성 초기부터 주도권을 잡았다. 그 결과 화웨이는 유럽, 중동, 아프리카, 아시아 다수 국가에 5G 장비를 납품하고 현지 통신사와 협력하여 상용 네트워크를 구축함으로써 시장지배력을 확보했다. 단순히 기업 차원의 성과에 그치지 않고 중국 통신생태계의 글로벌 위상을 높이는 결과가 되었다.

ZTE도 마찬가지로 대규모 5G 인프라 사업에 참여하며 중저가의 장비, 신속한 설치, 유지보수 서비스 제공, 현지 인력 교육 등의 패키지 지원으로 개발도상국 시장을 장악했다. 동남아 국가나 아프리카 국가에서는 중국 장비가 기존 선진국의 장비보다 가격경쟁력과 납기 속도에서 우위를 보이자 많은 국가들이 망 구축 파트너로 중국 기업을 선택했다. 이로써 중국이 주도하는 표준과 생태계가 현지에 뿌리내리게 되었다.

또 다른 사례는 해저케이블, 위성통신, 데이터센터 수출이다. 중국 기업들은 아프리카 동부 해안에 해저 광케이블을 설치하거나, 중남미 국가에 위성 기반 인터넷 서비스를 제공하면서 현지의 디지털 환경 발전에 기여했다. 그 성과는 현지인 교육, 현지 기술자 양성, 장기 유지보수 계약, 소프트웨어 업데이트 등 지속적 파트너십으로 이어졌다. 결국 수출 대상국은 중국식 기술 표준과 장비, 운영 체제를 사용하게 되었으므로 향후 6G 등 차세대 기술을 도입할 때도 중국을 선도적 파트너로 선택하게 할 것이다.

이 사례들은 중국이 통신 네트워크를 통해 사실상 '디지털 영향권digital

sphere of influence'을 형성하는 과정이라고 할 수 있다. 기존 인프라의 의존도가 높은 국가들은 신규 투자·운영 지원·기술이전 등 중국이 제공하는 혜택을 얻을 수 있지만 나중에는 특정 기술생태계에 묶여 다른 선택이 어려워진다. 중국이 장기적 관점에서 기술적 상호의존을 자산으로 전환하려는 전략이다.

| 정책 담론 및 국제적 함의 | 기술패권, 가치 경쟁, 거버넌스 재편

중국의 통신 네트워크 재구성은 경제적 이득에 그치지 않고 국제정치 차원에서 깊은 의미가 있다. 기술패권, 가치 경쟁, 글로벌 거버넌스의 재편, 안보 딜레마 심화, 다자주의 구조 변화 등 광범위한 영역에 대한 파급효과가 있다.
첫째, 기술패권 경쟁의 심화다. 통신 네트워크 표준을 선점하고 특허를 장악한 국가는 미래의 기술 질서에서 주도권을 확보한다. 반도체, 디지털 세금, 데이터 지역화localization, AI 윤리 등 다른 첨단기술 이슈에서도 비슷한 패턴을 반복할 수 있다. 즉 통신 네트워크 전략은 전체 기술패권 경쟁의 선행전략이 될 수 있다.
둘째, 가치 경쟁이 격화된다. 서방 진영은 투명성, 개방성, 개인정보 보호, 민주적 거버넌스를 강조하는 반면 중국은 국가가 주도하는 개발모델, 효율성, 사회 안정, 주권 우선 원칙 등을 앞세운다. 통신 인프라 수출과 표준 확산을 통해 중국이 구축하는 디지털 생태계는 중국적 가치와 통치 모델이 바탕이 될 것이다. 반대로 서방은 이런 흐름에 맞서 개방형 네트워크, 신뢰 기반 공급망, 민주적 디지털 거버넌스 담론을 강화할 것이다.
셋째, 군비통제나 국제안보 측면에서도 통신 네트워크는 중요한 의미를 갖는다. 5G·6G 시대에는 군사작전, 정보수집, 사이버전 수행이 초고속 네트워크에 좌우된다. 표준 경쟁에서 승리한 측은 잠재적으로 적국의 네트워크를 교란하거나 정보유통을 제약할 수도 있다. 전통적 군비통제 개념을 넘어, 사이버·디지털 영역에서의 우위 확보를 위한 전략경쟁을 촉발시킨다. 이미 국제전 양상은 비대칭과 사이버 영역으로 확대되고 있어 중국의 적극적인 연구투자와 지원은 미중 전략경쟁에서 유리한 위치를 차지할 것으로 보인다.

넷째, 다자주의와 국제거버넌스의 재편이다. ITU, WTO, WIPO, UN 등 국제기구가 디지털 이슈를 다루는 과정에서 중국은 다자주의를 표방하면서도 실제로는 자국에 유리한 규범과 표준으로 유도할 것이다. 미국, 유럽, 일본, 한국 등 기존 선진국과 인도, 브라질 등 신흥국들이 이런 흐름 속에서 어떻게 연대하고 대항할지, 또 어떤 새로운 거버넌스 장치가 등장할지는 불확실하다. 통신 네트워크 표준과 인프라를 둘러싼 경쟁은 곧 국제 질서 재편의 한 축이 될 것이다.

다섯째, 글로벌 남방 국가들이 가진 의미다. 중국식 모델은 이들 국가에 빠르고 저렴한 인프라 구축 기회를 제공하는데 이것은 장기적으로 특정 공급망과 생태계에 락인lock-in되는 문제를 야기할 수 있다. 이 국가들은 자율성의 확보와 비용의 효율성, 기술도입 기회 사이에서 균형을 찾아야 한다. 따라서 이들 국가 내에서도 디지털 주권, 데이터 관리, 보안, 프라이버시 이슈에 대한 내부 담론이 활발해질 것이다.

결국 정책 담론은 '누가 미래 디지털 질서의 규칙을 정하는가'로 귀결된다. 중국이 통신 네트워크 전략을 성공적으로 추진한다면, 향후 디지털 시대의 규칙과 질서는 중국식 접근을 반영할 가능성이 크다. 서방이 주도하던 정보통신 질서에 근본적인 변화를 초래할 것이며 새로운 세력균형 및 규범 경쟁을 예고한다.

| 결론 | 장기적 불확실성과 미래 시나리오

　　중국의 통신 네트워크 재구성은 장기적이면서 구조적인 성격을 띠며, 이 과정은 일회성 이벤트가 아닌 지속적인 변화를 수반한다. 향후 전망을 정리하면 다음과 같다.

첫째, 미중 전략경쟁이 디지털·기술 영역에서 심화될 가능성이 크다. 미국은 화웨이 제재나 반도체 수출 제한 등으로 중국 디지털 패권 부상을 견제할 것이다. 그러면 중국은 디지털 실크로드 확장, 6G 선점, 자체 반도체·소프트웨어·OS 개발 등으로 대응할 것이다. 기술 블록화technological bloc formation 현상을 심화시켜 일부 국가는 미국계열의 기술생태계에, 그 외 국가는 중국계열의 생태계에 편입되는 분절화decoupling가 일어날 것이다.

둘째, 중국이 주도하는 표준·특허체계가 전 세계로 확산될지는 아직 불투명하다. 선진국들의 규제, 보안상 우려, 데이터 보호 문제, 현지의 반발 등 다양한 장애물이 존재한다. 또한 유럽, 일본, 한국 등은 중립적 입장에서 양측의 기술생태계를 비교·활용하며 자국의 이익을 극대화하려 할 것이다. 이런 복합적인 상호작용 속에서 중국은 일부 지역에서는 성공적으로 영향력을 확대하겠지만 다른 곳에서는 난항을 겪을 수 있다.

셋째, 6G 시대가 되면 기술경쟁은 한층 더 치열해질 것이다. 6G 표준화 초기 단계에서 누가 주도권을 확보하느냐에 따라 미래 10~20년의 디지털 질서가 좌우될 것이다. 중국은 R&D 조기 투자, 학계·기업·정부의 협력 강화, 국제 협력 플랫폼 주도 등 다양한 조치를 통해 6G 전쟁에서 '퍼스트 무버first mover'가 되려 할 것이고, 미국·유럽·일본 등 기존 기술 강국들은 강력하게 방어할 것이다.

넷째, 국제사회는 통신 네트워크 거버넌스에 대한 합의 형성이 쉽지 않을 전망이다. 데이터 주권, 사이버안보 표준, 암호화 기술, 위성통신 주파수 할당, 개인정보 보호 규범 등 수많은 이슈가 얽혀 있어 강대국의 합의만으로는 해결하기 어렵다. 글로벌 다자기구가 충분히 대응하지 못하면, 지역별·블록별로 상이한 규범이 공존하는 '규범 파편화norm fragmentation'가 일어날 수 있다.

다섯째, 향후 10~20년 동안 기술 혁신 속도가 빨라지면 특정 시점의 표준이나 기술우위가 바뀔 수도 있다. 즉 6G나 그 이후 세대 기술경쟁에서 언제든지 판세가 뒤집힐 수 있다. 기술패권은 유동적인 것이며 이에 대응해 각국은 연구개발 투자, 인재양성, 공급망 다변화, 전략적 제휴 등 다각적 노력을 기울일 것이다.

마지막으로, 디지털 시대의 통신 네트워크 전략을 둘러싼 경쟁은 결국 글로벌 질서 재편 과정의 일부다. 중국이 전략적 목표를 달성하고 통신 분야에서 영향력을 확대한다면 신흥경제권, 개발도상국, 남남협력 국가들에 새로운 선택지가 될 것이다. 그럴 경우 서방 주도의 질서는 크게 약화될 수 있다. 그러나 반대로 중국의 전략이 예상보다 큰 저항에 부딪혀 부분적 성공에 그친다면 미중 간 디지털 패권 분쟁이 장기적인 교착상태에 접어들 가능성이 있다.

종합하자면 중국이 통신 네트워크 재구성을 통해 추구하는 전략은 기술패권 경쟁의 핵심 현장이다. 기술, 경제, 안보, 가치, 규범 등 다차원적 변수를 포함하는 복잡한 게임이며, 단기적 승패가 아니라 중장기적 구도 변화로 이어질 것이다. 향후 시나리오는 예측하기 어렵지만 확실한 것은 통신 네트워크 전략이 국제정치와 국제경제에서 이전보다 훨씬 중요한 지위를 차지하고, 중국은 이를 발판으로 미래 세계 질서에서 더 큰 발언권을 행사하려 한다는 점이다. 통신 네트워크 재구성은 단순한 기술 혁신을 넘어 글로벌 거버넌스와 권력구조에 새로운 균열을 가져오는 핵심 변수가 될 것임을 알 수 있다. 미중 전략경쟁 시대를 정의하는 하나의 축이며 국제사회는 이 도전과 불확실성에 대응할 새로운 사고방식, 협력모델, 제도적 창의성을 모색해야 한다.

CHINA HEGEMONY STRATEGY | 중국의 과학기술 전략

3 데이터 안보

| 배경 | 디지털 전환기와 데이터 안보의 전략적 부상

글로벌 디지털 전환은 국제 정치·경제 질서에 근본적인 변화를 일으키고 있다. 과거에는 제조업과 전통자원이 국가 경쟁력의 핵심이었다면 오늘날에는 데이터가 새로운 전략적 자산이다. 데이터는 경제발전, 기술 혁신, 사회통합, 국가안보와 직결되는 핵심 동력이며 이를 둘러싼 관리와 통제의 문제는 이제 단순한 기술적 이슈를 넘어 국가전략과 국제 질서 재편의 핵심 영역이 되었다.

특히 미중 전략경쟁이 격화되는 상황에서 데이터 안보는 '누가 데이터의 흐름을 주도하고, 어떤 규범과 가치로 데이터를 관리할 것인가'에 대한 구조적 쟁점이 되었다. 미국은 자유로운 데이터 이동과 시장주도 혁신을 선호하

는 경향이 있고, 유럽연합EU은 개인정보 보호를 최우선 가치를 내세우며 규범 제정에 적극적이다.

이와 달리 중국은 국가안전·공공이익·발전권을 내세워 데이터 주권을 강조하고, 자국 중심의 데이터 거버넌스 모델을 구축하며, 이를 국제적 차원에서 정당화하려고 한다.[222]

데이터 안보 전략은 단순히 정보기술 정책 수준을 넘어 국가차원의 전방위적 전략수립과 제도화 과정을 거친다. 중국은 데이터안전법, 개인정보보호법 등 제도적 기반을 마련하고 중요 데이터의 국외 유출 통제, 빅테크 기업 규제, 국제협력 네트워크 구축 등을 통해 중국식 데이터 관리 모델을 확립하고자 한다.[223] 이것은 향후 미중 경쟁, 디지털 경제 질서, 글로벌 규범 경쟁에서 중국이 독자적 영향력을 행사하는 기반이 될 것이다.

따라서 중국의 데이터 안보 전략을 중심 주제로 삼아, 국제적 차원에서 데이터 거버넌스 구조 변화를 살펴보고자 한다. 우선 디지털 전환 속 데이터 안보의 의의와 현재 동향을 종합적으로 검토하고, 이어서 중국이 어떤 제도적·정책적 수단을 활용해 전략을 구체화하는지 분석한다. 또한 대표적 정책 사례를 통해 중국의 실제 실행 메커니즘을 조명하고 이를 토대로 국제정치적·경제적 의미를 도출한다. 마지막으로 장기적 관점에서 데이터 안보 전략이 미래 국제 질서를 어떻게 재편할지, 그리고 어떤 시나리오가 전개될지 전망하고자 한다.

---

222) 中华人民共和国外交部(MFA), Global Initiative on Data Security(2020년 9월 8일), https://www.mfa.gov.cn/eng/wjb/zzjg_663340/jks_665232/kjfywj_665252/202406/t20240606_11405397.html
223) 全国人民代表大会, 『数据安全法』(2021년 6월 10일 통과), http://en.npc.gov.cn.cdurl.cn/2021-06/10/c_689311.htm; 全国人民代表大会, 『个人信息保护法』, http://en.npc.gov.cn.cdurl.cn/2021-12/29/c_694559.htm

| 현황 | 글로벌 데이터 거버넌스와 주요국 동향

세계 각국은 디지털화 물결 속에서 데이터 관리의 중요성을 인식하고, 각기 다른 원칙과 가치에 기반을 두고 데이터 거버넌스를 구축하고 있다. 이 과정에서 나타나는 가장 두드러진 특징은 국가별 접근법의 다양성과 글로벌 차원의 통일된 규범이 없다는 것이다. 즉 데이터 거버넌스는 아직까지 확립된 보편적 규범이나 단일 표준 없이 미국, 유럽, 중국 등 주요 행위자들이 서로 다른 모델을 제안하고 시험하는 '경합의 장場'이다.

먼저 미국은 오랜 기간 인터넷 시장을 주도하면서 자유로운 데이터 흐름을 강조해왔다. 클라우드 서비스, 소셜미디어, 전자상거래 플랫폼 등을 선도한 미국 기업들은 광범위한 글로벌 데이터 접근을 통해 혁신과 경쟁력을 확보했다. 미국은 기업 친화적 환경을 조성하는 동시에 국가안보를 목적으로 해외 데이터에 대한 접근 권한을 주장하기도 한다. 다만 미국 내에서도 개인정보 보호를 강화하라는 요구와 기술기업에 대한 규제의 필요성이 제기되면서 일관된 정책 방향 확립에 어려움을 겪고 있다.

유럽연합은 GDPR을 통해 글로벌 차원의 개인정보 보호 규범을 선도했다. EU는 기업에 강력한 개인정보 보호 의무를 부과하고, 역외에 데이터를 이전할 때에도 유럽 수준의 보호를 보장하도록 요구한다. 인권, 프라이버시, 민주적 가치를 강조하는 규범외교의 한 형태다. EU의 접근법은 개인정보 보호를 절대적 가치로 내세우며 전 세계 기업들이 GDPR 표준을 준수하도록 압력을 가하고 있다.

반면 중국은 데이터 주권, 국가안전, 경제발전, 사회 안정을 핵심으로 하는 독자적 모델을 모색한다. 중국은 전통적으로 인터넷과 디지털 영역에서 국가가 통제력을 유지하며, 자국민 데이터 보호 및 국가안보 관점에서 해외 데이터의 접근을 제약해 왔다. 최근 2021년 데이터보안법〈中华人民共和国数据安全法〉,[224] 개인정보보호법〈中华人民共和国个人信息保护法〉 제정은 이런 기조를 공식화하고, 데이터 주권을 전면에 내세우며 해외로의 데이터 반출을 엄격히 통제하는 체제를 마련했다.

이외에도 일본, 호주, 싱가포르 등 역내 중견국은 글로벌 공급망 안정, 디지털 무역 촉진, 개인정보 보호라는 복합적 목표가 균형을 이루도록 한다. 개별 국가들은 자유로운 데이터 이동을 통한 경제적 편익 추구와 국내 안전과 개인 권익의 보호 사이에서 최적의 균형점을 찾으려 노력한다.

종합하면 글로벌 데이터 거버넌스 환경은 현재 '규범경쟁', '가치경합', '정책실험'이 공존하는 과도기적 상태다. 각국은 데이터 규범 확립을 통해 미래의 디지털 경제 질서에서 유리한 지위를 선점하고자 하며, 이 과정에서 미중 간 전략경쟁 구도가 데이터 이슈에 깊이 투영되고 있다.

| 중국의 전략 | 법제 구축, 데이터 주권, 플랫폼 규제

중국이 추진하는 데이터 안보 전략은 다층적 메커니즘을 통해 구현된다. 여기에는 국가 법제 정비, 데이터 주권 강조, 국외로의 데이터 이동 통제, 플랫폼 기업 규제, 기술표준 제정 등 다양한 수단이 활용된다.

먼저 중국은 2021년에 데이터보안법 개인정보보호법 등 핵심 법률을 제정하여 국가안전, 공공이익, 개인권익 보호 원칙을 명시하고 데이터 관리의 모

---

224) http://www.npc.gov.cn/npc/c2/c30834/202106/t20210610_311888.html

든 과정을 법적인 틀 안에 편입시켰다. 데이터 보안법은 중요 데이터 분류 관리, 해외 전송 사전 승인을 요구하며 그것을 위반할 때 강력한 처벌조항을 통해 국가적 차원의 통제력을 확보한다. 개인정보보호법은 GDPR을 연상시키지만 개인정보 보호를 국가안전과 조화시키며 해외로 데이터를 이전할 때 중국 기준에 부합할 것을 요구한다.

'데이터 주권' 개념은 중국 모델의 핵심이다.[225] 국가영역 내에서 생성·수집된 데이터에 대한 관리권을 확고히 하여 외부 법집행기관이나 기업, 기술적 압력으로부터 자국의 데이터를 보호하고 필요한 경우 해외 유출을 차단하는 전략적 자산화 개념이다. 데이터 현지화를 통해 자국 내 서버 저장 의무를 부과하고, 크로스보더 데이터 이동 심사를 통해 외국 행위자의 데이터 접근을 제한한다.

또한 중국은 내부적으로 빅테크 기업을 강력하게 규제함으로써 데이터 거버넌스의 국가 주도권을 강화한다. 플랫폼 경제 발전 과정에서 축적된 막대한 데이터와 시장지배력은 국가정책 목표와 충돌할 수 있으며 사회 불평등, 금융 리스크, 소비자 이익 침해 문제를 야기한다. 중국은 반독점법, 플랫폼 경제 규범, 데이터 관리 지침 등을 통해 대형 IT기업이 국가가 설정한 데이터안전 프레임에 부합하도록 강제한다. 이로써 플랫폼 기업도 국가전략의 통제에 놓이게 되며 국가가 원하는 방향으로 데이터 활용도를 재조정해야 한다.

아울러 중국은 국제무대에서 데이터 거버넌스 이슈를 다자간 협의와 표준 제정, 기술개발 등을 통해 주도하려 한다.[226] 남남협력, 일대일로 디지털 실

---

[225] 国家互联网信息办公室(CAC), Sovereignty in Cyberspace: Theory and Practice(Version 2.0) (2020년 11월 25일), https://www.cac.gov.cn/2020-11/25/c_1607869925296336.htm.

크로드, 지역협정RCEP 등을 활용해 중국식 규범과 기술 솔루션을 확산하고 이를 통해 자기 블록 내의 데이터 협력 체제를 구축함으로써 제도적 우위를 점하려 한다.[227]

| 대표 사례 | 해외 IPO 규제와 중요 데이터 관리

중국이 실제로 데이터안보 전략을 실행하는 대표적 사례로는 해외 IPOInitial Public Offering에 나선 기술기업 규제를 들 수 있다. 예를 들어, 한 대형 차량공유 플랫폼 기업이 해외 증시 상장을 추진하려 했다. 그 과정에서 중국 당국은 해당 기업이 다루는 지도데이터, 교통 흐름, 이용자 개인정보 등이 국가안전 측면에서 민감할 수 있다고 판단하였다.

그 결과 당국은 데이터를 해외 증시 제출 서류와 연결 짓는 과정을 면밀히 검토하고 국가안전 심사를 거치지 않은 상태에서의 해외 상장에 제동을 걸었다. 단순한 경제 행위로 인식되던 기업의 해외 자본유치 전략조차 국가안전 프레임 안에 재배치함으로써 데이터가 국가전략 차원에서 관리되는 모습을 보여준다.

이 사례를 통해 중국이 실제로 어떻게 데이터 주권 개념을 관철하고, 기업 행위를 통제하며, 해외와의 데이터 교류를 국가안전 기준에 따라 허용하거

---

226) 中华人民共和国外交部(MFA), China's Positions on Global Digital Governance(2023년 5월 25일), https://www.mfa.gov.cn/eng/wjb/zzjg_663340/jks_665232/kjlc_665236/qtwt_665250/202406/t20240606_11405184.html

227) 国务院, 『共建"一带一路": 构建人类命运共同体的重大实践』 백서 (2023년 10월 10일), https://www.gov.cn/zhengce/202310/content_6907994.htm; 中华人民共和国商务部(FTA服务网), "RCEP信息," http://fta.mofcom.gov.cn/rcep/rcep_new.shtml

나 불허하는지 명확히 드러난다. 해외 IPO를 통해 민감한 데이터가 외국이나 다른 시스템으로 흘러 들어갈 가능성을 사전에 차단함으로써 중국은 디지털 경제 환경에서 '국가안전'의 새로운 의미를 구현했다.

또 다른 사례로, 대형 온라인 쇼핑몰이나 소셜미디어 플랫폼이 보유한 대량의 소비자 행동 데이터, 위치 정보, 결제 패턴 등도 국가가 관리한다. 중국은 데이터가 금융시스템 안정, 소비자 보호, 사회 질서 유지에 직결된다고 보고 플랫폼 기업에 대한 데이터 관리 의무를 강화한다. 불투명한 알고리즘 사용, 데이터 기반 차별, 불공정 거래 행위는 강력한 제재 대상이 된다.

이 같은 조치는 단지 기업 규제 강화로만 해석할 수 없다. 오히려 중국은 데이터안전법 등 제도를 통해 플랫폼 기업이 수집·가공한 데이터를 국가정책 목표 달성에 동원할 수 있는 체제를 구축하는 중이다.[228] 향후 데이터가 공공재적 성격을 지니게 될 것이므로 국가 전략산업 발전, 환경 모니터링, 도시 관리, 공공서비스 개선 등에 활용될 기반을 마련하는 것이다.

| 정책 담론 및 국제적 함의 | 가치경합, 규범경쟁, 디커플링 가능성

중국의 데이터 안보 전략은 국제정치·경제 전반에 걸쳐 광범위한 파급효과를 낳았다. 먼저 미중 전략경쟁 구도를 데이터 영역으로 확장시켰다. 미국이 주도하는 디지털 세계와 중국이 지향하는 주권 기반 데이터 거버넌스가 충돌할 때 글로벌 기술기업, 디지털 무역, 클라우드 인프라, 인공지능 연구 협

---

228) 国务院, 『网络数据安全管理条例』 国务院令 第790号(2024년 9월 24일 공포, 2025년 1월 1일 시행), https://www.gov.cn/zhengce/202409/content_6977835.htm.

력 모두가 영향을 받는다.

이런 가치경합에서 서구는 개인정보 보호, 인권, 자유로운 데이터 흐름을 강조하고, 중국은 국가안전, 공공이익, 발전권이라는 명분을 내세운다. 그 결과에 따라 어떤 가치가 국제 데이터 규범의 상위 원리로 자리 잡을지 결정될 것이다. 개인정보를 최우선으로 보호할지, 국가안전을 내세울지, 또는 양자를 절충시킬지를 둘러싼 논쟁이 다자포럼, 국제기구, 지역협정에서 치열하게 전개될 것이다.

국제 규범경쟁 측면에서 중국은 디지털 영역에서 서구 모델에 대응하는 대안적 질서를 제안한다.[229] 데이터보안법, 개인정보보호법 등 자국 법제를 국제무대에서 정당화하고 남남협력 국가나 개발도상국에 기술이나 제도를 패키지로 제공함으로써 중국식 모델을 수용하도록 유도하는 전략을 포함한다. 궁극적으로 세계는 GDPR을 중심으로 한 유럽식, 자유시장 접근을 강조하는 미국식, 국가안전·주권을 앞세우는 중국식 모델이 상호 경합하는 다극적 규범 생태계를 맞이할 것이다.

데이터 디커플링 가능성도 배제할 수 없다. 만약 미중 경쟁이 격화되어 양측이 상호 데이터의 교환을 제한하고, 자국 산업과 안전을 위해 데이터 흐름을 봉쇄한다면, 글로벌 디지털 생태계는 지역별·가치별로 단절될 것이다. 그렇게 된다면 기업의 비용 증가, 기술 혁신의 지연, 인터넷의 단편화internet fragmentation를 불러올 것이다. 그러나 중국은 이런 현상을 수용하고 자국 내 대체 산업과 데이터 생태계를 육성함으로써 자급자족 형태의 디지털 경제를 구축하려 할 수도 있다.

---

[229] 中国政府网, "习近平：中方愿同各方探讨并制定全球数字治理规则"(2020년 11월 21일), https://www.gov.cn/xinwen/2020-11/21/content_5563266.htm

아울러 데이터 이슈는 인공지능, 클라우드, 사물인터넷, 자율주행차 등 미래 산업 전반과 연결되어 있다. 만약 중국이 산업 분야에서 데이터 접근성과 품질을 우위로 확보한다면, 기술표준을 선도하면서 글로벌 시장에 대한 영향력은 커지고, 대외정책의 지렛대를 확보하는 등 다차원적 이익을 얻을 수도 있다. 단순히 디지털 정책 차원을 넘어 국제권력 분포에 영향을 미칠 것이다.

중국의 데이터 안보 전략에 국제사회는 어떻게 대응할지 고민할 것이다. 각국은 중국 모델에 맞서거나, 이를 부분적으로 수용하거나, 제3의 대안모델을 개발하는 방안을 모색할 것이다. 다자협력 기제를 통한 중재나, 양자 협정을 통한 상호 인정 장치, 지역 간 이니셔티브를 통한 중간지대 형성 등 다양한 형태의 시도가 이루어질 수 있다. 정책 담론 형성 과정은 디지털 미래 질서에 대한 상이한 비전이 충돌하고 타협하는 공간이 될 것이다.

| 결론 | 장기적 시나리오와 데이터 시대 국제 질서 재편

중국의 데이터 안보 전략은 디지털 시대 국가전략의 전형적 사례로서 앞으로 수년간 국제 질서 재편 과정에서 핵심 변수가 될 것이다. 장기적 관점에서 세 가지 주요 시나리오를 상정할 수 있다.

첫째, 부분적 양립과 균형을 모색하는 경우다. 이 경우 미국, 유럽, 중국이 각자 선호하는 데이터 규범을 유지하되 상호 충돌을 완화하기 위한 협의체나 표준화 작업을 만들 수 있다. 즉 국가별 데이터관리 주권을 인정하면서도 특정 글로벌 이슈보건안보 데이터 공유, 기후모니터링 데이터, 국제 금융 데이터 교환 등에서는 제한적 협력을 하는 것이다. 이 시나리오는 완전한 단절을 피하고,

느슨한 형태의 지역·이슈별 규범이 병존하는 상태다.

둘째, 블록화와 디커플링이 심화되는 경우다. 미중 전략경쟁이 더욱 격화되어 디지털 생태계가 상호 단절된다면, 중국을 중심으로 한 데이터 주권 강조 블록과 미국·유럽을 중심으로 한 개인정보 보호와 시장의 자유를 강조하는 블록이 나뉠 수 있다. 이 경우 글로벌 기업들은 블록별 규정에 맞춰 데이터 센터를 이중화하고 서비스 모델을 분할 운영해야 할 것이다. 인터넷 인프라나 클라우드 서비스마저 블록화되는 양상이 심화된다면 혁신 속도와 비용의 효율성이 떨어질 위험이 있다. 중국은 이 블록 내에서 주도적 역할을 강화하고 제휴국에게 중국식 모델을 준수하도록 요구할 것이다.

셋째, 점진적 통합과 새로운 합의를 이뤄내는 경우다. 장기적으로 국제사회가 데이터 거버넌스에 대한 새로운 국제조약이나 포괄적 협정에 이르고 국가안전과 개인정보 보호, 자유로운 데이터 흐름의 균형을 추구하는 합의점에 도달하는 것이다. 이 경우 중국의 데이터 주권 강조, EU의 개인정보 보호 강조, 미국의 기술 혁신 강조가 조율되어 전 세계적 합의가 형성될 가능성도 있다. 그러나 이 시나리오는 현재의 갈등구조를 감안하면 그다지 실현될 가능성이 높지 않다고 본다.

종합적으로 중국 데이터 안보 전략은 국내 규제 강화나 개인정보 보호 강화에 그치지 않고 데이터 주권 개념의 확립과 법제와 제도를 정비하는 것이다. 플랫폼 기업을 통제하고, 국경 밖으로의 데이터 이동도 통제하며, 남남협력을 활용하고, 디지털 실크로드를 구축하며, 국제 표준 경쟁에도 참여하는 등 다각적 수단을 통해 중국식 모델을 수립하고자 할 것이다. 향후 디지털 시대의 국제 질서에서 중국이 독자적 영향력을 행사하고, 자신의 규범과 원칙을 심는 데 중요한 기반을 마련하기 위함이다.

이 전략에는 다양한 대응이 뒤따를 것이다. 미국, EU, 일본, 한국, 동남아 국가들 모두 데이터 관리 원칙을 재점검하고, 글로벌 거버넌스의 장에서 자국의 이익을 반영할 방법을 모색할 것이다. 이때 데이터 안보는 단순한 기술 정책이 아닌, 외교·안보·경제·법률·윤리 모든 측면을 아우르는 종합적 과제가 된다.

데이터 안보 이슈는 향후 수십 년간 국제 정치·경제 분석의 중심 의제가 될 것이다. 국가전략, 법제, 기업규제, 다자협력, 규범경쟁 모두가 데이터 안보라는 틀 안에서 재해석될 것이며, 이 과정에서 중국의 행보는 중요한 참고 사항이 될 것이다. 디지털 전환 시대에 데이터라는 전략 자산을 둘러싼 국가들 사이의 경쟁과 협력, 갈등과 타협 속에서 국제사회는 새로운 질서를 모색해야 하며 중국의 데이터 안보 전략은 이 변혁기의 담론 형성에 핵심적 단서를 제공하고 있다.

4 반도체

| 배경 | 미중 전략경쟁 시대의 핵심기술 전선

미중 전략경쟁 시대에 기술패권 경쟁은 단순히 군사력이나 외교적 수사 이상의 의미를 지닌다. 특히 반도체 산업은 21세기 디지털 경제와 첨단기술 생태계의 기초자산으로서 양국이 글로벌 영향력을 행사하는 전략적 무기로 부상했다. 반도체는 스마트폰·컴퓨터·서버·데이터센터·인공지능·자율주행차·차세대 통신 인프라 등 광범위한 분야의 기술적 핵심 요소다. 따라서 이를 둘러싼 공급망의 안정성과 기술적 주도권 확보는 국가안보와 경제적 번영을 좌우한다.

미국은 오랫동안 반도체 분야에서 글로벌 기술표준, 장비, 설계자산IP, 첨단공정에 대한 우위를 바탕으로 글로벌 산업 질서를 주도해 왔다. 이제 중국

은 대규모 내수 시장과 국가 주도 혁신정책을 무기로 반도체 자립도를 높이려는 전략을 가속화하고 있다.[230] 미국이 중국의 기술굴기에 대응하여 제재를 강화하고, 반도체 장비·소프트웨어·설계도구 접근을 차단하려는 시도는 중국으로 하여금 장기적이고 구조적인 혁신 전략을 추구하게 만들었다. 이 과정에서 반도체 산업은 단순한 경제 분야를 넘어 미중 전략경쟁의 최전선이 되었다.

여기서는 미중 경쟁이라는 거시적 구도 속에서 중국이 어떠한 메커니즘과 정책수단으로 반도체 분야의 자립과 기술독립을 도모하고 있는지 심층적으로 살펴볼 것이다. 먼저 반도체 산업의 현황과 제약요인, 최근의 변화를 살펴보고 이어 중국이 구사하는 전략적 접근방식과 메커니즘을 분석한다. 또한 대표적 사례를 통해 중국의 실질적 진전을 검토하고 이를 둘러싼 정책담론 및 국제적 의미를 도출할 것이다. 이렇듯 장기적 전망과 불확실성 속에서 반도체 전략의 의미를 제시함으로써, 중국의 반도체 전략이 향후 글로벌 기술 질서 재편에 어떤 영향을 미칠지 알아볼 것이다.

| 현황 | **공급망 분화와 기술패권 재편의 역동성**

중국은 세계 최대의 반도체 소비시장으로 세계 수요의 50% 이상을 차지하고 있다.[231] 세계 제4차 산업혁명에서 칩의 중요성에도 불구하고 중국 반

---

230) 国务院, 「国发〔2020〕8号: 新时期促进集成电路产业和软件产业高质量发展若干政策的通知」(2020년 7월 27일), 中国政府网, https://www.gov.cn/zhengce/content/2020-08/04/content_5532370.htm.
231) Wikipedia, 2025. "Semiconductor Industry in China": https://en.wikipedia.org/wiki/Semiconductor_industry_in_China

도체 산업의 취약성은 미중 전략경쟁에서 미국의 가장 중요한 대중억제 도구가 되었다. 중국은 2020년경 전체 칩의 83%를 수입에 의존해야 했다. 그러나 최근 들어 국산화율이 급격히 늘어났고 2022년에는 「Made in China 2025」에서 70%까지 국산화를 이루겠다는 목표를 발표하였다.

반도체 분야에서 미중 전략경쟁은 공급망 분화와 기술패권 재편이라는 두 축으로 나타난다. 글로벌 반도체 산업은 설계팹리스, 제조파운드리, 패키징·테스트, 장비·소재, EDA설계자동화 소프트웨어, IP 라이선스 등 고도로 전문화된 가치사슬로 구성되어 있다. 그리고 각 단계별로 미국·일본·유럽·대만·한국 업체들이 핵심 역할을 수행해왔다. 중국은 내수 시장 규모에 비해 첨단공정 능력과 핵심 장비·소재에 대한 자립도가 낮아 주로 후공정패키징·테스트이나 중저노드 제조에 주력해왔지만 미국의 제재 이후 고부가가치 영역으로 진출하려 한다.

바이든 시기 미국은 첨단장비 수출을 규제했다. 특정 중국 기업에 대한 제재와 반도체지원법CHIPS Act 등을 통해 중국의 첨단공정 접근을 차단하고, 동맹국과 협력하여 중국을 반도체 생태계 중심부에서 배제하려는 전략을 구사했다. 이에 중국은 대규모 국가펀드국가집적회로산업펀드, 지방정부 보조금, 세제 혜택, 국유·민간 R&D 협력 강화 등을 활용해 독립적 생태계 구축으로 대응했다.[232]

중국은 최첨단 노드5nm 이하 공정에서는 선두주자와의 대비에서 기술격차를 좁히지 못하고 있다. 아직은 14nm~28nm 구간 등 중간노드의 생산능력을 확대하며 내수 수요 충족과 일부 수출을 통해 시장 영향력을 확대하

---

232) 工业和信息化部, 『基础电子元器件产业发展行动计划(2021-2023年)』(2021년 1월 15일), 中国政府网, https://www.gov.cn/zhengce/zhengceku/2021-01/29/content_5583555.htm

고 있다. 중국의 생산역량과 기술을 놓고 볼 때, 이 영역에서는 추후 삼성이나 SK하이닉스를 추월하는 것은 시간문제라 할 수 있다. 이미 낸드 영역에서는 삼성을 추월했다. 2023년 화웨이는 SMIC가 생산한 7나노급의 칩으로 Mate60 Pro 스마트폰을 중국에서 상용화했다.[233] 2025년 4월 SMIC는 미국이 대중 수출을 금지하고 있는 EUV 장비를 사용하지 않고서도 5나노급 칩의 생산에 성공했음을 공개했다.[234] 다른 장비·소재 분야에서도 국산 장비의 개발, 재료의 국산화, 소프트웨어EDA 영역에서 토종 업체를 육성하면서 발전하고 있다. 이처럼 미국의 제재라는 구조적 압력 속에서도 중국은 '점진적·단계적 자립'을 모색하고 있다.

| 중국의 전략 메커니즘 | 장기적 R&D, 국유펀드, 우회적 기술개발

중국 반도체 전략은 단기 기술 도입이나 특정 기업 육성에 국한되지 않는다. 훨씬 더 나아가 국가 주도의 혁신생태계 구축, 장기적 R&D 투자, 국제협력과 우회적 기술획득, 인력양성과 제도개혁 등 다양한 수단을 결합하는 복합적 전략으로 전개된다.[235]

먼저 국가 집적회로 산업펀드일명 대기금를 비롯한 대규모 국유펀드는 핵심

---

[233] Wikipedia, 2025. "Semiconductor Industry in China"
[234] Nokia, April 24, 2025. "China's SMIC Achieves 5nm Chip Breakthrough," Nokiamob.net: https://nokiamob.net/2025/04/24/chinas-smic-achieves-5nm-chip-breakthrough/
[235] 国务院,『新时期促进集成电路产业和软件产业高质量发展若干政策的通知』(2020년 7월 27일), 中国政府网, https://www.gov.cn/zhengce/content/2020-08/04/content_5532370.htm; 工业和信息化部 등 七部门,『推动未来产业创新发展的实施意见』(2024년 1월 18일), 中国政府网, https://www.gov.cn/zhengce/zhengceku/202401/content_6929021.htm

기술 기업, 장비업체, 소재·재료 스타트업, EDA 소프트웨어 개발사 등에 전략적 투자를 했다.[236] 이를 통해 시장에서의 실패를 보완하고 중장기 관점에서 첨단기술 역량을 축적하려는 것이다. 국가펀드의 운용은 공공재 성격을 지닌 기초기술 개발을 촉진하고, 민간투자의 불확실성을 보완하며, 국내 생태계의 기업이 성장할 토대를 마련한다.

둘째, 국가-기업-학계 삼각 협력을 강화하여 R&D 역량을 상승시키는 메커니즘이 작동한다. 반도체는 연구기관과 대학이 기초연구를 주도하고 기업이 이를 제품화하는 형태로 지식 전환이 이뤄진다. 중국은 국내 주요 대학의 반도체 학과를 확대하고 국가연구소의 역량을 강화시키고 있다. 해외 유학생의 귀환이나 해당 분야의 전문 인력이 중국으로 대거 유입되고 있다. 국제 학술교류 등을 통해 인적자원의 저변을 넓히는 것도 그러한 노력의 일환이다.[237]

셋째, 대체 경로 탐색과 우회적 기술개발 방식도 눈에 띈다. 첨단 노광장비 EUV에 접근하지 못할 경우 기존 DUV 공정 최적화, 이중 패터닝 기술 적용, 특정 응용분야 특화칩 개발 등으로 첨단공정 의존도를 낮추는 전략이다. 이를 통해 최첨단 노드 선두추격이 어려운 상황에서도 시장 수요가 있는 중간 노드와 특수칩 분야의 점유율을 높이며 장기적으로 기술경쟁력을 키워나갈 발판을 마련한다.

넷째, 지식재산권 체계 정비, 인재정책 개선, 성과평가 시스템 혁신 등 제도

---

236) 『国家集成电路产业发展推进纲要』(2014년) 및 국가集成电路产业投资基金 관련 발표.
237) 国务院, 『新时期促进集成电路产业和软件产业高质量发展若干政策』(2020년 7월 27일), 中国政府网, https://www.gov.cn/zhengce/content/2020-08/04/content_5532370.htm; 国务院, 『关于进一步做好留学人才回国服务工作的意见』(2024년 11월 7일), 中国政府网, https://www.gov.cn/zhengce/zhengceku/202412/content_6992189.htm; 国务院, 『关于推进国家技术创新中心建设的总体方案(暂行)』(2020년 3월 23일), 中国政府网, https://www.gov.cn/zhengce/zhengceku/2020-03/26/content_5495685.htm.

개혁을 통한 간접적 촉진 메커니즘도 존재한다. 반도체는 복잡한 가치사슬과 다양한 전문영역이 결합된 산업이므로 제도적 안정성과 예측가능성이 필수다. 이를 위해 중국은 인재 확보, IP 보호 강화, 스타트업 생태계 지원정책 등을 종합적으로 구현함으로써 혁신 분위기를 조성하고 있다.

| 대표 사례 | SMIC, 장비 국산화, 중소 혁신기업 육성

중국 반도체 전략의 빠른 성과를 구체적으로 살펴보기 위해 몇 가지 대표 사례에 주목할 필요가 있다.

첫째, 중국 최대 파운드리 업체인 SMIC가 대표적이다. SMIC는 한때 TSMC, 삼성전자 등에 비해 기술적으로 뒤처져 있었으나 대대적인 국가의 지원과 자체 R&D 노력으로 최근 5nm급 공정 양산을 달성했다. 물론 최첨단 공정에서는 여전히 격차가 있지만 SMIC는 중간노드 영역에서 내수 시장 수요를 안정적으로 충족시키며 중국 반도체 자립에 기여하고 있다. 국산화율을 높이고 외부 충격에 대한 회복력을 강화한 사례다. 화웨이 회장 런정페이는 이런 자신감을 시진핑에게 보고했다고 한다.[238]

둘째, 반도체 제조장비 분야의 국산화 노력도 주목할 만하다. 중국은 리소그래피, 에칭, 증착장비 등 핵심 공정장비를 미국·유럽·일본에 의존해왔으나 최근 몇 년 사이 국산 장비업체가 등장해 부분적으로라도 외국산을 대체하려 하고 있다. 이를 통해 특정 공정단계에서 외국 장비의 의존도를 조금씩

---

238) Allen, Gregory C. March 7, 2025. "DeepSeek, Huawei, Export Controls, and the Future of the U.S.-China AI Race". Center for Strategic and International Studies.

낮추고 중장기적으로 장비 분야의 기술역량을 내재화하려고 한다.

셋째, 중소혁신기업 육성은 중국 반도체 생태계의 다양성을 확충하는 핵심 전략이다. EDA 소프트웨어, 소재·재료 개발, IP 설계 전문 스타트업을 지원하여 반도체 가치사슬 전반에서 혁신을 유도하고 있다. 이를 통해 특정 대형기업이나 외국 기술에 대한 의존도를 완화하고 생태계 자체를 다원화하여 기술적 병목현상bottleneck을 줄이려 한다.

위의 여러 사례들은 중국이 반도체 산업 전체를 아우르는 종합적 자립전략을 추구하고 있음을 보여준다. 그러기 위해서는 엄청난 기술적·재정적·인적 자원의 투자가 요구되지만, 장기적 안목에서 기술주권technology sovereignty을 확보하기 위해서는 필수적인 과정이다.

| 정책 담론 및 국제적 함의 | 거버넌스 변화와 가치사슬 재편

중국의 반도체 전략은 글로벌 거버넌스와 국제 정치·경제 질서와 밀접한 관련이 있다.

첫째, 기술표준과 규범 형성의 측면에서 중국이 장기적으로 반도체 산업표준 설정 과정에 적극적으로 참여할 경우, 기존 미국 중심의 질서에 균열이 생길 가능성이 있다. 예를 들어 향후 EDA 툴, 패키징 기술, 칩렛Chiplet 구조 표준 등에 중국 기업이 영향력을 행사한다면 아시아 중심의 새로운 규범을 형성할 수 있다.[239]

---

239) 中国电子工业标准化,『小芯片接口总线技术要求』(2021년), https://www.eefocus.com/article/1387386.html.

둘째, 반도체 산업에서의 자립 추구는 결국 경제안보와 이어진다. 국가안보가 군사력뿐 아니라 기술 인프라의 안정성이나 핵심 부품의 수급 안정과 직결되는 상황에서 반도체는 에너지나 식량처럼 전략물자로 간주될 수 있다. 국제 협상에서 반도체가 경제적 레버리지로 활용될 경우, 국가 간 기술동맹·분업 체제도 변화할 것이다.

셋째, 반도체 공급망의 분화는 글로벌화의 재조정을 의미한다. 이전 시기에 전 지구적 분업과 상호 의존을 바탕으로 발전한 반도체 산업은 미중 갈등으로 인해 블록화bloc-based 경향이 나타났다. 미국, 일본, 한국, 대만 등 '미국 우호블록'과 중국 중심의 대안 생태계가 병존하는 구조가 형성되려 한다. 기존의 효율성 극대화 모델을 약화시키고 중견 국가들로 하여금 전략적인 선택을 강요하게 될 것이다. 한국·대만 같은 기존 반도체 강자는 새로운 균형점을 모색해야 하고 유럽이나 아세안 등의 지역에서 조정자의 역할을 모색해야 할 것이다.

넷째, 반도체 전략은 산업정책의 패러다임도 바꿀 것이다. 국가가 적극 개입하여 반도체 R&D를 후원하고 인력을 양성하며 법적 제도 정비까지 추진한다면 시장주도형 자유주의 모델과 국가 주도형 전략산업 육성모델 사이에 긴장을 조성할 수 있다. 정책 담론의 차원에서 장기적으로 국제 협상이나 무역 규범, WTO 체제 운영에도 간접적 영향을 미칠 것이다.

다섯째, 반도체를 둘러싼 가치 경쟁도 주목할 만하다. 반도체 생산조건, 기업지배구조, 노동인권, 환경 규범 등 다양한 가치 이슈가 기술경쟁과 결합될 수 있다. 중국이 자립도를 높이는 과정에서 어떤 가치를 지향하느냐에 따라 국제사회의 평가가 달라질 것이며 기술 문제가 글로벌 규범 경쟁으로까지 이어짐을 보여준다.

종합적으로, 중국의 반도체 전략은 국제 정치·경제 거버넌스, 공급망 재편,

가치 규범 변화, 정책 패러다임 전환을 수반하는 중층적 의미를 지닌다. 단순히 중국 내부 정책문제가 아니라 글로벌 질서 변동의 한 축이 된다.

| 결론 | 장기전 전략과 불확실성 관리

미중 전략경쟁 속에서 반도체는 양측이 단기적 승패를 떠나 장기적 혁신역량 구축을 겨루는 전장이다. 중국은 현재 기술격차, 제재, 글로벌 기업의 협력 부진, IP 취약성 등 숱한 난제를 안고 있지만 내부적으로 대규모 R&D 투자와 생태계 조성에 박차를 가하며 '시간을 사는 전략'을 구사하고 있다.

장기적으로 중국의 반도체 자립도는 점차 더 높아질 것으로 전망된다. 하지만 미중 관계가 장기경쟁의 국면으로 고착화할수록 중국은 자체 기술주권의 강화에 힘쓸 것이다. 글로벌 반도체 공급망은 점진적으로 다극화·블록화 경로를 밟을 가능성이 높다. 기존 반도체 우위 국가에게는 수성의 어려움이며, 중견국에게 전략적 딜레마이고, 신흥 강자로 부상할 스타트업과 혁신기업들에게는 새로운 가능성이 될 수 있다. 언제나 불확실성은 있다. 첨단공정 개발의 난이도, 막대한 R&D 자금 투입에도 불구하고 기술적 한계를 극복하지 못할 수도 있고 국제정세의 변화로 제재 양상이 달라질 수도 있다. 그러나 중국은 포기하지 않고 중장기적 관점에서 기초와 응용의 R&D를 지속하며 내성Resilience을 강화하려 할 것이다. 중국은 이미 이 분야에서 질과 양의 측면에서 놀라울 정도로 성과를 거두었다.

현재 중국은 첨단기술의 자립을 앞당기기 위해 대규모 예산지원을 하고 있다. 특히 SMIC중국 최대 반도체 회사를 중심으로 매년 약 200억 달러 이상을 투자하여 급격한 반도체 기술의 발전을 성취하고 있다. 중국 첨단과학기술 분야에서 디지털 경제는 가장 중요한 핵심 영역이다. 이미 중국은 디지털 위안화DCEP의 도입, 알리바바와 텐센트, 화웨이 등과 같은 글로벌 첨단 디지털 기업에 대한 지속적인 지원을 통해 중국 중심의 첨단 디지털 경제를 주도하고 있으며 여기에서 반도체 기술은 매우 중요하다. 중국의 디지털 경제 규모는 약 10조 달러이며 전 세계 디지털 경제에서 약 30%를 차지하고 있다. 아직은 미국에 이어 세계에서 두 번째에 머물고 있지만 성장 잠재력은 매우 높다.

향후 5년, 10년을 생각하면 중국의 반도체 전략은 반도체 분야뿐 아니라 AI, 양자기술, 첨단통신, 우주기술 등 연계 분야에도 영향을 미치는 '기반 인프라' 역할을 수행할 것이다. 반도체 없는 AI 칩이나 양자컴퓨팅 칩 개발은 불가능하기 때문이다. 따라서 반도체 전략은 단순히 산업의 국산화 문제가 아니라 미래기술 패권을 결정하는 핵심 전략이다.

위 전망은 다른 행위자들-미국, 유럽, 한국, 대만, 일본, 아세안, 인도 등-에게 중요한 시사점을 제공한다. 이들 국가나 지역은 반도체 공급망의 안정과 균형을 유지하기 위해 무엇을 할 것인지, 중국의 반도체 생태계 대두를 어떤 식으로 수용 또는 견제할 것인지, 기술동맹과 제도혁신을 어떻게 설계할 것인지 고민해야 한다.

결국 중국의 반도체 전략은 미중 경쟁이 가져온 새로운 기술 질서의 변동 속에서 핵심 변수가 되었다. 미국의 제재에도 불구하고 중국은 대규모 투자와 혁신 체제 정비, 중간노드 기술 확보, 장비·소재 국산화, R&D 에코시스템 강화 등을 통해 격차를 따라잡으려 한다. 이 과정에서 나타날 변화들은 눈앞의 성과가 아닌 장기적 파급효과를 낳으며 글로벌 기술 경쟁 지도map를 다시 그릴 것이다.

반도체 전략은 중국이 미중 전략경쟁 시대에 대응하는 핵심축으로서, 미래의 국제 정치·경제 구도를 형성하는 데 지속적으로 관여할 것이다.[240] 불확실한 환경 속에서도 중국은 포기하지 않고 끊임없이 자립을 모색하며 세계 반도체 산업의 판도를 뒤흔들 것이다.

---

240) 习近平 주석 중국科学院大会 연설 (2021년 5월 28일) 및 国务院 반도체 정책문건 (2020년 7월 27일, 中国政府网) 등 참조. https://www.gov.cn/zhengce/content/2020-08/04/content_5532370.htm

5 첨단기술

| 배경 | 미중 경쟁시대의 첨단기술 전략

지금의 국제정치 환경은 전례 없는 기술 혁신과 복합적 안보·경제 이슈의 교차 속에서 재편되고 있다. 특히 미중 전략경쟁이라는 거대한 구조적 변화는 첨단기술 분야를 핵심 전장으로 바꾸고 있다. 지난 세기에 군사력이나 재래식 산업역량이 패권을 결정했다면 이제는 인공지능, 양자기술, 우주개발, 디지털인프라 등의 첨단기술이 국제 질서를 재정립하는 중추적 요소가 되었다. 전환 속에서 중국은 글로벌 가치사슬의 하위단계나 모방자로 남기를 거부하고, 첨단기술 분야에서 주도권을 확립함으로써 미중 경쟁 구도를 재편하려 한다.[241]

상기 노력은 국가전략 차원에서 심층적으로 추진되고 있다. 첨단기술은 경제적 번영뿐 아니라 국가안보, 글로벌 규범형성, 국제 레짐 구축, 지역 협력 및 분쟁관리와 직결되는 핵심 자산이기 때문이다.[242] 인공지능, 양자컴퓨팅, 우주기술과 같은 분야는 단순한 산업경쟁력을 넘어 장기적으로 기술패권, 제도설계 권력, 인재 확보, 가치체계 투영을 가능케 한다. 그런 의미에서 미중 전략경쟁에서 중국이 추진하고 있는 첨단기술 발전 전략을 다각도로 분석해야 할 것이다. 현재 진행 중인 기술패권 경쟁의 흐름을 살펴본 뒤, 중국이 어떠한 메커니즘과 정책수단을 활용해 핵심 분야에서 두각을 나타내는지 파악하는 것도 중요하다. 그리고 중국이 기술영역에서 축적한 성과와 이를 기반으로 한 국제적인 영향력을 확대하려는 시도를 점검하고 정책 담론과 국제적 함의를 통해 이 이슈가 지역 및 글로벌 차원의 질서 형성, 규범 경쟁, 국제기구 역학에 어떤 충격을 주는지와 어떤 전략적 의미를 부여하는지도 살펴볼 것이다.

| 현황 | 첨단기술 패권을 둘러싼 국제환경 변화

첨단기술 영역에서 중국의 부상은 국제기술 질서에 복합적인 변화를 일으키고 있다. 우선 전통적으로 기술 혁신은 미국과 유럽, 일본 등 선진공업국

---

241) "Made in China 2025"(《中国制造2025》), 国务院, 2015년 발표, https://www.gov.cn/zhengce/content/2015-05/19/content_9784.htm; "新一代人工智能发展规划"(The New Generation Artificial Intelligence Development Plan), 国务院, 2017년 7월 발표, https://www.gov.cn/zhengce/content/2017-07/20/content_5211996.htm.
242) 《新时代的中国国防》(China's National Defense in the New Era) 국방백서, 国务院新闻办公室 (2019년 7월 24일), http://www.scio.gov.cn/zfbps/ndhf/39911/Document/1660284/1660284.htm; 《国家民用卫星遥感数据国际合作管理暂行办法》(2022년), 国家航天局 발표, https://www.gov.cn/zhengce/zhengceku/2022-05/05/content_5688668.htm.

이 주도해왔으나, 최근 몇 년간 중국은 특허출원 수, R&D 지출액, STEM 분야 인재 양성 속도에서 선도적 위치로 도약했다. 인공지능 분야에서 중국은 대규모 산업 생태계를 육성하고 공공·민간 부문 모두에서 AI 솔루션을 폭넓게 적용하며 세계 최대 시장으로 성장했다. 양자기술 분야에서도 중국은 기초과학과 실용과 응용 사이의 균형 잡힌 발전을 통해 통신보안과 차세대 정보처리 분야에서 혁신을 이루고 있다. 우주기술 영역에서도 독자적 우주정거장 운영, 달·화성 탐사 성과 등을 통해 우주강국의 반열에 오르며 미국, 러시아, 유럽과 경쟁하는 또 다른 축으로 자리매김했다.

이와 함께 글로벌 기술 거버넌스 환경도 재편 중이다. 기존에는 서구가 주도하는 표준화 기구나 규범 형성 과정에서 중국은 수동적 참여자에 불과했지만 이제는 핵심 표준 제정, 국제기구 운영, 다자협력 플랫폼 구축 등에 적극 나서고 있다.[243] 단순히 기술능력을 확보하는 것을 넘어 기술 질서의 형성에 참여하고, 향후 규범경쟁에서 유리한 지위를 확보하려는 전략이다.

동시에 미중의 기술 디커플링 우려와 상호 제재 분위기도 고조되고 있다. 미국은 반도체, AI 칩, 양자컴퓨팅 핵심부품 등에 대한 수출통제와 투자제한을 통해 중국의 첨단기술 발전을 저해하려 한다. 유럽, 일본 등도 자국의 기술 보호와 규범 강화를 통해 중국을 견제하려 할 것이다. 이제 국제 첨단기술 분야는 개방적 협력에서 갈등적 경쟁과 제한적 협력의 복합적 장으로 변모하고 있다.

이러한 동향 속에서 중국은 과학기술 혁신센터 건설, 핵심기술 자립화, 인재

---

243) 《国家标准化发展纲要》(2021년), 中共中央、国务院 인쇄발행, 중국의 국제표준화 적극 참여 전략 명시. http://www.gov.cn/zhengce/2021-10/10/content_5641727.htm ; 공업정보화부(MIIT) 발표 산업표준 관련 문건 참조.

정책 강화, 연구기관의 협력 네트워크 형성, 대내외 기업 생태계 육성 등을 종합적으로 추진하며 불확실한 환경 속에서도 비교우위를 확보하려 힘쓴다. 즉 현황은 극도로 유동적이며 상호 의존과 경쟁, 협력과 견제가 맞물린 다층적 구조가 되었다.

| 중국의 전략 | 국가 주도 혁신 체제와 복합 정책수단

중국의 첨단기술 발전은 국가가 주도하는 것으로 혁신 체제 구축, 전략산업 육성, 인재유치·양성, 국제협력 채널 확대, 규범경쟁 참여로 요약할 수 있다.

1 국가전략기획과 핵심기술 집중지원

중국은 전략계획을 통해 인공지능, 양자기술, 우주기술, 반도체 등 핵심 분야를 명시하고, 장기적인 목표를 설정한다. 이를 통해 연구개발 자금, 규제 완화, 세제혜택, 금융지원, 공공데이터 개방 등 다각적인 지원을 한다. 국가 주도 프로젝트와 연구기관을 설립해 기초연구 강화와 응용기술 개발을 병행하며, 산학연 협력 플랫폼을 구축해 기업과 연구소와 대학 간 기술이전과 상용화를 촉진한다.

2 인재정책과 교육·연구 생태계 강화

첨단기술 경쟁에서 인재 확보는 필수다. 중국은 과학기술 인재를 국내외에서 유치하기 위해 다양한 프로그램을 운영하며, 국내 대학과 연구기관에서는 세계적 수준의 장비와 연구 환경을 제공한다. 해외 유학 경험자나 외국 석학 초빙, 글로벌 과학자 네트워크 형성 등을 통해 기술 경쟁력을 뒷받침하는 인적 자원을 확보하기 위함이다. 또한 STEM 교육 강화와 혁신형 기업가 양성을 통해 장기적으로 지속 가능한 인적 기반을 구축한다.

3 국제기구 참여와 표준경쟁 전략

글로벌 규범과 표준설정 과정에서 중국은 점진적인 영향력의 확대를 꾀한다. 인공지능 윤리원칙 제안, 양자통신 표준화 논의, 우주활동 가이드라인 제정 등에서 다자주의적 접근을 통해 자국의 가치와 이해를 반영하기[244] 위해 국제기구, 표준화 회의, 학술포럼 등에 적극적으로 참여한다. 또한 개발도상국과 협력하여 서구 일변도의 규범구조를 변화시키려 한다.

4 외교 자원으로서 첨단기술 협력

첨단기술 협력을 외교 수단으로 활용하는 전략도 중요하다. 중국은 개발도상국에 대한 기술 이전, 훈련 프로그램 제공, 위성데이터 공유, AI 기반 솔루션 제공 등으로 과학외교를 전개한다.[245] 기술적인 영향력을 확산하는 동시에 우호국을 만들어 국제협상에서 지지 기반을 다지는 효과도 있다.

국가전략은 방향을 제시하고, 인재정책과 자금지원이 이를 뒷받침하며, 국제협력과 표준경쟁을 통해 대외적 환경을 유리하게 조성한다. 궁극적으로 중국은 국내에서의 혁신역량을 강화하고 대외 기술 거버넌스 참여를 결합

---

244) 《新一代人工智能治理原則》(2021년 9월), 国家新一代人工智能治理专业委员会 발표. https://www.ncsti.gov.cn ; 《2021中国的航天》 백서 (2022년 1월), 国务院新闻办公室 발표, 우주활동 국제협력 언급. https://www.gov.cn/zhengce/2022-01/28/content_5670920.htm
245) 《对外援助白皮书》(예: 2021년판), 国务院新闻办公室 발표, 개발도상국 대상 기술지원 정책 명시. http://www.cidca.gov.cn ; 한편 중-아프리카 협력포럼(FOCAC) 관련 문서에서 기술협력 및 인재훈련 내용 반영. https://www.focac.org

해 미래의 기술 질서에서 주도권을 확보하려 한다.[246]

| 대표 사례 | AI, 양자기술, 우주개발을 통한 성과와 전략적 함의

구체적 사례를 통해 중국의 첨단기술 전략이 어떻게 구현되고 있는지 살펴보자.

1 인공지능: 윤리원칙 제시와 산업 생태계 구축

중국의 AI 산업은 방대한 데이터와 시장 규모, 정책 지원에 힘입어 급성장했다. 무인교통, 스마트시티, 의료진단, 금융 리스크 관리 등 다양한 분야에서 AI가 활용되고 있다. 또한 중국 기업들은 글로벌 AI 특허, 논문, 스타트업 생태계에서 핵심적 위치를 차지한다. 특히 AI 윤리원칙 발표와 관련 표준 논의는 국제 AI 거버넌스 경합 속에서 중국이 인류공동의 이익을 강조하는 가치관을 제안한 사례다. 중국이 단순한 기술 추종자가 아니라 가치 담론에도 적극 개입하는 주체임을 보여준다.

2 양자통신과 양자컴퓨팅: 보안·정보 패러다임 전환

양자통신 위성 발사와 양자 키 분배QKD 통신 실험의 성공은 정보안보와 통신보호의 측면에서 혁신이다. 성과는 미래의 군사·외교 협상에서 안전한 통

---

246) 《国家创新驱动发展战略纲要》(2016년), 国务院发布, 국내 혁신역량 강화와 국제 기술 거버넌스 참여 기조 제시. http://www.gov.cn/zhengce/2016-05/19/content_5074812.htm ; "十四五"규획(2021-2025) 과학기술 발전 부분. http://www.gov.cn/xinwen/2021-03/13/content_5592681.htm

신체계를 확보하고, 금융과 민간의 네트워크 보안을 개선하며, 핵심기밀을 보호하는 등 많은 이점이 있다. 양자컴퓨팅 실험은 데이터처리 능력을 근본적으로 확대하며, 기상예측·신소재개발·유전자분석 등의 응용 분야에 돌파구를 열어줄 수 있다. 이로써 중국은 차세대 정보통신 패러다임 전환을 선도하려 한다.

3 우주정거장과 달·화성 탐사: 우주강국의 지위와 상징적 자산

중국은 2025년 4월, 유인우주선 선저우神舟20을 성공적으로 발사했다. 중국의 우주계획은 이미 1968년에 시작되었다. 2003년 10월 15일, 중국은 선저우5를 통해 유인선 발사에 성공하였다. 중국은 지금까지 20차례 실험을 하였는데 부분적 실패로 끝난 2차 발사를 제외한 나머지 모든 발사를 성공적으로 마쳤다. 선저우5부터는 모두 유인발사였다. 중국은 우주정거장과 탐사계획에서 어느 나라보다 앞선 수준이다.[247]

2024년 6월, 중국은 달 탐사 프로젝트의 '일정표'를 발표했다. 2026년에 중국은 '창어 7호'를 발사할 예정이며 2030년 이전에 유인 달 착륙을 달성할 계획이다. 이후 2040년 이전에 태양-지구-달 우주 환경 탐사와 과학 실험을 수행할 완전한 국제 달 연구소가 건설될 예정이다.[248]

우주정거장 완성, 달 탐사, 화성 착륙 프로그램은 중국이 우주기술에서 단계적 진전을 이루고 있음을 보여준다. 이 성과는 중국의 과학기술력 증명에

---

247) Wikipedia, 2025.5.6. "Shenzhou (spacecraft)": https://en.wikipedia.org/wiki/Shenzhou_(spacecraft)
248) 中国载人登月工程, 『Baidu』 2025.5.6.: https://baike.baidu.com/item/%E4%B8%AD%E5%9B%BD%E8%BD%BD%E4%BA%BA%E7%99%BB%E6%9C%88%E5%B7%A5%E7%A8%8B?fromModule=l emma_search-box

그치지 않고 우주자원 개발의 가능성, 우주 기반의 통신·항법·정찰 능력 강화, 향후 우주경제 형성까지 이어진다. 나아가 우주기술 협력을 통한 국제 우주프로그램에 참여하고, 개도국의 위성발사를 지원하는 등으로 외교적 영향력까지 확대시킨다.

이들 사례는 중국이 핵심 분야에서 혁신적 성과를 창출하고 있으며 곧 미중 경쟁의 판도를 변화시킬 가능성을 보여준다. 미국 중심의 기술 질서에 도전하는 중국은 대안적 기술생태계와 규범체계를 구축할 역량을 축적하고 있다.

| 정책 담론 및 국제적 함의 | 규범경쟁, 가치사슬 재편, 다극화된 기술 거버넌스

이렇듯 중국의 첨단기술 발전 전략은 단순한 국가발전 계획이 아니라 국제 정치적 함의를 내포하고 있다.

1 규범경쟁 심화와 가치 경쟁

인공지능 윤리, 데이터 거버넌스, 우주활동 가이드라인, 양자기술 활용 규범 등 다양한 영역에서 중국은 자국의 관점에 부합하는 규범을 제안하거나 지지한다. 기존의 서구 모델과는 전혀 다른 통치 가치로써 안정·안보의 중시, 개발도상국의 입장을 반영하는 것이다. 따라서 국제기구, 다자협의체, 표준제정 회의장에서 미중은 물론 유럽, 일본, 인도 등 국가들 사이의 규범 경쟁이 가속화될 것이다. 결과적으로 글로벌 기술 질서는 단일 패권 질서가 아닌 다극적, 다층적 규범이 병존하는 형태가 될 것이다.

2 공급망·가치사슬 재편과 영향력 확대

첨단기술 개발은 국가의 공급망을 새로 짜게 한다. 반도체나 AI 칩 같은 핵심 부품, 양자센서나 위성통신 장비 등 전략자산의 확보 및 수출은 중국이 주도하는 가치사슬에 다른 국가들을 편입시키는 수단이 될 수 있다. 이로써 중국은 예전의 제조기지에서 벗어나 고부가가치 영역을 선점하고, 파트너 국가들에게 기술생태계에 참여할 기회를 제공하는 형태로 영향력을 행사할 것이다.

3 안보적 함의와 신뢰 구축 과제

첨단 양자통신, 우주기술 발전은 민과 군의 융합 가능성을 내포한다. 안정적 위성항법시스템, 양자암호 통신망, AI 기반 정찰·분석 능력은 중국의 안보역량을 제고한다. 역내 안보딜레마를 심화할 수도 있으며 미중 양측이 상호불신을 해소하기 위해 기술적 신뢰를 구축할 대화의 필요성을 제기한다. 신뢰구축 수단으로는 투명성 제고, 공동실험, 다자 검증 메커니즘 등이 검토될 수 있다.

4 글로벌 거버넌스와 남남협력

중국은 첨단기술을 통해 남남협력을 강화하고 개도국에 적합한 기술 솔루션을 제공함으로써 개발연대와 과학기술 공공재의 공급자 이미지를 구축한다. 또한 미국이나 유럽에 비해 유연하고 실용적인 협력모델을 내세워 기술격차 해소, 인력훈련, 인프라 구축을 지원함으로써 개도국의 호응을 유도한다. 이를 통해 중국은 국제기술 담론에서 다자연대 기반을 확보하고 글로벌 거버넌스 개혁에 주도적으로 기여할 수 있다.

복합적 의미는 향후 국제정치 질서 재편에서 첨단기술이 군사·경제·가치·

규범을 관통하는 핵심 축임을 재확인한다. 미중 경쟁은 단순한 세력전이가 아닌 기술과 제도·가치·규범의 복합전선에서 벌어지는 장기전이다.

| 결론 | 불확실성과 장기 전략적 의미

첨단기술 발전을 통한 중국의 전략은 여전히 전개 중이다. 그러기에 장기적 전망은 복합적이며 몇 가지 시나리오를 상정해볼 수 있다.

1 안정적 다극화 시나리오

미중 모두 첨단기술 분야에서 완전한 독점이 불가능함을 인식하고, 협력과 견제를 병행하는 혼합전략을 지속할 수 있다. 이 경우 국제사회는 기술 거버넌스를 둘러싼 치열한 협상과 타협 끝에 다극적 규범체계를 갖추게 된다. 중국은 주요 축이 되어 역내협력, 남남협력, 특정 분야의 표준 선도 등을 통해 영향력을 유지한다. 이 시나리오에서는 갈등은 상존하지만 대재앙과 같은 충돌은 없이 기술 질서가 점진적으로 다원화된다.

2 기술 블록화와 이념적 분리

미국과 서구가 기술과 가치규범을 연계해 동맹 네트워크를 공고히 하고 중국이 대응 블록을 형성하는 양극화 시나리오도 배제할 수 없다. 이 경우 세계는 상이한 규범과 표준을 적용하는 이중질서가 형성될 수 있으며 개발도상국은 양측 네트워크 사이에서 선택을 강요당할 것이다. 중국은 자급자족형 기술생태계를 완성함으로써 미국의 제재를 극복하려 시도하지만 글로벌 교류 축소로 인한 혁신 문화나 자원의 비효율성 문제가 대두될 수도 있다.

서방이 중국의 발전을 받아들이기 어려울 경우 미국과 중국이 주도하는 새로운 기술-이념 블록화가 빠른 속도로 이어질 가능성이 높다.

3 예측 불가능한 혁신적 도약

양자컴퓨팅, 우주자원 개발, 신소재, 바이오테크 등 예측 불가능한 혁신이 등장할 때 중국이 신속히 이 기회를 포착하면 새로운 질서를 주도할 잠재력이 생긴다. 반대로 예기치 못한 기술 파급효과나 안전문제, 국제사회의 비판에 직면해 전략적 후퇴를 강요당할 수도 있다. 국제 질서의 미래는 고도의 불확실성을 띠며, 중국은 다양한 대안전략을 준비하고 있다.

장기적으로, 첨단기술의 발전은 국력의 상승을 넘어 질적 도약을 위한 기반이 된다. 중국은 다가올 미래에 기술능력, 규범창출력, 인재역량, 산업네트워크를 총동원해 자국에 유리한 국제 질서를 구축하려 할 것이다.[249] 이는 미국을 중심으로 하는 패권 질서에 대한 도전이며 국제사회의 다자주의, 공공재 제공, 규범 형성을 더욱 복잡하게 할 것이다.

종합하자면 중국의 첨단기술 발전 전략은 단편적 현상이 아니라 미중 경쟁 구도 속에서 형성되는 구조적 변동의 일부다. 인공지능, 양자기술, 우주개발의 성과는 기술 혁신을 넘어 국제정치적 의미를 가진다. 중국은 이를 토대로 세계 기술패권 경쟁에 참여하고 국제 레짐 재편, 가치사슬 재구성, 거버넌스 규범 형성 등의 목표를 추구한다. 불확실성이 크고 경합이 치열하나 중국이 견지하는 국가 주도의 혁신 체제와 다자협력 활용전략은 자국의 위

---

249) 中国共产党第二十次全国代表大会报告 (2022년 10월), http://www.news.cn/politics/leaders/2022-10/25/c_1129070414.htm; 《携手构建人类命运共同体：中国的倡议与行动》 백서 (2023년 9월), 国务院新闻办公室 발표, https://www.gov.cn/zhengce/202309/content_6906335.htm.

상을 극대화하는 수단으로 작동할 것이다.

향후 수년, 수십 년에 걸쳐 첨단기술 분야는 미중 경쟁과 글로벌 거버넌스 변동을 관통하는 핵심 지점으로 남을 것이다. 중국의 전략은 단기적 성과에 만족하지 않고 장기적이고 구조적인 변화를 이끌어내며 새로운 기술 질서에서 주도적 행위자가 되려는 목표를 담고 있다. 이로써 국제사회는 미중 간 복합경쟁을 기술 차원에서 재조명하고 제도·규범·윤리·시장 접근성·인재정책 등 총체적 관점에서 미래를 전망해야 한다.

| 닫는 글 |

미중 전략경쟁과
대한민국 생존전략

한국은 최근 미중 전략경쟁이라는 거대한 변화 속에서 매우 까다로운 숙제를 안고 있다. 미국과 중국은 그 영향력 범위와 역량을 놓고 볼 때, 인류 역사상 가장 위대한 강대국들 중 하나일 것이다. 이 두 초강대국은 각기 다른 문명과 역사관을 지니고 있다. 중국의 천하 사상은 세계를 하나의 통합된 유기체처럼 이해하고 분열과 통합을 반복한다. 일종의 역사적 낙관주의가 깔려 있고, 보다 유연하게 다양성을 바라본다. 다만 세상의 구조를 위계적으로 이해하는 데 익숙하다. 미국 문명은 기독교적인 세계관에 기초한다. 세상은 선과 악의 대결이다. 선한 무리들은 다 하나님의 자손으로 평등하지만 악의 무리들은 응징해야 하고 반드시 이겨야 한다. 이 각기 다른 두 문명과 세계관을 대표하는 중국과 미국이라는 초강대국이 쟁패하는 시기다. 서로 다른 전략과 접근법을 지니고 있고, 이 둘의 관계는 생각보다 융합하기 어렵다. 장기간의 지속적인 갈등과 분쟁 속에 일시적인 봉합과 타협, 관리가 반복되는 그러한 세계가 이어질 것으로 예상된다. 내구력이 그 승패를 결정할 것이다 우리는 이를 격변과 혼돈의 시대라 부른다.

한반도는 유라시아 대륙세력이 대양으로 통하는 한 귀퉁이를 차지하고 있다. 따라서 대륙세력 관계의 변화는 물론이고 대륙과 해양세력이 충돌할 때 충돌의 공간으로 급변하는 사이에 '낀' 공간이었다. 정세판단의 실패나 적절한 대비를 하지 못했을 경우 파쇄국가로 전락하였다. 전통적으로 내륙세력을 대표하는 중국의 변화에 민감하고, 동시에 중국으로부터 오는 위협에 대한 우려가 DNA 속에 내재되어 있다. 북한이라고 해서 예외는 아니다. 북한의 정책들은 해양 못지않게 대륙으로부터 오는 위협을 어떻게 억제하느냐를 암묵적으로 염두에 두고 있다.

한국의 외교·안보·경제 정책은 전통적으로 해양세력인 미국과의 동맹을 핵심적인 축으로 하고 있다. 이 정책기조는 정권의 변화에 관계없이 당분간 달라지기 어려울 것이다. 북한 역시 한때는 미국과의 관계 개선을 정책목표로 했었으나 2019년 하노이회담 결렬 이후 새로운 길을 모색하고 있다. 결국 북·러 간의 군사동맹으로 이어졌다. 단, 흔히 언급되는 대륙동맹인 북·중·러 군사동맹은 중국의 거부로 실현되기 어렵다. 또 서방 세계가 가장 두려워하는 시나리오 중 하나는 중러가 실제 동맹관계에 돌입하는 것이다. 그러나 중국 입장에서는 러시아나 북한은 동류의 국가가 아니며 신냉전은 중국의 국익에 부합하지 않는다. 중국은 지역국가라기보다는 세계적인 초강국을 지향한다. 미중 전략경쟁이 격화된다면 미국이 한국과 일본과의 해양동맹을 적극 활용하면서, 대륙세력 대 해양세력이 교차하는 동북아 지역에 냉전을 고착시키는 시나리오도 우려스럽다. 미국은 대중국 관련 전략적 유연성을 발휘하기 위해서라도 한국과 일본의 중국에 대한 전략적 경직성을 원한다. 중국은 냉전을 주도하려 하지는 않겠지만 명백히 강 대 강으로 대응하겠다는 입장이 시진핑 체제에서는 확고하다.

한국은 안보는 한미동맹에 의존하고, 경제는 중국과 밀접한 관계를 맺어 왔다. 미중 전략경쟁이 심화되자 미국과의 경제협력은 증가시키고 중국에 대한 무역 의존도는 낮추려 노력하고 있다. 다만 지정학이나 지경학상 중국과의 관계를 배제하기란 현실적으로 어렵다. 중국은 이미 세계 최대의 제조업 국가가 되었고, 미래 4차 산업혁명의 핵심적인 공간이 되고 있다. 정치·군사적 역량 역시 한국에 가장 큰 비용을 안겨줄 수 있는 국가로 성장했다. 과거 중국에게 한국은 경제역량과 외교적 완충 역할이 필요한 국가였다. 그러나 현재의 한중 관계는 전혀 다른 차원의 상황을 맞이하고 있다. 중국은 더 이상 한국의 경제역량과 기술을 필요로 하지 않는다. 거의 모든 영역에서 한국을 추월하고 있고 경쟁관계로 들어서고 있다. 이러한 중국과 새로운 관계 설정이 필요한 시점이지만 한국은 아직 그 대안을 찾지 못하고 있다. 중국과의 전면적인 대립과 충돌은 한국에게는 옵션이 아니다.

한국은 이미 문재인 정부와 윤석열 정부 시기에 각기 진보와 보수의 염원인 북한과의 관계를 개선하고, 한미동맹에 집중하는 정책을 통해 한국에 부가된 안보·경제·외교 비용을 낮추려고 하였다. 이 모두가 시대의 흐름에 뒤처진 것이었다. 새로운 질서의 구축과 복합화·다극화에 대응하기에는 지나치게 경직된 선택이었다. 당파성을 초월하고 국익에 입각하여 시대의 흐름을 잘 읽고 대응하는 실용주의적인 태도로의 복귀가 필요하다. 역사적으로 노태우, 김대중 시기의 외교가 모범적이다. 미중을 포함한 세계 어느 나라도 현 상황에서 이념에 경도된 일방적인 선택을 하지 않는다. 한국의 탈냉전 이후 전통적인 외교 원칙은 한미동맹을 기반으로 하되 주변 강대국과 적대적인 관계로 돌입하는 것은 지양한다는 것이다. 이 원칙들을 재차 정립할 필요가 있다. 다만 제3의 길로서 실용주의적 외교정책이 결코 집행하기 쉬운 정책은 아니다. 국제정세의 변화에 대한 적확하고 기민한 판단 능력을 전제로 한다. 그리고 올바르지만 고통스럽고도 유연한 선택의 고통을 감내할 지도자의 역량을 필요로 한다. 이를 추진하기 위해서는 정파적인 인물들의 배치로는 가능하지 않다. 국가적인 집체적 역량을 모을 수 있는 인재의 과감한 등용정책이 전제가 되어야 한다. 인사를 보면 그 지도자의 역량과 성공 여부를 예측할 수 있다. 실용주의 외교를 성공한 역사적 예가 그리 많지 않은 이유이기도 하다.

한국에 필요한 것은 국가 정체성으로 강대국 마인드를 가지는 것이다. 그 핵심은 대한민국 대외정책의 자율성을 확보하는 문제다. 한국은 이제 강대국이라 해도 손색없는 세계적인 수준의 국가가 되었다. 경제력은 세계 15위권 이내, 무역량은 6위권, 군사력도 6위권으로 평가받고 있다. 그리고 한류로 통칭되는 한국의 문화 역량과 소프트파워는 세계 최상위권이다. 한국은 기존의 북한 중심, 한반도 주변 외교, 미중 사이에서 압박받는 국가의 형상에서 벗어나 세계적 범위의 전략적 시야를 가진 강대국으로서 외교·안보·경제 정책을 추진해야 한다.

새로운 시대의 생존·대외전략은 대외정책과 국내통합과 대외역량 간의 연계성을 이해하는 것이다. 당파성에 기반을 둔 대외정책은 안정성이 결여되고, 추진동력이 미진하며, 지혜가 결여되어 외부의 대응과 압력에 취약하다. 격변과 혼돈의 시대를 헤쳐 나가기 위해서는 국민 공감대를 반영한 대외정책 구현이 국가의 생존과 결부된다는 것을 인식할 필요가 있다. 국민통합 여부가 강력한 대외정책의 기반이 된다. 강대국들의 관계가 혼란스럽고 치열한 경쟁 국면으로 진행될 때 그 영향력은 주변부의 약소국에 크게 미친다. 국내 엘리트들은 치열하게 친미, 친중, 친러, 친일 등으로 나뉘어 반목하고 충돌하면서 내부적인 역량을 소모할 것이고 강대국 정치의 승자는 역량이 소진된 약소국을 접수하게 된다. 구한말의 상황이 그러했다. 한국은 세계 어느 비서방 국가보다 민주주의의 전통이 확립된 국가다. 이를 국가 정체성의 핵심 부분으로 잘 가꿔나가는 노력이 필요하다. 한국이 강대국으로부터의 침공과 강압을 극복하려면 강대국에 대한 편승이 관습화, 이념화되어서는 안 된다. 스스로 객관적 실체에 맞는 강대국의 마인드를 지니고 주변 강대국의 전략적 의지에 휘둘리는 상황을 막아야 한다. 어떠한 탁월한 정치가나 정책도 국내의 안정성이 결여된다면 그 역량을 발휘하기 어렵고 취약해진다.

한국이 새로운 시대에 생존하고 나아가 번영하기 위해서는 다음의 7대 정책 채택이 절실하다.

1. 우선적으로 자강의 군사전략과 역량의 확보가 중요하다.
2. 한미동맹을 의존보다는 공동이익을 추구하는 동맹으로 고도화해야 한다.
3. 남북관계를 흡수통일전략에서 공존·발전 중심으로 전환해야 한다.
4. 주변 강대국들과의 교감과 협력을 강화해야 한다. 동북아 지역의 지역적·전략적 안정성을 확보하는 것이 향후 대한민국 대외정책의 핵심 방향이 되어야 한다.
5. 글로벌 차원의 전략사고가 필요하다. 글로벌 남반구-해양안보-우주안보 등 새로운 영역을 중시해야 한다.
6. 우리 경제와 기업 이익 확보가 국가안보다.
7. 강력한 대외정책의 기반은 국민 공감대 형성과 통합의 수준이다.

자강 전략과 군사역량 확보

모든 자율적 외교안보 정책은 국방 역량이 기반이 되어야 한다. 국방·안보 정책의 중점을 동맹에 대한 의존에서 자강으로 전환해야 한다. 국력은 자강, 동맹, 국제연대의 총합이라 할 수 있다. 트럼프 시기에는 자강의 사고와 역량이 우선이다. 자주적인 국방 역량과 과학기술 역량은 반드시 제고되어야 하는 상황이다. 대한민국의 국방·안보는 자체의 재래식 억제역량, 한미동맹의 확장억제, 국제 연대를 통해 대북 핵미사일 위협과 비전통 안보 위협에 대한 3가지 축을 적절하게 결합하는 방식이 필요하다.

트럼프가 열어젖힌 새로운 국제 체제에서는 주변국과의 군사적 갈등 시나리오도 고려해야 한다. 강대국에 둘러싸인 대한민국으로서는 주변국과의 군사 관계를 '압도'하기보다는 고슴도치와 전갈 전략으로 추진해야 한다. 평화를 추구하지만 공격을 받을 경우 상대에게 치명적인 타격을 줄 수 있는 역량과 의지를 분명히 하는 것이다. 핵보유 문제와 관련해서도 모든 옵션을 열어놓고 고민할 필요가 있다. 당장은 핵보유를 실현하기 어려운 상황에서 대한민국 자체의 대북 재래식 억제역량의 확보가 긴요하다. 분명한 것은 핵은 핵으로만 억제하는 게 가능하다는 신화에서 탈피할 필요가 있다는 점이다. '응징적 보복·타격 전략' 역량을 확보하여 남북한 사이에 균형을 달성하는 것이 평화와 협력의 관계로 전환하는 첩경이다. 다만 항간에서 만연하는 군사·안보 만능주의는 극복해야 한다. 많은 안보전문가들과 각 군의 이해관계자들은 이 기회를 활용하고 싶어 할 것이다. 최첨단 전투기 보유, 항모단 건설, 핵무장 주장 등이 그 예다. 이는 주변과 세계의 안보 상황과 우리의 대응전략, 그리고 역량에 대한 냉정한 평가 후에 선택할 사안이다.

한미동맹 고도화

기존의 한미동맹은 대한민국이 미국에 일방적으로 의존하는 프레임이었다. 트럼프의 '미국을 다시 위대하게MAGA'라는 대외정책이 미치는 파장에 대한 대비가 필요하다. 그 정책은 동맹보다도 미국의 이익을 절대적으로 우선시하면서 경제적 보호주의의 양태를 띠기 때문이다. 사업가 출신인 트럼프 대통령은 국가 관계도 비즈니스와 거래의 관점에서 접근하는 경향이 강하다. 트럼프의 미국은 더 이상 과거와 같이 동맹을 우선시하거나 온정주의적인 태도를 지니지 않는다.

한국의 입장에서 미국과의 동맹은 소중한 전략자산이다. 한국은 동북아에서의 급격한 세력이나 규범의 변동을 원하지 않으므로 미국이 역내 균형을 유지하는 역할을 담당해 주기를 기대한다. 한국이 추구해야 할 지역적·전략적 안정에는 미국의 역할이 긴요하다.

그러나 미국의 역내 개입 의지는 점점 약화되고 자기 이익 중심이 되어가고 있다. 새로운 한미관계는 상호이익에 기반을 두고 전략과 이해를 함께 나눌 수 있는 관계로 전환해야 한다. 이를 위해 한국과 미국 사이의 긴밀한 소통을 통한 이해의 조율이 필수적이다. 한국은 일정 비용을 부담하더라도 역내에서 미국이 급격히 약화되지 않도록 하는 것이 이익이다. 다만 미국이 한국에게 동북아 지역에서 과도한 책임 부담을 요구한다면 이에 상응하는 위험성과 비용에 대한 분담도 요구해야 할 것이다.

대한민국은 자유민주주의의 가치를 중시할 것이며 이를 공유하고 있는 미국 및 일본과의 관계를 중시할 것이다. 다만 윤석열 정부처럼 이 가치를 대외정책의 척도로 삼는 것은 바람직하지 않다. 우리는 이를 대외적으로 투사할 만한 강대국은 아니다. 그리고 국제정치에서 가치는 수단일 뿐, 그 자체로 목적이 될 수 없다.

향후 대한민국의 대외정책은 미국으로부터의 방기와 연루, 중국의 간섭과 보복을 모두 고려할 필요가 있다. 스스로 자강의 원칙에 따라 생존의 길을 찾아야 하는 것이 현실이다. 다만 자강을 우선적으로 추구한다고 해서 기존의 동맹과 대립할 필요는 없다. 동맹 역시 자강 전략의 한 부분이다. 대한민국은 대외적인 자율성과 탄력성을 확보할 필요가 있으며 새로운 옵션이 필요하다. 이를 위해 지역 경제·안보협력·소다자주의·중간국 연대 등의 정책을 적극적으로 추진할 필요가 있다. 과거 19세기 초·중엽 비스마르크가 눈부신 외교술로 독일의 통일과 유럽의 평화를 가져왔듯이 한국 역시 외교력을 수행할 인재와 역량을 길러야 한다.

남북관계를 공존과 발전 중심으로 전환

대한민국은 그간 북한을 냉전적인 경쟁 및 군사적 위협이라는 실존적 위협으로 대했다. 그리고 북한의 위협을 억제하고 한국 주도로 통일을 달성하고자 하는 외교 및 안보 전략을 채택해 왔다. 이제는 전략을 바꿔야 할 시점이다. 북한은 핵무장을 완성하였고 다양한 미사일 역량을 보유하고 있다. 북한은 헌법을 수정하여 두 국가론을 주창하고 나왔다. UN 체제 하에서 남북한을 완전히 별개의 국가로 인정하자는 것이다.

기존의 전략이 안겨주는 문제 중 하나는 대한민국의 전략적 시야를 한반도와 그 주변에 가둬놓는 부작용을 가져왔다. 한국의 국력에 비해 한국의 대외정책 시야와 공간은 대단히 협소하다. 북한이 핵보유를 기정사실화한 상황에서 북한 중심의 군사안보적 해결책은 한반도 전쟁과 핵사용으로 귀결될 것이다. 북한과는 전쟁을 하는 것보다 평화를 만들어 가는 것이 최상이다. 만일 한반도에서 재차 전쟁이 발발한다면 남북한의 공멸로 이어질 것이다. 북한의 핵미사일 공격역량에 취약한 대한민국은 '자주국방 우선' 전략을 통해 실존적 위협을 상쇄시키는 역량을 확보하는 것이 모든 정권의 책무였다. 그러나 이 임무는 아직 어느 정부도 달성하지 못했다.

핵 시대의 한반도에서 대한민국은 새로운 접근이 필요하다. 북한과는 당장의 충돌보다는 평화 우선 정책을 추진하면서 공동으로 공존 및 발전하는 방향을 모색할 필요가 있다. 대한민국이 헌법과 기존의 남북한 특수 관계론의 전제 위에서 북한이 제시하는 2국가론을 수용하는 것은 부담이 크다. 대신 북핵 문제와 북한 문제를 분리하여 이원적으로 접근해야 한다. 이를 위해 우리의 북한 관련 헌법과 법률에 대한 조정이 필요해 보인다. 굳이 갈등과 충돌을 촉진할 필요는 없다. 남북한 간의 대항과 경쟁성을 인정하면서도, 북한 문제의 우선적인 해결을 통해 비핵화를 추진한다는 전략으로 전환할 필요가 있다. 북한을 세계의 장으로 초대하고, 북미대화단, 한미 간 사전 소통 전제를 재개하고, 경협을 하는 새로운 대북정책의 도입이 시급하다.

지역적·전략적 안정성 확보

대한민국의 향후 대외정책의 핵심 방향은 무엇보다 지역적·전략적 안정성을 확보하는 것이다.

지역적 안정성이란 특정 국가가 급격한 세력 변동을 시도하거나 강대국이 약소국을 강압하여 자신만의 힘과 이익을 추구하는 것을 억지하는 역량을 의미한다. 변화를 거부하거나 현상유지만을 고집하는 개념이 아니다. 다만 급격한 변동과 강대국이 과도한 수단을 동원해 타국을 압박하는 것에 대한 거부다. 역내 세력균형은 역내 모든 국가들의 이해를 담아 점진적으로 변모하게 하는 것이 한국의 국익에 부합한다.

전략적 안정성이란 강대국이나 핵보유 국가가 무력이나 핵을 사용하여 국가목표를 달성하는 것을 억제할 수 있는 상태를 의미한다. 북한의 핵 위협에 직면하고 있는 대한민국으로서는 반드시 전략적 안정성을 확보해야 한다. 정책수단으로서 핵의 사용을 억제하는 레짐 강화와 국제 관계 형성에 노력을 배가해야 한다. 통상적인 재래적 군사력의 안정성에도 확대할 수 있는 개념이다. 바로 한쪽이 일방적으로 전쟁을 시작할 수 없는 안정적 환경을 만들어야 하는 것이다.

대한민국은 분단국가, 교역통상국가, 중견국가로서 대립과 충돌보다는 소통과 평화를 원한다. 급격한 변동보다는 예측 가능한 점진적인 변화를 선호한다. 대한민국의 외교방침은 강대국들과의 적대관계는 지양하고 화평정책을 추진하는 것이다. 대한민국의 지정학적 위상이나 국력을 고려할 때 주변 강대국들과 극단적이고 적대적인 관계로 악화되는 것은 배제해야 한다. 미국과 동맹하고, 일본과 전략적 협력을 강화하고, 서구와 연대하면서, 중국과도 화목하고, 러시아와도 통할 수 있어야 한다 親美-協日-聯西歐-和中-通俄.

물론 무척이나 어려운 과제이고, 누구라도 쉽지 않은 과제일 것이다. 그렇다 하더라도 중국에 대한 막연한 적대감과 배제보다는 이해도를 높이고, 협력 분야를 모색하며, 분쟁이 가능한 영역을 관리해야 한다. 한반도의 역사적 경험을 살려 세계적인 수준의 중국연구 싱크탱크를 설립하는 것도 진지하게 고려하여야 한다.

일본과는 가치와 전략적 이해를 공유하는 이웃 국가로서 협력을 증진시켜야 한다. 러시아와도 소통을 강화하고, 윤석열 정부 시기에 해체되었던 양자

관계를 복원하고, 북러 관계를 관리해야 한다. 또한 정책수단으로서 유연한 동북아 다자 관계를 강화할 필요가 있다. 한미일 공조와 더불어 한중일환황해-한일러환동해 협력을 동시에 추구함으로써 동북아를 협력의 망으로 촘촘히 얽어매는 작업을 해야 한다.

전략적 안목과 국제연대 강화

통상국가이자 자원빈국, 분단국가라는 현실적 조건은 국제사회와의 소통, 국제적 협력, 연대를 중요한 국력의 연장선으로 다루어야 한다. 배제와 갈등보다는 개방성과 포용성을 중시하면서 국제 관계를 유지해야 한다.

최신의 국제적 동향은 기존의 규칙에 의거한 국제 질서가 뿌리째 흔들리고 구한말과 같이 약육강식의 세계와 강대국 정치가 극대화되는 중이다. 이럴 때일수록 국제 관계를 멀리 볼 수 있는 식견을 지닌 지도자가 새로운 정부의 지도자가 되는 것이 필수다. 그간 당파적인 대외정책과 인사로 인해 국내의 외교안보 생태계는 거의 궤멸된 상태다. 당파적인 인사들이 재원을 독점했다. 싱크탱크의 재건책이 필요하고 복합사고가 가능한 전문 인력을 육성해야 한다.

대한민국은 지금 단군 이래 최고의 세계적인 국가로 성장했다. 제국주의의 침략으로 고통 받고 가난에 시달렸던 국가가 산업화, 민주화, IT 정보화를 성공적으로 수행한 국가이자 문화강국이 되었다. 이를 잘 살려 소프트파워 Soft Power를 활용할 수 있어야 한다. 이러한 대한민국의 매력을 바탕으로 글로벌 남반구와의 대화 및 협력을 적극 추진할 필요가 있다. 이것은 미중 전략경쟁 및 공급망 위기에 대한 대처법이기도 하다. 해양세력과의 연대만이 아닌 대륙세력과의 협력도 동시에 추구해야 한다. 외눈박이 전략으로는 새로운 국제정세에 대처할 수 없다. 해양안보 및 우주안보의 중요성을 인식하고 적극적으로 투자해야 한다.

미국과의 동맹은 일방적 의존관계에서 상호이익을 주고받는 관계로 성숙해져야 한다. '미중 관계의 냉전 완화, 조화로운 한미·한중 관계 유지, 일본과의 관계 개선과 협력강화, 러시아와의 관계 회복, 안정적인 북미·남북 관계 구축' 등을 도모하면서 전략적 유연성을 최대한 발휘해야 한다.[250] 한국의 외교는 남북관계를 개선하여 한반도 긴장 국면을 완화하고, 중국의 BRI와 미국의 인도·태평양전략을 함께 접목하는 정책적 시도를 꾸준히 추진할 필요가 있다. 한반도를 중심으로 다양한 동심원을 그리면서 단·중·장기적인 변화를 고려한 다차원적인 전략을 수립해야 한다.

중국은 러시아, BRICS, 글로벌 남반구 국가들과 연대해 국제 질서에 새로운 다극화 흐름을 추진하고 있다. 이 과정에서 한국은 지정학·지경학적 특수성한반도을 고려해 한미동맹과 한중 '전략적 동반자 관계'를 아우르는 노력을 배가해야 한다. 중국에 대한 막연한 공포심, 적대감, 무지, 왜곡을 넘어 과도한 주권침해 논란이나 동맹 손상을 피하면서도 실용적이고 유연한 대중 정책을 마련해야 한다. 그간 한국 외교는 중국을 중시한다고 하면서도 대중 외교는 소홀히 하였다. 역대 중국에 파견한 대사들의 상당수는 대중 외교를 전개할 수 있는 역량을 지닌 인물들이 아니라 정치적 인사에 가까웠다.

---

250) 이에 대한 논지는 김흥규, 2022. 「미중 전략경쟁의 혼돈, 한국의 생존전략은」, 정덕구·윤영관 편, 『시진핑 신시대 왜 한국에 도전인가?』, 21세기북스

우리 경제와 기업 이익 지키기 위한 경제안보 전략 강화

세계시장에서 한국과 치열하게 경쟁하는 중국, 관세장벽을 강화하여 첨단 제조업 국내 유치를 추진하는 미국은 모두 한국과 이해가 상반된다. 향후 예정된 미국과의 무역협상 등에서 외교관계의 고려로 인해 자국 기업과 산업계의 이익을 소홀히 다뤄서는 안 된다. 현재와 같은 경제안보 시대는 경제가 안보이고 국력이다. 경제적 실리를 결코 포기해서는 안 된다. 정경 분리의 원칙 하에 미국과 중국 모두와 경제 교류를 지속·심화하여야 하고, 나아가 미중美·中 외 제3국 시장에 대한 진출을 강화할 필요가 있다. 특히 보호무역을 강화하는 트럼프 시기 미국과 달리 유럽, 아시아 등에서 WTO와 자유무역 질서 유지를 선호하는 국가들과 새로운 무역 질서 구축에 나서는 것이 필요하다. 우리 경제와 기업 이익을 지키는 것이 곧 안보다.

강력한 대외정책 기반은 국민 공감대 형성과 통합 수준

끝으로 강조하고 싶은 것은 격변과 혼돈의 시대를 헤쳐 나가기 위해서는 국민 공감대를 반영한 대외정책 추진이 국가의 생존과 직결된다는 점이다. 대외적으로 영향력 있는 대외정책을 추구하기 위한 가장 중요한 전제조건은 국민의 통합과 국내 정치의 안정이다. 당파성에 치우친 대외정책은 안정성이 결여되고 추진동력이 미약하여 외부의 대응과 압력에 취약할 수밖에 없다.

대한민국은 분단국가, 통상국가, 자원빈곤국가, 중견국가로서의 특성을 지니고 있다. 대립과 충돌보다는 소통과 평화를 원하고, 급격한 변동보다는 예측가능한 점진적인 변화를 선호한다. 정부는 국민과 기업에 안정적 환경과 예측가능성을 지켜줘야 할 책무가 있다. 미중 사이에서 한쪽으로만 선택을 하는 외교는 한국의 국익에 전혀 도움이 되지 않는다. 일방이 승리한다 해도 한국은 폐허만 남을 뿐이다.

필자가 존경하는 전봉근 교수의 《한반도 국제정치의 비극》이라는 저서에 담긴 내용을 소개하면서 이 글을 마치고자 한다.[251]

"역사를 돌이켜보면 한반도의 운명을 결정하는 것은 결국 한반도 내 자신의 국력과 전략적 역량이었다. ……중소국, 끼인 국가인 한국은 항상 자강하고 주변의 누구보다 머리를 높이 쳐들고 앞뒤를 재지 않으면 생존을 보장하기 어렵다는 점을 상기해야 한다."

---

251) 전봉근, 2023. 『한반도 국제정치의 비극』, 박영사

중국★패권전략
미중 전략경쟁의 미래
& 대한민국 생존의 길

제1판 1쇄 발행	2025년 7월 15일
제1판 2쇄 발행	2025년 10월 15일

저자	김흥규
펴낸이	김덕문
책임편집	손미정
디자인	놈normmm
영업책임	이종률
제작	정우미디어

펴낸곳	더봄
등록일	2015년 4월 20일
주소	서울시 마포구어울마당로 130 기린빌딩 3105호
대표전화	02-975-8007 ǁ 팩스 02-975-8006
전자우편	thebom21@naver.com
블로그	blog.naver.com/thebom21

ⓒ김흥규, 2025
ISBN 979-11-92386-38-6 93340

- 이 책의 내용의 전부 또는 일부를 재사용하려면 반드시 저작권자와 출판사 더봄 양측의 동의를 받아야 합니다.
- 책값은 뒤표지에 표시되어 있습니다.
- 잘못된 책은 서점에서 바꾸어 드립니다.